beck**sche**
reihe

W0191926

bsr

Jeder Mensch kann denken. Doch ganz so wie beim Laufen, Sprachenlernen oder Organisieren können einige von uns es besser, andere weniger gut oder gar schlecht. Für alle gibt es jetzt jedoch eine gute Nachricht: Ebenso wie die anderen Fähigkeiten lässt sich auch das Denken verbessern – durch Übung, Vervollkommnung der Technik und Einsatz von Hilfsmitteln. Das äußerst vergnüglich zu lesende Buch stellt knapp zwei Dutzend leicht verständliche, doch ungemein wirksame Denkwerkzeuge vom Analogieprinzip über den Widerspruchsbeweis bis hin zur Brute-Force-Methode vor. Bei mittlerer Kondition sind sie alle mit einfacher Schulmathematik zugänglich. Diese bewährten Techniken des formalen Denkens erleichtern die Erzeugung von Ideen und steigern die Erfolgsaussichten bei der Lösung von Problemen. Zugleich zeigen die unterhaltsamen Gedankenreisen des Buches, dass Denken und Spaßhaben sich keineswegs ausschließen.

Christian Hesse promovierte an der Harvard University (USA) und lehrte an der University of California, Berkeley (USA). Seit 1991 ist er Professor für Mathematik an der Universität Stuttgart. Sein Buch «Expeditionen in die Schachwelt» (²2008) hat ihn einem breiteren Leserkreis bekannt gemacht.

Christian Hesse

Das kleine Einmaleins des klaren Denkens

22 Denkwerkzeuge für ein besseres Leben

Verlag C. H. Beck

Mit 117 Abbildungen im Text

Für Andrea,
für Hanna und
für Lennard

Originalausgabe

© Verlag C. H. Beck oHG, München 2009
Gesamtherstellung: Druckerei C. H. Beck, Nördlingen
Umschlagentwurf: malsyteufel, willich
Printed in Germany
ISBN 978 3 406 58684 2

www.beck.de

Inhalt

−1. Vorwort

Mathematik ist Leben.

Gero von Randow

0. Fast-Vorwort

Denken ist eine mentale Aktivität. Sie hat zu tun mit Information und deren Verarbeitung, mit Erkenntnissen und deren Gewinnung, mit Problemen und deren Lösung. Speziell hat sie damit zu tun, aus verfügbaren Informationen nützliche Erkenntnisse zur Problemlösung zu gewinnen.

Das Lösen von Problemen ist ein außerordentlich schöpferischer Prozess. Letztlich geht es dabei um das Verstehen von Etwas mit Etwas durch Etwas. Es erfordert Ideen als Erkenntnisträger. Ideen zu haben, die funktionieren, vermittelt ein großes Erfolgserlebnis. Funktionierende Ideen kann man nicht erzwingen, aber es gibt immerhin Heuristiken, anders gesagt kreative Methoden, mit denen man Ideen erzeugen kann, die zumindest erfolgversprechend sind. Heuristiken sind ausgesprochen mächtige Denkwerkzeuge. Man könnte sagen, Heuristiken einsetzen ist das, was man tut, wenn man nicht weiß, was man tun soll, um ein Problem anzugehen.

Jeder Mensch kann denken. Doch es ist so wie beim Laufen, Schwimmen oder Springen: Einige von uns können es besser, andere weniger gut oder sogar schlecht. Aber auch sein Denken kann man verbessern - durch Übung, durch Vervollkommnung der verwendeten Technik und durch den Einsatz von Hilfsmitteln. So wie ein Schwimmer, der sich Schwimmflossen anlegt, schneller wird, kann ein Denker durch den Einsatz von Denkwerkzeugen seine Problemlösungskompetenz optimieren.

Dazu will dieses Buch beitragen. Knapp zwei Dutzend leicht verständliche, doch ungemein wirksame Denkwerkzeuge werden vorgestellt und im Einsatz erprobt. Bei mittlerer Kondition sind sie mit einfacher Schulmathematik ohne Weiteres zugänglich. Durch diese bewährten Techniken des formalen Denkens wird die Generierung von Ideen erleichtert, was zu besseren Erfolgsaussichten bei der Behandlung quantitativer Probleme verhilft.

Denken schafft Glücksmomente, jede gewonnene Großeinsicht gleicht einer vollendeten Gipfelerfahrung, jeder gelungene Einblick ist ein kleines Feuerwerk auf der Großhirnrinde.

Die Wissenschaft, die das Denken in seiner reinsten Form einsetzt, ist die Mathematik. Mathematik ist «Ideologie»: die Lehre von den Ideen. Ihre Erkenntnisse sind heute so gut wie überall anzutreffen. Mathematik ist aber nicht nur allgegenwärtig und nützlich, sondern auch spannend und sogar ungemein ästhetisch: Sie findet sich in allen Errungenschaften moderner Technik, hilft uns, das Universum, in dem wir leben, besser zu verstehen, ja sie ist für unser Überleben in diesem Universum essenziell. Und sie enthält viele Elemente von atemberaubender Schönheit.

Das vorliegende Buch hat als erklärte Absicht eine mindestens zweifache Ermunterung des Lesers: zur Teilnahme am Abenteuer des Klügerwerdens, zur Auskostung von Denkschönheiten beim Problemlösen. Es bietet mathematischen Lese-, Denk- und Nachdenkstoff als reizvolles Erlebnissegment. Es ist eine ziemlich exaltierte Kompilation von Mathematik und Leben, das sei zugegeben. Und warum nicht auch einmal ein wenig abrechnen, mit all jenen, die meinen, mit ihrer mathematischen Unbildung auch noch kokettieren zu müssen.

Es überrascht nicht, dass auch jede positive Beziehung zur Mathematik stark subjektiv gefärbt und individuell geprägt ist mit ihren Liebhabereien und Passionen, Neigungen und Antipathien. Was die in diesem Buch zusammengetragenen Stücke verbindet, ist die Subjektivität des Verfassers. Mathematik ist zwar ein No-Nonsense-Geschäft, doch ist sie nicht nur Geist, sondern auch Leidenschaft, nicht nur eine Kollektion wissbarer Fakten, sondern eine Schule des Denkens schlechthin. Man kann sie sogar als erzählende Wissenschaft verstehen. Dies zu meinen ist jedenfalls möglich, wenn man feststellt, dass sie ungemein reichhaltig ist an denkwürdigen Fragestellungen, raffinierten Manövern, zauberhaften Beweisen und wirkungsvollen Resultaten. Gedankensplitter, Denkanstöße, Anekdotisches, Atmosphärisches – all dies enthält das vorliegende Buch. Aber irgendwie anders. Diesseits und jenseits des Lustprinzips will es bunter und munterer sein, als Bücher des mathematischen Genres gemeinhin sind. Also aufgelockert, nach Möglichkeit humorvoll und jedenfalls durchgehend gut gelaunt.

Das Buch besteht aus zwei klar voneinander abgegrenzten Teilen. Eine ausgedehnte Einleitung führt in den Themenkreis von Problemen, vom Denken und vom mathematisch-klaren Nachdenken ein. Wenn Mathematiker einem Problem begegnen, verfallen sie nicht gleich in eine von einigen möglichen Paniken, sondern packen es beherzt an. Probleme zu haben ist für sie ein Teil des intellektuellen Lebensgefühls. Sie werden darum nicht so schnell frustriert, sind Widerständen gegenüber ausdauernder und bearbeiten sie mit mehr Biss. Denn sie sind durch eine sehr intensive Grundausbildung gegangen, haben ihre Frustrationstoleranz gesteigert und ihre Problemlösungskompetenz trainiert.

In einem zweiten Teil werden 22 Denkwerkzeuge herausgearbeitet, vom Analogieprinzip über den Widerspruchsbeweis bis hin zur Brute-Force-Methode. Grob und nicht durchgängig sind sie sowohl inhaltlich als auch nach dem zu bewältigenden Schwierigkeitsgrad sortiert. Grund-, Aufbau- und Meistertechniken des problemlösenden Denkens gewissermaßen.

Außerdem werden Erfolgsgeschichten des quantitativ-mathematischen Denkens erzählt. Zahlreiche Beispiele zeigen die Wirkung der eingeführten Denkwerkzeuge in Aktion, für sich und im Verein mit anderen.

Es hat lange gedauert, das Buch zu schreiben. Man hätte sogar recht mit der Vermutung, dass darin Spuren der Beschäftigung mit Mathematik seit mehr als einem Vierteljahrhundert ihren Niederschlag finden. Eine erste Verdichtung erfuhr das Material in der an Nichtmathematiker sich wendenden Vorlesung *Begegnungen mit Mathematik,* gehalten an der Universität Stuttgart im Sommersemester des Jahres 2006.

An dieser Stelle danke ich allen, die in irgendeiner Form zur Fertigstellung des Buches beigetragen haben, und sei es auch dadurch, dass sie mir halfen, Dinge besser zu verstehen. Viel zu viele, um sie alle namentlich zu erwähnen.

An der Umwandlung des Manuskriptes in eine verarbeitungsfähige Datei waren Ina Rosenberg und Philipp Schnizler beteiligt.

Für den Großteil der erstellten Graphiken bin ich Vlad Sasu zu Dank verpflichtet.

Herrn Dr. Bollmann danke ich für eine überaus kompetente Lektorierung des Manuskriptes, dem C. H. Beck Verlag für die Aufnahme des Buches in das Verlagsprogramm sowie für eine in jeder Hinsicht erfreuliche Zusammenarbeit.

Wie so oft, gilt auch hier mein größter Dank meiner Familie: Andrea Römmele, Hanna Hesse, Lennard Hesse. Für wen und warum würde ich letztlich dies und alles machen, wenn nicht für sie und ihretwegen. Ihnen ist das Buch gewidmet.

Mannheim, 2. Januar 2009   *Christian Hesse*

I. Aller Anfang

Auftakt

Bemerkenswertes,
Beweise, bisschen Brockhaus

I will a little think.
Einstein, in Amerika

Probleme sind ein Teil der menschlichen Grundsituation und stellen, nach einer möglichen Definition, eine Diskrepanz zwischen einem Ist-Zustand und einem Soll-Zustand dar. Denken ist darauf gerichtet, unter Einbeziehung von konkreten Tatsachen, abstrakten Konzepten, intuitiven Vorstellungen und begrifflichen Konstruktionen Hilfsmittel zu entwickeln, um diese Diskrepanz zu überwinden. Von seinem Grundzug her will Denken kenntnismehrend sein. Denken ist eine Kernkompetenz des Menschen. Die Bildung, die ihr zugrunde liegt, ist die Grundvoraussetzung für Allgemeinbildung.

Denken ist eine nicht auf Menschen allein beschränkte Aktivität, doch der menschliche Denkapparat ist unter allen vergleichbaren evolutionären Schöpfungen am besten ausgebildet. Dies ist mit so großem Abstand der Fall, dass man bei Denken zunächst menschliches Denken im Sinn hat.

Denken ist eine Schlüsseltechnologie des Menschen für die in den Fährnissen des Lebens allerorts und immerzu erforderliche Entscheidungsfindung. Quantitativ-analytisches oder mathematisches Denken reicht weit in die Frühzeit menschlicher Aktivitäten zurück, und die Mathematik ist eine der ältesten Wissenschaften. Ihr Ursprung verliert sich im Dunkel der Geschichte, ihr Gebrauchswert ist offenkundig: Bereits in der Urzeit bemühten sich Menschen, Land zu vermessen, Kalender zu erstellen, Handel zu treiben und generell die Welt, die so reichhaltig an Erscheinungen ist, besser zu verstehen. Mathematisches Denken hat sich seither zu einem ungemein mächtigen Erkenntniswerkzeug entwickelt, das es dem Menschen gestattet, in Bereiche weit jenseits seiner eigenen Erfahrungswelt vorzudringen, etwa in die Welt der Elementarteilchen oder in die Tiefe des Weltalls. Mathematisches Denken durchzieht obendrein nicht nur fast jede andere Wissenschaft – von der Anglistik über die Meteorologie, Psychologie bis hin zur Zoologie –, sondern auch unseren gesamten Alltag. Sie ist die Schlüsselkompetenz für Schlüsseltechnologien und fungiert deshalb oftmals als Triebfeder wichtiger Fortschritte. Sie steckt unbemerkt in vielen Errungenschaften modernen Ingenieurwesens wie der Computertomografie, dem elektronischen Geld, dem Fernseher und Handy. Auch wenn das Auto fährt, der Flieger fliegt, die Brücke trägt, die Heizung heizt, ist immer Mathematik im Spiel.

Mathematik ist auch in vielen Bereichen der Natur erkennbar: Nicht nur die Konstruktion der Bienenwaben und die Anordnung der Blätter vieler Pflanzen offenbart bei näherer Betrachtung viel faszinierende Mathematik, sondern auch die Struktur von Raum und Zeit im Großen besitzt außerordentlich raffinierte mathematische Gesetzmäßigkeiten.

Quantitativ-analytisches Denken hilft uns Menschen in der modernen Welt in vielfacher Weise. Auf Schritt und Tritt werden wir mit Zahlen, Funktionen, Statistiken und anderen Strukturen konfrontiert. Mit Zahlen können Entscheidungen begründet, mit Funktionen Entwicklungen dargestellt und mit Statistiken Argumente untermauert werden. Mit Zahlen, Funktionen und generell mit mathematischen Strukturen kann man übersichtlich die Welt ordnen, aber auch verwirren, manipulieren und täuschen. Man kann damit die Geheimnisse der Welt entschlüsseln und das Entschlüsselte darstellen. Aber bei unsachgemäßer Anwendung kann man auch in die Irre gehen oder andere in die Irre führen.

Sigmund, ach. Bei all seiner Brillanz verfiel Sigmund Freud, der Begründer der Psychoanalyse, einer dümmlichen Zahlenmystik des Berliner HNO-Arztes Wilhelm Fließ. «Du wirst mir die Geheimnisse der Welt in Zyklen von 28 und 23 offenbaren», so Freud 1897 in einem Brief an Fließ. Durch ausgiebige Beschäftigung mit den Krankenakten seiner Patienten hatte Fließ übereinstimmende Rhythmen im Krankheitsverlauf, bei Unfällen, Komplikationen nach Operationen und bei Selbstmordversuchen entdeckt. Die von ihm daraus abgeleitete Theorie besagt, dass das Leben eines jeden Menschen durch bestimmte Zyklen geprägt ist, die sich auf die Zahlen 28 (den weiblichen Zyklus) und 23 (den männlichen Zyklus) gründen. Kurzum, Fließ maß allem eine Bedeutung bei, was sich auf Zahlen der Form $23x + 28y$ zurückführen ließ (für positive oder negative ganze Zahlen x und y). Die Formel passte er an die verschiedensten Naturphänomene an und stellte gar über viele Jahre hinweg umfangreiche Tabellen mit wichtigen Zahlen zusammen, die obige Gestalt hatten. Ein Arbeitseinsatz epischen Ausmaßes. Diese Idee faszinierte Fließ und schließlich auch Freud, stießen sie doch unentwegt auf Zahlen vom Typ $23x + 28y$.

Doch Fließ hatte die Rechnung ohne das Milchmädchen gemacht. Weder er noch Freud realisierten, dass sich bei Ersetzen von 23 und 28 durch zwei beliebige teilerfremde Zahlen genau dasselbe Phänomen einstellt. Jede ganze Zahl lässt sich nämlich als Summe ganzzahliger Vielfache zweier beliebiger teilerfremder Zahlen darstellen. Das fürwahr Tragische: Alle ihre Bemühungen waren demnach nichts als Spezialunfug. Für Fließ bedeutete das Jahre vergeudeter Arbeit an einer «Theorie», die auf einer simplen mathematischen Eigenschaft von Zahlen beruht. Und Freuds Schüler waren später peinlich berührt, dass ihr Lehrer Opfer dieser Form von Mumpitz geworden war. Ein intellektuelles Großmissverständnis.

Kompetentes mathematisches Denken feit den, der dazu in der Lage ist, gegen Manipulationsgefahren und verbreiteten Irrglauben. Bei entsprechenden Defiziten ist man dem einen wie dem anderen schutzlos ausgeliefert und verschenkt darüber hinaus auch außerordentlich wichtige Erkenntnismöglichkeiten.

Es liegt in der Natur der Sache, dass Problemlösen immer problematisch bleiben wird. Problemlösende Ideen lassen sich nicht erzwingen, aber durch Einflussmöglichkeiten in Form von Denkheuristiken, also den gezielten Einsatz von Denkwerkzeugen, immerhin wahrscheinlicher machen. Ziel dieses Buches ist es, eine Anleitung zur Ideengenerierung zu geben. Uns geht es um Problemlösen mit System.

Zwischenspiel mit Stilblüten

Hitliste professoral-pädagogischer Höhepunkte

3. Platz, geteilt (unheimlich unerfreulich): «Man bekommt also unheimlich schnell unheimlich ungenaue Ergebnisse.» Prof. N.N. zum Thema Programmierfehler im Pentium-Prozessor.

3. Platz, geteilt (schneller schnell): «Man kann den Beweis auch schnell machen, indem man ihn schneller macht.» Prof. K. H. in einer Höheren-Mathematik-Vorlesung.

2. Platz (Entschleunigung): «Wenn ich hier an die Tafel schreibe, dann nicht damit Sie es lesen können, sondern hauptsächlich damit ich meinen Vortrag bremse.» Prof. F. B. in einer mathematischen Kryptologie-Vorlesung.

1. Platz (Powerpointillismus): «Ab 24 Seiten pro Sekunde ist es ein Film.» Prof. J. W. in einem Mathematik-Seminar, bei dem der Vortragende sehr schnell sehr viele Power-Point-Seiten zeigte.

Die Mathematik bedient sich einer präzisen und auf der ganzen Welt gültigen Zeichensprache: «Wer die Welt verstehen will, muss sich in die Lehre der Mathematik vertiefen, deren Sprache aus Zahlen besteht und aus Linien, die sich zu Kreisen, Dreiecken, zu Pyramiden und zu Würfeln fügen. Ohne diese Sprache irren wir hilflos durch ein dunkles Labyrinth, in dem kein Lichtstrahl uns den Weg weist, keine Ariadne uns einen Faden borgt», schreibt Thomas Vogel in *Die letzte Geschichte des Miguel Tores da Silva* – und hat recht.

Computer spielen in der Mathematik – wie generell in den meisten Bereichen des modernen Lebens – zwar eine wichtige Rolle, sind aber nicht die Hauptsache. Dieses ist und bleibt die gedankliche Durchdringung komplizierter Zusammenhänge. Und auf dieses Ziel hin können Computer durchaus als Hilfsmittel eingesetzt werden, doch die dafür benötigte Intelligenz kann nicht künstlich sein.

Mathematische Erkenntnisse, Formeln und Gleichungen sind überall im Universum gültig und unabhängig von allen zeitlichen Einschränkungen. Mathematik versucht, Wahrheit zu etablieren. Dazu gehört zuallererst eine möglichst eindeutige Bestimmung der verwendeten Begriffe, um eine Verständigung über diese herbeiführen zu können. Eine solche Bestimmung nennt man Definition. Euklid etwa arbeitete mit den folgenden Definitionen von Punkt, Linie, Gerade:

Ein Punkt ist etwas, das keine Teile hat.
Eine Linie ist eine breitenlose Länge.
Eine Gerade ist eine Linie, die gleichförmig zu den in ihr enthaltenen Punkten liegt.

Die drei Sätze vermitteln schon ein Gefühl davon, welche Klimmzüge Euklid machen musste, um vertraute Alltagsobjekte definitorisch zu fassen. Meist gibt es verschiedene Möglichkeiten, das Gemeinte präzise zu fassen. Tiger sind zum Beispiel die einzigen gestreiften Katzen und Menschen sind die einzigen ungefiederten Zweibeiner. Zwei ungewöhnliche, aber mathematisch völlig ausreichende, da vereindeutigende Beschreibungen.

Höhepunkte der Definitionskunst

Gebeutelt und versackt: «Ein Wertsack ist ein Beutel, der aufgrund seiner besonderen Verwendung nicht Wertbeutel, sondern Wertsack genannt wird, weil sein Inhalt aus mehreren Wertbeuteln besteht, die in den Wertsack nicht verbeutelt, sondern versackt werden.» – Merkblatt der Deutschen Bundespost (1992), um den «auch in Dienstanfängerkreisen immer wieder vorkommenden Verwechslungen der Begriffe Wertsack, Wertbeutel, Versackbeutel und Wertpaketsack abzuhelfen».

Wie Hegel mit Promille: «Die Elektrizität ist der reine Zweck der Gestalt, die sich von ihr befreit; die ihre Gültigkeit aufzuheben anfängt, denn die Elektrizität ist das unmittelbare Hervortreten oder das nicht von der Gestalt herkommende, noch durch sie bedingte Dasein oder noch nicht die Auflösung der Gestalt selbst, sondern der oberflächliche Prozess, worin die Differenzen ihre Gestalt verlassen, aber sie zu ihrer Bedingung haben und noch nicht an ihrer selbständig sind.» – Hegels berühmt-berüchtigte Definition der Elektrizität, in: Hegel, G. W. F. (1830): Enzyklopädie der philosophischen Wissenschaften.

Neben exakten Definitionen sind Beweise ein Hauptkennzeichen mathematischer Tätigkeit. Beweise sind für die Mathematik existenziell. Ein Beweis ist eine stichhaltige Begründung für eine aufgestellte Behauptung, eine Begründung, die in der Regel durch logisch einwandfreies Anknüpfen von Tatsachen an ihre Vorgänger gegeben wird. Beweisen ist ganz und gar und schlechthin die Prozessform von Sachlichkeit.

Bertelsmännisch bis Brockhäuslich

Beweisen: Stamm ist «weisen» = wissend machen, aber auch «weismachen» = belehren, was seit dem 16. Jahrhundert in der heutigen abwertenden Bedeutung von vormachen, vorschwindeln verwendet wird.

Im täglichen Leben, in Wissenschaft und Rechtsprechung, in Politik und Sport werden Beweise in vielen verschiedenen Spielarten stets aufs Neue unternommen. Ein Alltagsbeweis wäre zum Beispiel dieser: «Nun ganz zweifellos; dass die Augen zum Sehen, die Ohren zum Hören notwendig sind, das weiß jeder, andernfalls könnte man es ihm durch Zuhalten dieser Organe leicht eindeutig beweisen.» (Kohlrausch 1934)

In den empirischen Wissenschaften wird Wahrheit durch Beobachtung oder durch Experiment gefunden. Im Sport werden Tatsachen nicht zuletzt durch Entscheidung eines Schiedsrichters geschaffen. In der Rechtsprechung wird Wahrheit durch das Urteil eines Richters etabliert. Nach unserem Rechtsverständnis soll ein Schuldspruch dann erfolgen, wenn die Tat jenseits jedes vernünftigen Zweifels bewiesen ist – *beyond all reasonable doubt*.

Die Mathematik hat ihre eigene Vorstellung von Beweisen und eine prinzipiell andere Einstellung zur Wahrheit und zur Wahrheitsfindung als die Rechtsprechung. In der Mathematik ist ein Beweis die gültige Herleitung der Richtigkeit einer Aussage aus einer Anzahl von Axiomen, die als wahr vorausgesetzt werden, sowie aus anderen Aussagen, die mit den Axiomen bereits bewiesen worden sind. Mathematiker sind Menschen – das wird bald noch klarer werden –, die es sich mit ihren Beweisen manchmal fast unbehaglich viel schwerer machen als andere Leute.

Abbildung 1: «Sie wollen einen Beweis? Hier haben Sie einen Beweis!»
Cartoon von Sidney Harris

Das berühmteste Axiomensystem ist das von Euklid zur Grundlage seiner Geometrie gewählte. Es umfasst 5 Postulate, wie z. B., von jedem Punkt zu jedem anderen die Strecke ziehen zu können. Oder das bekannte Parallelenaxiom, welches im Kern besagt, dass es zu jeder Geraden g und zu jedem Punkt S, der nicht auf g liegt, genau eine Parallele zu g durch S gibt. Aus nur 5 Axiomen leitet Euklid seine gesamte Geometrie her, darunter viele Eigenschaften von Dreiecken einschließlich des Satzes von Pythagoras, von Kreisen, Parallelogrammen und allerlei mehr. Ein Jahrtausendwerk.

Warum braucht man überhaupt Axiome?
Wenn Sie – wie ich – kleine Kinder haben, kommt Ihnen der folgende Dialog vielleicht bekannt vor. Er führt uns zu einer Antwort.
Ihr Kind: «Warum kann ich nur ein Glas Apfelsaft haben?»

Sie: «Weil wir bald essen, ich möchte nicht, dass du dir den Appetit verdirbst.»

Ihr Kind: «Warum verdirbt Apfelsaft meinen Appetit?»

Sie: «Weil er den Magen füllt und viel Zucker enthält.»

Ihr Kind: «Warum kann ich keinen Zucker haben?»

Sie: «Weil er durstig macht und nicht gut für deine Zähne ist.»

Ihr Kind: «Warum ist Zucker nicht gut für meine Zähne?»

Sie: «Zucker zieht Bakterien an und die machen Löcher in deine Zähne.»

Ihr Kind: «Warum machen Bakterien Löcher in meine Zähne?»

An diesem Punkt könnten sich ein paar Dinge erschöpft haben, etwa Ihre Geduld, und vielleicht fragen Sie sich, ob dieser Dialog je enden wird. Eine gute Frage. Logisch gesehen müsste er tatsächlich niemals ein Ende haben. Und so geht es: Beginnen Sie mit einer beliebigen Frage. Und nach jeder «Weil»-Antwort fragen Sie einfach: «Warum?» So wird ein Trilemma geschaffen, ein Dilemma mit drei und nicht nur zwei unbefriedigenden Alternativen. Philosophen nennen diese spezielle Form das Münchhausen-Trilemma. Dies sind die drei Alternativen:

1. Die Abfolge *Frage, Antwort, Frage ...* setzt sich ad infinitum fort. Das bezeichnet man als endlosen Regress.

2. In der Folge von Fragen und Antworten kann im späteren Verlauf eine frühere Antwort wiederauftauchen. Das wird Zirkelschluss genannt.

3. Man kann eine Behauptung für selbstverständlich erklären, ex cathedra sprechen oder eine höhere Autorität anrufen (z. B. Gott).

Kurzer Zirkelschluss oder Zirkelkurzschluss

«Herr K. hat mir erzählt, Gott habe mit ihm gesprochen.» – «Das glaube ich nicht, Herr K. lügt bestimmt.» – «Das kann nicht sein. Gott würde doch nicht mit jemandem sprechen, der lügt.»

In der Mathematik wird die dritte Möglichkeit gewählt. Man setzt eine Reihe von Postulaten oder Axiomen, die man entweder als selbstverständlich annimmt oder als zwingend erforderlich betrachtet, an den Beginn seiner Überlegungen und Herleitungen.

Nehmen wir ein einfaches Beispiel: ein simples System von drei Postulaten für die Bildung von Kommissionen in einem Gemeinderat.

Postulat 1: Es soll genau 6 Kommissionen geben.
Postulat 2: Jedes Gemeinderatsmitglied muss in genau 3 Kommissionen mitwirken.
Postulat 3: Jede Kommission muss aus genau 4 Personen bestehen.

Ein Modell der Gegebenheiten lässt sich durch die folgende Figur darstellen:

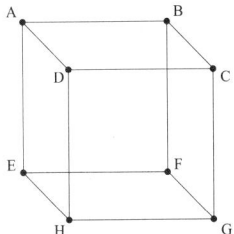

Abbildung 2: Kommissionen in einem Gemeinderat

Die Punkte repräsentieren dabei 8 Personen: A, B, C, D, E, F, G, H. Jede Seite des Würfels repräsentiert eine vierköpfige Kommission, etwa die Kommission {A, B, C, D} oder die Kommission {A, D, E, H}. Da jeder Würfel genau 6 Seitenflächen hat und jeder Eckpunkt eines Würfels Teil von genau 3 Seiten ist, sind die drei Postulate offenkundig erfüllt.

Wir konnten also ein Modell finden, das den Postulaten gerecht wird. Die drei Postulate sind demnach konsistent, d. h. nicht in sich widersprüchlich, was einem bei einer unweisen Wahl der Postulate natürlich auch passieren kann. Außerdem ist man in der Regel an Postulaten interessiert, die es erlauben, jede mögliche Aussage über die Kommissionen zu beweisen oder zu widerlegen. Ist dies der Fall, nennt man ein Axiomensystem *vollständig*.

Man kann nun versuchen, aus den Postulaten weitere Erkenntnisse über die Kommissionen oder die beteiligten Personen herzuleiten. Eine einfache abgeleitete Eigenschaft ist die folgende:

Satz: Der Gemeinderat besteht aus genau 8 Personen.

Der entsprechende Beweis ist äußerst schlicht: Wir multiplizieren die Zahl der Kommissionen (6) mit der Zahl der Personen in jeder Kommission (4) und erhalten 24. Da jede Person laut Postulat 3 an genau 3 Kommissionen beteiligt sein muss, wird jede Person dreifach gezählt, und es gibt 24/3 = 8 Mitglieder im Gemeinderat.

Das Axiomensystem, bestehend aus den folgenden beiden Axiomen, ist hingegen nicht konsistent:

Postulat 1: Jede Kommission bestehe aus genau 2 Personen.
Postulat 2: Exakt eine Person soll an einer ungeraden Zahl von Kommissionen beteiligt sein.

Diese beiden Axiome sind in sich widersprüchlich. Und wir können sogar recht leicht beweisen, warum. Postulat 1 führt dazu, dass die Zahl jener Personen, die jeweils in einer ungeraden Zahl von Kommissionen ist, zwingend geradzahlig ist. Unser Argument basiert auf gedanklichem Händeschütteln. «Wenn in einer Gruppe von Menschen diese wie üblich einander paarweise die Hände schütteln, ist die Anzahl der Menschen, die eine ungerade Zahl von Malen die Hände geschüttelt haben, eine gerade Zahl. Warum? Wenn man von n Personen ausgeht und s_i angibt, wie oft Person i Hände geschüttelt hat, dann muss für eine natürliche Zahl k die Gleichung $s_1 + s_2 + ... + s_n = 2k$ richtig sein, weil jedes Handschütteln doppelt in die Summe eingeht. Doch 2k ist eine gerade Zahl, also ist die Summe $s_1 + s_2 + ... + s_n$ gerade, und somit können zwar ungerade Summanden darin vorkommen, aber nur eine gerade Anzahl davon.»

Ersetzt man «paarweises Händeschütteln» durch «eine Kommission miteinander bilden», so ist dieses Ergebnis auf unser Beispiel direkt anwendbar.

Beweise können kurz oder lang sein, stark symbolhaltig protokolliert, bildlich dargestellt oder prosaisch ausformuliert werden. Sie können ein Problem schnell und bündig bändigen oder in langen, gedankenreichen Denkbahnen ihr Ziel finden. Wir werden allen genannten Fällen in diesem Buch begegnen. Doch wie auch immer die Darreichungsform eines Beweises aussieht, man muss ihn verstehen, und dabei ist jeder auf seine eigenen Verständnisressourcen zurückgeworfen. Probleme sind demokratisch. Vor dem Beweis sind alle gleich!

Ein Musterbeispiel für die Durchschlagskraft einer einzigen Idee und gleichzeitig für die Schönheit der Mathematik ist die schon den alten Griechen bekannte Tatsache, dass die Winkelsumme in jedem Dreieck 180° beträgt.

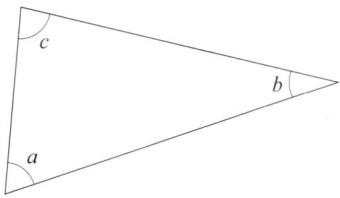

Abbildung 3: Winkel in einem Dreieck

Die Winkel a, b und c addieren sich also zu 180°. Angesichts der unendlichen Vielfalt aller denkbaren Dreiecke, ob gleichschenklig, rechtwinklig oder spitzwinklig, ist dies ein überraschender, stark ordnender und Einheit stiftender Aspekt. Ein Objekt mit einer anderen Winkelsumme als 180° kann kein Dreieck sein. So einfach ist das.

Der Reiz dieser Tatsache besteht nicht nur aus ihr selbst. Auch der Beweis ist elementar, aber gleichzeitig genial in seiner tiefen Einsicht. Man ziehe durch einen beliebigen Eckpunkt eines beliebig gewählten Dreiecks die Parallele zur gegenüberliegenden Kante. Durch diesen meisterlichen Kunstgriff entstehen zwei weitere Winkel, die aber genauso groß wie zwei Innenwinkel im Dreieck sind. Und schon kommt die Lösung in Sicht. Dazu studiere man das folgende Diagramm. Gleiche Buchstaben bezeichnen darin Winkel gleicher Größe.

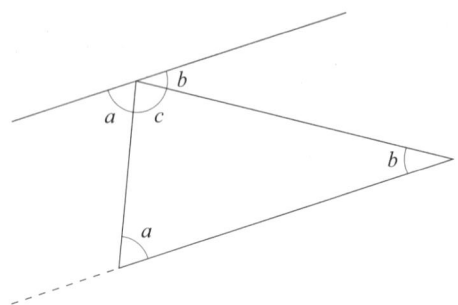

Abbildung 4: Winkelsumme im Dreieck

Es muss also a + b + c = 180° sein. Das war's bereits.

Trotzdem polarisiert die Mathematik sehr stark. Unsanft bedrängt bisweilen das Reden und Gerede über Mathematik diese Wissenschaft. Der glühenden Leidenschaft ihrer stärksten Anhänger steht die nicht minder ausgeprägte Abneigung der Mathematik-Hasser gegenüber, ungeachtet all der nützlichen Dinge, welche die Mathematik hilft in die Welt zu stemmen. Schon der Anblick mathematischer Formeln löst bei Antimathematikern ausgeprägte Gefühle intensiven Unwohlseins aus.

Verschönerung der Lebenswelt: Mathematik-Edition

Ist das auch bei Ihnen so? Hassen auch Sie den Umgang mit Formeln? Oder deren Anblick gar? Stellt sich schon ein unkontrollierbarer Wunsch des Weglaufens ein, kaum dass Sie einer Formel ansichtig werden? Beherbergen auch Sie diesen Formel-Fluchtreflex?

Wenn ja, dann versuchen Sie es doch einmal mit der folgenden dreiminütigen Selbsthilfe-Übung, die ich Michael Schiller verdanke. Es kann nicht schaden, sie anzuwenden, denn wenn sie Wirkung zeigt, werden Sie in jedem Fall weitaus mehr Gefallen an diesem Buch finden. Immerhin sollte so vieles wie möglich im Leben Spaß machen und vergnüglich sein. Hier ist das Rezept für einen genussvollen oder doch jedenfalls erfreulicheren Umgang mit Formeln: →

---

1. Schließen Sie die Augen und erinnern Sie sich an ein Erlebnis, das absolut wunderbar war, an eine Situation, in der Sie sich rundum positiv, im Flow oder mit wohliger Gänsehaut fühlten.

2. Öffnen Sie die Augen für eine oder zwei Sekunden und schauen Sie auf Seite 336 oder auf eine andere Seite dieses Buches mit vielen Formeln.

3. Schließen Sie die Augen wieder und kehren Sie in Gedanken zu Ihrem großartigen Erlebnis zurück.

4. Wiederholen Sie den Blick auf die Formel und die Visualisierung Ihres Erlebnisses weitere drei Male. Beenden Sie dann Ihre Tagträumerei und testen Sie sich. Betrachten Sie die Seite 336 erneut. Welches Gefühl stellt sich nun beim Anblick von Formeln bei Ihnen ein?

Nicht jeder Beweis einer mathematischen Aussage basiert auf der Manipulation von Symbolen. Manchmal reichen ein Bild und einige wenige Gedanken, die man sich dazu macht. Oder einfach eine Geschichte, die man erzählt. Hier nun zeigen wir einige visuelle Beweise ohne Worte. Sie alle beziehen sich auf die für alle natürlichen Zahlen n gültige Aussage:

$$1^3 + 2^3 + 3^3 + \dots + n^3 = (1 + 2 + 3 + \dots + n)^2 \qquad (1)$$

Pythagoras saß mit seinen Pythagoräern oft am Strand von Samos und spielte mit den an Land gespülten Steinen. Sie stellten fest, dass immer dann, wenn sie $1^3 + 2^3 + \dots + n^3$ Steine sammelten, sie diese als ein Quadrat auslegen konnten. Daraufhin überlegten sie, ob es sich dabei um eine allgemeingültige Eigenschaft oder bloßen Zufall handelte. Mehrere Klärungen der Frage fielen ihnen ein, wortlose Argumente, bei denen es darum geht, Wahrheit zu sehen. Sie haben den unschätzbaren Vorteil einer Deutlichkeit, den optisch erworbenes Wissen gegenüber abstrakten Formeln gewährt. Allesamt Kandidaten für ein Look-Book mathematischer Wahrheiten. It's Showtime.

Beweis ohne Worte, zum Ersten

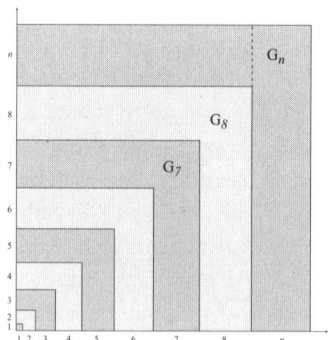

Abbildung 6: Visueller Beweis von (1)

Beweis ohne Worte, zum Zweiten

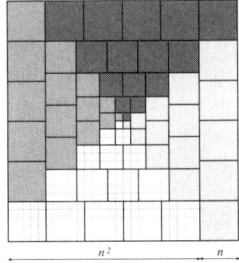

Abbildung 7: Visueller Beweis von (1)

Beweis ohne Worte, zum Dritten

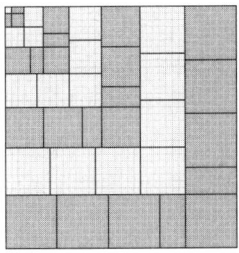

Abbildung 8: Visueller Beweis von (1)

Die Denkbilder unserer kleinen Kompilation: alles Beispiele für zu einsehbarer Wahrheit verdichtete Visualisierungen. Es sind idyllische Bildbotschaften, die zum Entschlüsseln einladen.

Noch eine andere Variante zeigen wir: Auch beim Nachvollzug der folgenden zweizeiligen Würfelcollage lässt sich die Gleichung (1) leicht herausmeditieren. Die Konstruktionslogik ist unschwer zu erkennen.

Es ist ein versandhauskatalogartiger Beweis durch Bastelanweisung gewissermaßen, in Form von ein paar dahingeworfenen Brocken. Auf den ersten Blick eher eine Antiidee zum Konzept *Form follows Function*:

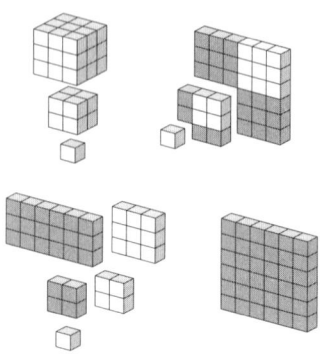

Abbildung 9: Visueller Beweis von (1)

So weit unsere Sammlung optischer Beweise.

Über alles bisher Gesagte hinaus und jenseits aller Erwägungen von Nützlichkeit und Wichtigkeit ist quantitativ-analytisches Denken etwas ausgesprochen Ästhetisches; eine reichhaltige Quelle stark empfundener Schönheit, eine Gedankenwelt voller Präzision und spürbarer Wohlgeordnetheit.

Hymnus auf die Schönheit. Wenn ich an einem Problem arbeite, denke ich nie an Schönheit. Aber wenn ich fertig bin und die Lösung ist nicht schön, weiß ich, dass sie falsch ist.

Richard Buckminster Fuller

Die nahtlose Passform, mit der ein Ensemble von Einzelüberlegungen sich zu einer stringenten, zielführenden Argumentationskette zusammenfügt – so wie die Rädchen eines Uhrwerks filigran ineinandergreifen und ein größeres Ganzes bilden –, hinterlässt oft einen starken Eindruck von Harmonie. Die Schönheit steckt bei dieser Art von Gedankenkonstruktionen in der Ausstrahlung der in ihnen enthaltenen Ideen.

Darüber hinaus ist Mathematik auch ein wunderbares Medium, um nahezu voraussetzungslos kreativ zu sein. Sie ist tiefschürfend, teils überraschend, bisweilen sogar paradox. Mit Mathematik kann man über fast alles nachdenken, mit ihr als Geisteswerkzeug lassen sich neue Dinge entdecken. Und sie beherbergt wunderbare ungelöste Probleme.

Arbeit im Weinberg der Mathematik. «Bergleute leiden unter ihrer Staublunge, Schriftsteller an narzisstischen Störungen, Regisseure an Größenwahn. All diese Defekte lassen sich auf die Produktionsbedingungen zurückführen, unter denen die Patienten arbeiten», so schreibt Hans Magnus Enzensberger. Auch Mathematiker haben die ihnen eigentümlichen Produktionsbedingungen. Welche sind das? Hier speziell gefragt: Wo entsteht Mathematik? Ausgewählte Orte.[1]

Am Schreibtisch
Simon Golin meint, dass Mathematiker mythologische Wesen sind, halb Mensch, halb Stuhl. Mit Stuhl ist natürlich Schreibtischstuhl gemeint. Und in der Tat entsteht viel Mathematik am Schreibtisch als Sinnbild einer ablenkungsfreien Oase der Stille inmitten einer geräuschvollen Lebensumwelt. Jedenfalls in der Regel ablenkungsfrei. Von Leonhard Euler (1707–1787), einem der Großmeister im Reich der Theoremtätigen, ist bekannt, dass er an seinem Schreibtisch auch dann noch effektiv denken und Mathematik treiben konnte, wenn einige seiner 13 Kinder zwischen seinen Beinen spielten oder auf seinem Rücken herumturnten. Überhaupt ließ er sich kaum stören, auch von einer Erblindung im letzten Teil seines Lebens nicht, die seine Produktivität, wenn sie diese überhaupt veränderte, dann eher steigerte.

Im Bett
Carl Friedrich Gauß hat in einem Brief seine Entdeckung der Konstruierbarkeit des regelmäßigen Siebzehnecks so beschrieben: «Das Geschichtliche jener Entdeckung ist bisher nirgends von mir öffentlich erwähnt, ich kann es aber sehr genau angeben. Der Tag war der 29. März 1796, und der Zufall hatte gar keinen Anteil daran. (...) Durch angestrengtes Nachdenken über den Zusammenhang aller

Wurzeln untereinander nach arithmetischen Gründen glückte es mir, bei einem Ferienaufenthalt in Braunschweig am Morgen des gedachten Tages (ehe ich aus dem Bette aufgestanden war) diesen Zusammenhang auf das Klarste anzuschauen, so dass ich die spezielle Anwendung auf das 17-Eck und die numerische Bestätigung auf der Stelle machen konnte.»

Beim Kaffee

Paul Erdős (1913–1996) war einer der schillerndsten Mathematiker des 20. Jahrhunderts. Viele Jahrzehnte seines Lebens reiste er ohne Wohnsitz und ohne feste Anstellung um die Welt, meist zu Gast bei Freunden, von denen einer sich um seine Finanzen kümmerte und einige ein Erdős-Zimmer in ihrem Haus dauerhaft frei hielten. Meist dasselbe Ritual: Wenn Erdős angekommen war, gemütlich Platz genommen und einen Kaffee vor sich hatte, konnte das Nachdenken beginnen. Oft fiel dann der Satz: «My mind is open.» Wichtig war in jedem Fall der Kaffee, den er oft und viel trank. Von ihm stammt die Definition: «Ein Mathematiker ist eine Maschine, die Kaffee in Theoreme verwandelt.» Die Qualität der Theoreme scheint dabei nach aller Erfahrung unabhängig von der Qualität des Kaffees gewesen zu sein.

Am Strand

Der amerikanische Mathematiker Stephen Smale verbrachte 1960 einen Gutteil des Jahres als Forschungsaufenthalt am mathematischen Forschungsinstitut IMPA in Rio de Janeiro, einen nicht geringen Teil davon am Strand – arbeitend wohlgemerkt. Er schreibt: «An einem typischen Nachmittag nahm ich den Bus zum IMPA und war schon bald im Gespräch mit Elon über Topologie, mit Mauricio über Dynamik oder beim Schmökern in der Bibliothek. Besonders erfreulich war die am Strand verbrachte Zeit. Ich schrieb dann Ideen auf und versuchte Argumente zusammenzufügen. Ich war so vertieft in meine Arbeit, dass die Ablenkungen des Strandes für mich keine Rolle spielten. Ein Teil meiner besten wissenschaftlichen Ergebnisse stammt von den Stränden von Rio.» Dieser letzte Satz hat Smale später ordentlich Ärger eingetragen. Um ihn wegen seines exponierten Engagements gegen den Vietnamkrieg anzugreifen, wurde ihm seine

Arbeit «an den Stränden von Rio» von Beratern Präsident Nixons als Verschwendung von Steuergeldern vorgeworfen.

Auf Briefumschlägen, Cocktailservietten, Tischtennisschlägern und anderen Kurzwaren
Der Möglichkeiten sind Legion und wir geben nur ein einziges Beispiel. So erklärte etwa Gerhard Frey aus Essen mit einem schwarzen Filzstift auf rotem Tischtennisschläger dem Bonner Günter Harder überschwänglich seine neue zahlentheoretische Idee, die letztendlich den Durchbruch zum Beweis des berühmtesten mathematischen Problems aller Zeiten bildete, der Fermat'schen Vermutung. Wir werden Gelegenheit haben, für Fermat-Afficionados darauf zurückzukommen.

> Eine meiner Meinungen; mein Eintrag ins Tagebuch zum 18. Februar, *World Thinking Day*:
> Ein mögliches Mathematik-Mantra: Ich denke, also bin ich, und zwar glücklich.
> Oder aus der Perspektive des Mathematikers Dirk Jan Struik (1894–2000): «Mathematiker werden alt; es ist eine gesunde Profession. Der Grund, warum sie lange leben, ist, dass sie angenehme Gedanken haben. Mathematik und Physik sind angenehme Beschäftigungen.»

Kurzum: Mathematik ist zauberhaft. Und mit Mathematik kann man zaubern!

Als Beleg ein kleines mathematisches Zauberkunststück.
Viele Zaubertricks haben eine mathematische Grundlage. Sie ist aber oft mehr oder weniger stark verhüllt. Dass diese Mathematik-Tricks durchaus dramatisch sein können, wollen wir hier demonstrieren. Kartentricks sind so alt wie das Kartenspiel selbst. Schon im alten Ägypten wurde mit Karten gespielt und gezaubert. Claude Gaspard Bachet (1581–1638) war der erste Mathematiker, der sich mathematischen Kartzaubertricks widmete und seine Erkenntnisse in einem Buch festhielt: *Problèmes plaisans et délectables qui se font par les nombres* erschien 1612 in Frankreich.

Der meines Wissens einzige Philosoph, der sich in Publikationen mit Mathematikzauberei beschäftigt hat, war der amerikanische Logiker Charles Peirce (1839–1914). Einige Tricks hatte er sich selbst ausgedacht. Einer beruhte auf einem Satz von Fermat. Pierce benötigte allein 13 Seiten für die Beschreibung der Durchführung und weitere 52 Seiten, um die Funktionsweise des Tricks zu erläutern. Der Effekt der Vorführung war jedoch relativ schwach im Vergleich zum betriebenen Aufwand. Heute gibt es dagegen unzählige Mathematik-Tricks, die genial erdacht, unaufwendig und überdies effektvoll und unterhaltsam sind. Der hier dargestellte Trick nützt den Umstand aus, dass die Summe der Kartenwerte eines 32er-Blattes (mit Bube = 2, Dame = 3, König = 4, Ass = 11 und Sieben, Acht, Neun, Zehn entsprechend gezählt) gleich 216 ist; und 216 ist ohne Rest durch 12 teilbar. Der Trick verläuft so: Jemand mischt ein Kartenspiel und zieht verdeckt eine Karte, die er – vom Zauberkünstler ungesehen – beiseitelegt. Jetzt schaut sich der Zauberkünstler nacheinander die 31 restlichen Karten an und sagt schließlich zum Erstaunen der Zuschauer, die sein phänomenales Gedächtnis bewundern, welche Karte beiseitegelegt wurde.

Für den Zauberkünstler gibt es zahlreiche Algorithmen zur Durchführung des Tricks. Einer davon ist dieser: Während er die 31 Karten durchsieht, bildet er fortlaufend die Summe aus den Kartenwerten, wobei er «modulo» 12 rechnet. Das bedeutet: Er addiert die Werte der Karten und immer, wenn die Summe 12 oder mehr erreicht, wird die Zahl 12 abgezogen. Nur das je aktuelle Ergebnis merkt sich der Zauberkünstler. Am Ende zieht er die letzte erhaltene Zahl von der 12 ab und erhält den Wert der verdeckten Karte. Um die Farbe der Karte zu ermitteln, kann der Zauberkünstler unter dem Tisch mit seinen Füßen eine Arithmetik modulo 2 ausführen, etwa wie folgt: Vor Ansicht der ersten Karte stehen beide Füße flach auf dem Boden. Bei jeder Kreuz-Karte hebt oder senkt der Zauberkünstler die linke Ferse, bei jeder Pik-Karte hebt oder senkt er die rechte Ferse. Bei jeder Herz-Karte wird gleichzeitig die Stellung beider Fersen geändert und bei jeder Karo-Karte macht der Zauberer gar nichts. Wenn alle 31 Karten nacheinander inspiziert sind und die zugehörigen Fußbewegungen unbemerkt von den Zuschauern durchgeführt worden sind, kann man aus der Stellung der Fersen auf die Farbe der fehlenden Karte schließen. Falls nur die rechte Ferse angehoben ist, handelt es sich bei der fehlenden Karte um Pik; falls nur die linke Ferse angehoben ist, um Kreuz; falls beide Fersen angehoben sind, um Herz; falls beide Fersen auf dem Boden sind, um Karo (also immer um die Kartenfarbe, die zu der Bewegung gehört, die abschließend noch nötig ist, um zur Stellung mit beiden Füßen flach auf dem Boden zurückzukehren).

Welch positive Emotionen die Mathematik erzeugen kann, sei noch durch diese kleine Episode belegt: Als auf Samoa von den ersten Missionaren Grundschulen eingerichtet worden waren, entwickelten die Eingeborenen eine ungeheure Leidenschaft für die Arithmetik. Die Krieger legten ihre Waffen nieder und rüsteten sich mit Schiefertafel und Griffel aus. Bei jeder erdenklichen Gelegenheit stellten sie sich und ihren europäischen Besuchern kleine Rechenaufgaben. Der Anthropologe Frederick Walpole erklärte später, dass sein Besuch auf den an sich schönen Inseln doch arg getrübt worden sei durch nahezu pausenloses Multiplizieren und Addieren.

Math in the City. Jeden Mittwochmittag geht der New Yorker Mathematiker Professor George Nobl für eine Stunde auf die Straße. Dann stellt er auf der 42. Straße zwischen 5th und 6th Avenue seine selbstgefertigte Tafel auf und unterrichtet «Street Math» – Straßenmathematik. Er wolle den Menschen den Spaß an der Mathematik zurückgeben, erklärte der 63-Jährige und ködert sie mit einem Schokoriegel für jede richtige Lösung. Viele Passanten sind begeistert, stehen selbst an regnerischen Tagen vor seiner Tafel oder bitten um Bleistift und Papier, um sich an den Problemen zu versuchen. Und die können durchaus eine Herausforderung sein, z. B.:
Was ist der Winkel zwischen Stunden- und Minutenzeiger einer Uhr um 15:50?
Fred kann einen Raum in 3 Stunden streichen, Maria denselben Raum in 2 Stunden. Wie lange dauert es, wenn beide zusammen den Raum streichen?

Nach einem Artikel in *The New York Times* vom 7. 2. 2002

In diesem Buch wollen wir alle angesprochenen Aspekte quantitativer Ideengebäude, ihre große Anwendungsbreite, ihre außerordentlichen Erfolge beim Einsatz als Erkenntnisinstrument und ihre tief empfundene Schönheit in kleinen Kostproben verdeutlichen. Das Ganze ist angereichert mit allerhand Lach- und Sachgeschichten, mit mathematischen Smalltalk-Häppchen in Form von freien, themabezogenen Variationen. Eine Kollektion vom Besten des Guten.

II. Denkwerkzeuge

Werkzeuge dienen generell dazu, Fähigkeiten des Menschen zu erweitern, ihm neue Möglichkeiten zu eröffnen und die verschiedensten Tätigkeiten zu vereinfachen. Denkwerkzeuge sind Strategien, die die Art und Weise des Umgangs mit Wissen, mit Problemen und mit Gedachtem erleichtern und die Fähigkeit verbessern, mittels Gedanken und abrufbaren Informationen Probleme zu lösen. Denkwerkzeuge sind Intelligenzverstärker.

Wir präsentieren in der Folge einen geistigen Werkzeugkasten mit weitreichend und vielfältig anwendbaren Problemlösungsinstrumenten. Einige von ihnen sind nach Form und Inhalt ausgesprochen einfach, können aber dennoch eine beachtliche Wirkung entfalten. Die Methoden werden an ausgewählten Beispielen in aufschlussreichen Anwendungen erprobt, sind aber über den konkreten Einsatz hinaus verallgemeinerungsfähig. Sie sind als Lösungsfindungstechniken generell hilfreich. Von diesen Techniken mit breitem Anwendungsspektrum gibt es nicht allzu viele. Hier nun der Anfang unserer Liste.

1. Analogieprinzip

Die Mutter aller Denkwerkzeuge

Analogieprinzip von Onassis:
Ein sehr reicher Mann ist nur ein armer Mann mit sehr viel Geld.

Gescheiterte Analogiebildung: «Es ist nicht möglich, den Tod eines Steuer-
pflichtigen als dauerhafte Berufsunfähigkeit im Sinne § 16 Abs. 1 Satz 3 EStG
zu werten und demgemäß den erhöhten Freibetrag abzuziehen.»
Bundessteuerblatt

> Analogieprinzip: Kann man das Problem auf ein ähnliches Problem zurück-
> führen, für das die Lösung bereits bekannt ist?

Die Suche nach und das Ausnützen von Analogien ist das bei Wei-
tem wichtigste Denkinstrument. Nach instruktiven Beispielen muss
man deshalb nicht an entlegenen Stellen suchen. Zum Einstieg greifen wir zu etwas Sportivem. Bei einem Tennisturnier (z. B. Wimble-
don) treten 128 Spieler nach dem K.-o.-System an. Für Planungs-
zwecke möchte der Turnierdirektor wissen, wie viele Begegnungen
ausgetragen werden müssen, bis der Champion feststeht.

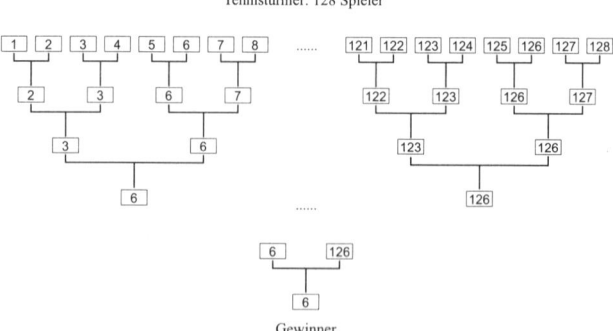

Abbildung 10: Verlauf eines Tennisturniers mit 128er-Feld

Der Turnierdirektor überlegt anhand der vollständigen Auflistung aller Begegnungen: In der 1. Runde werden aus 128 Spielern 64 Paare gebildet, die je ein Match spielen. Das sind 64 Begegnungen. An der 2. Runde nehmen nur die Sieger aus den Erstrundenspielen teil, werden gepaart und tragen insgesamt 32 Zweitrundenmatche aus. Die Sieger bestreiten dann 16 Drittrundenmatche usw. bis hin zu zwei Halbfinals und einem Finale. Damit sind also insgesamt 64 + 32 + 16 + 8 + 4 + 2 + 1 = 127 Begegnungen auszutragen.

Das ist die Lösung des Problems, doch dieserart ermittelt ist es keine schöne Lösung, sondern eher – ohne hier episch zu werden – eine uninspirierte Zahlenrechnerei, unkompliziert zwar, aber ungenial, unästhetisch, wenn auch zugegebenermaßen funktional. Deshalb hege ich gewisse Ressentiments gegen diesen Lösungsweg. Der Turnierdirektor erfährt zwar alles, was er wissen muss. Doch eine Sicht aufs Ganze stellt sich nicht ein und die Begrenztheit und Unschönheit solchen Agierens ist spürbar. Auch ist daran nichts, was

Die Mutter aller Denkwerkzeuge   **39**

mit einer Denkleistung verwechselt werden könnte. Mit etwas zusätzlichem Aufwand kann man aber auch anders an die gestellte Problematik herangehen.

Man mag bemerken, dass einerseits die Anzahl der Spieler (d. h. 128) eine Potenz von 2 ist (nämlich 2^7) und dass andererseits die Anzahl der Begegnungen in jeder Runde durch fortgesetzte Halbierung zustande kommt, so dass die zu addierenden Zahlen schrittweise kleiner werdende Zweierpotenzen sind, von der sechsten (d. h. $2^6 = 64$ Erstrundenspiele) bis zur nullten (d. h. $2^0 = 1$ Finale). Das fällt als Erstes auf. Anschließend könnte man sich erfreut an die Additionsformel für aufeinanderfolgende Potenzen erinnern, konkret daran, dass für jede natürliche Zahl $n = 1, 2, 3, \ldots$ stets

$$1 + 2 + 4 + \ldots + 2^n = 2^{n+1} - 1 \qquad (2)$$

ist, wovon man sich aber auch, sollte die Erinnerung gerade nicht parat sein, durch die kleine Idee der Multiplikation der linken Seite von Gleichung (2) mit $2 - 1 = 1$, d. h. mit

$$(1 + 2 + 4 + \ldots + 2^n) \cdot (2 - 1) = (2 + 4 + 8 + \ldots + 2^{n+1}) -$$
$$(1 + 2 + 4 + \ldots + 2^n) = 2^{n+1} - 1,$$

kurz selbst überzeugen kann.

Mit $n = 6$ gelangt man sofort zu $2^{6+1} - 1 = 127$ wie gehabt.

Das ist schon in gewisser Weise ganz ansprechendes und ideenhaltiges Denken. Die Lösung, praktisch ohne viel Arithmetik ermittelt, ist zudem sofort verallgemeinerungsfähig von $2^7 = 128$-Spieler-Turnieren auf beliebige 2^{n+1}-Spieler-Turniere mit dann $2^{n+1} - 1$ auszutragenden Begegnungen. Bei einem 64er-Anfangsfeld käme es also zu 63 Begegnungen, bei einem 256er-Feld zu 255 Spielen total. Interessanterweise ist die Anzahl der Begegnungen immer um genau 1 geringer als die Zahl der zum Turnier antretenden Spieler.

Aber auch diese Herangehensweise macht uns im Vergleich zum ersten Anlauf nicht wirklich weiser. Man kommt mit einer Frage mehr hinaus, als man hineingegangen ist: Warum unterscheidet sich die Anzahl der Begegnungen von der Anzahl der Spieler genau um 1?

Und wirklich hinreißend ist diese Strategie letztendlich auch nicht. Mathematik-Ästhetik, Handelsklasse B.

Schön, aufschlussreich und in seiner Kompaktheit genial und genial einfach ist dagegen folgender gedankliche Ansatz: Bei jeder Begegnung gibt es genau einen Sieger und einen Verlierer. Kein Einspruch so weit. Jeder Spieler spielt seine Matche so lange, bis er verliert, dann spielt er nicht mehr. Was sagt uns das? Nun, es sagt uns zunächst, dass es genauso viele Begegnungen gibt, wie es insgesamt Verlierer gibt. Aber nur exakt ein Spieler, der Champion nämlich, verliert keine Begegnung. Es ist nun nicht mehr als ein Kinderspiel, diese beiden Tatsachen zu folgendem Ergebnis zu konfigurieren. Eine Idealsynthese. Da jeder Spieler außer dem Champion genau ein Spiel verliert, ist die Anzahl der Verlierer und darum die Anzahl der Begegnungen genau um 1 geringer als die Zahl der Spieler; bei 128 Spielern also gleich 127 Spiele, bei 2^{n+1} gleich $2^{n+1} - 1$, wie oben schon ermittelt. Ein Erfolgserlebnis hat sich eingestellt. Gewonnen durch einfaches, fast kinderleichtes Denken.

Einfach denken ist eine jute Jabe Jottes.
Konrad Adenauer

Is klar diese Wörter? Is möglich versteh?
Giovanni Trapatoni

Talk clearly!
Der Labor-Papagei Alex erteilt im Massachusetts Institute of Technology seinem Papagei-Kollegen Griffin eine phonetische Lektion.

Ein wunderschöner inspirierter Gedankengang ist es zudem, zwingend, kristallklar, kompakt. Eine zielführende Argumentationskette, die keine Rechnung verlangt, ja nicht einmal Zahlen, und keinen Rückgriff auf bekannte Formeln, nichts weiter als voraussetzungsloses Denken in Reinkultur. Eine herrlich aneinandergefügte Kette von wenigen kleinen Gedankensplittern, überraschend elementar, unerwartet aufschlussreich und voller ästhetischer Ausstrahlung.

Ein zwar nur mikroskopisches, aber gleichzeitig mächtiges Beispiel für ein wirkungsvolles, ökonomisches, übersichtliches und prächtiges Gedankengebäude.

Ein weiterer Vorzug dieser Denkart: Bei näherem Zusehen ist sie nicht auf Zweierpotenzen für Spieleranzahlen beschränkt, sondern sofort verallgemeinerungsfähig: Für K.-o.-Turniere mit k Spielern werden k – 1 Begegnungen benötigt, bis der Gesamtsieger feststeht, für jede beliebige natürliche Zahl k. Das ist eine dankbar entgegengenommene Zugabe. Wir prüfen dies für k = 11 Spieler.

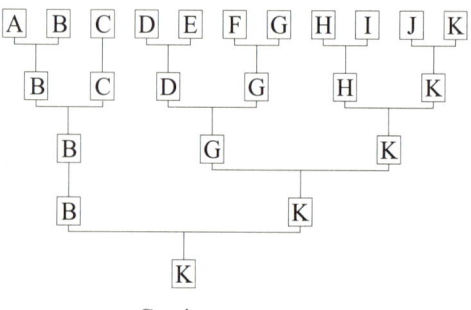

Gewinner

Abbildung 12: Verlauf eines Tennisturniers mit 11er-Feld

Jeder horizontale Strich symbolisiert eine Begegnung. Insgesamt gibt es 10 dieser Striche und mithin wie erwartet 10 auszutragende Spiele.

Getreu dem Motto: «Ein guter Beweis ist ein Beweis, der uns weiser macht», hat der inspirierte Gedankengang uns weitere Informationen und tiefere Einsichten verschafft. Verstehen ist ein Rundumproblem.

In unserem zweiten Beispiel befassen wir uns mit der Mathematik des Brechens einer Schokoladentafel. Man kann sich etwa vorstellen, dass eine Mutter beim Kindergeburtstag schnell eine Tafel in ihre Einzelstücke zerlegen möchte. Die Tafel bestehe aus k = n · m kleinen Schokoladenstücken.

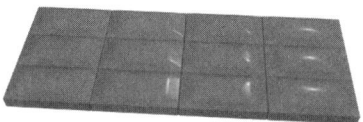

Abbildung 13: Eine Schokoladentafel mit ihren Sollbruchstellen

Unser Problem fragt nach der Form der Strategie, die durch kleinstmögliche Anzahl von Brüchen entlang gerader Linien zwischen den Stücken die Tafel in n · m einzelne Schokoladenstücke zerlegt.

Teilen Sie doch selbst einmal gedanklich eine 3×4-Tafel. Eine mögliche Szenenfolge ist:

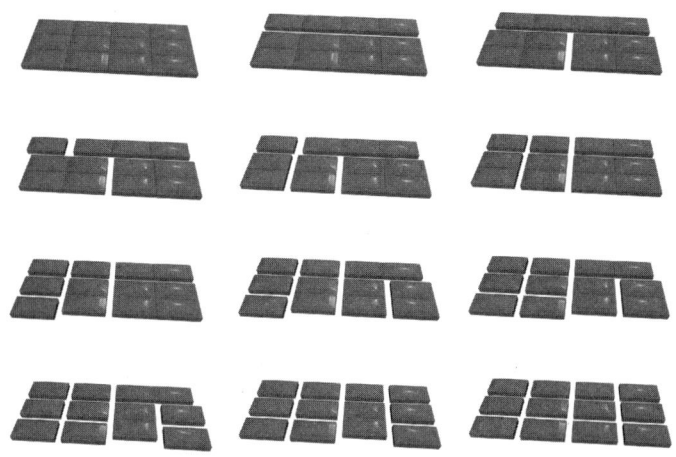

Abbildung 14: Brechen einer Schokoladentafel in Einzelstücke

Das sind insgesamt 11 Brüche. So weit unser quasiinteraktiver Einstieg. Eine Frage liegt auf der Hand: Gibt es eine Strategie, die mit einer geringeren Anzahl von Brüchen auskommt als 11? Bei der Vielzahl der denkbaren Strategien scheinbar keine einfache Frage.

Die Antwort ist Nein! Die einfache, aber durchschlagende Überlegung in einem überaus kurzen Beweisfeldzug ist folgende: Durch

Die Mutter aller Denkwerkzeuge **43**

jedes Brechen der Tafel wird die Gesamtzahl der Stücke um genau eines erhöht, denn ein größeres Stück geht dabei in zwei kleinere über, ganz gleich, in welcher Weise gebrochen wird. Das ist gut gesehen. Wenn schließlich kein Stück mehr gebrochen werden kann, ist die Tafel vollständig in einzelne Schokoladenstücke zerlegt. Den Kopf gefüllt mit dieser erlesenen Eingebung ist das, was vom Problem noch bleibt, auf leicht Zählbares reduziert:

Zu Beginn, gewissermaßen nach 0 Brüchen, liegt die Tafel als Ganzes in 1 Stück vor.

Nach 1 Bruch gibt es 2 Stücke.

Nach 2 Brüchen gibt es 3 Stücke.

Nach nm – 1 Brüchen gibt es nm Stücke.

Ergo: Die Anzahl der Stücke ist immer – und zwar unabhängig davon, wie man bricht! – um eins größer als die Zahl der Brüche, mit denen die Stücke erzeugt wurden. Das Problem in dieser Sicht: ein überraschend harmloses Etwas.*

Mathematiker sprechen in diesem Zusammenhang von einer Invarianten. Im konkreten Fall ist die Anzahl der insgesamt benötigten Brüche, bis die Tafel in Einzelstücken vorliegt, invariant gegenüber der Art und Weise, wie ich breche.

Hat man dies erkannt, so lässt sich auch hier postwendend eine Verallgemeinerung formulieren. Selbst dann, wenn ich Brüche entlang innen verlaufender Zickzacklinien anstatt nur entlang von Geraden erlaube, wie in Abbildung 15 gezeigt, kann ich die Gesamtzahl benötigter Brüche bis zur vollständigen Zerlegung in Einzelstücke nicht reduzieren.

Noch ein Seitenblick auf das soeben diskutierte Turnierproblem und eine weitere Erkenntnis stellt sich ein: Es lässt sich zwischen dem eingangs diskutierten Turnierproblem und dem Problem des Scho-

---

* Lange N8 der Mathematik. Ein Freund, dem ich von diesem Schokoladenproblem erzählt hatte, befasste sich eines Abends damit zur Entspannung. Die Lösungssuche nahm ihn so gefangen, berichtete er mir später, dass er bis tief in die Nacht kein Bett sah. Und auch als ihm die einfache Lösung wie Schuppen von den Augen fiel, war er so aufgewühlt, dass er keinen Schlaf mehr fand. Später nannte er das Problem aus diesem Grunde *Hesses Einschlafbremse*. In jedem Fall ist es ein Problem mit dem Potenzial, die Zeit zu dehnen.

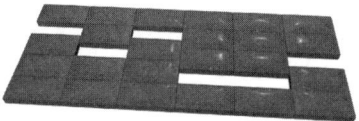

Abbildung 15: Allgemeineres Brechen einer Schokoladentafel

koladebrechens sowie zwischen den Lösungen beider Probleme eine essenzielle und überraschende Analogie erkennen. Unser Blick geht auf Strukturen aus. Klar erkennbar wird dabei die Strukturgleichheit, wenn man die Entsprechung

ein Tennismatch	ein Tafelbruch
die Matchverlierer	die Schokoladenstücke

vornimmt.

Mit jedem ausgetragenen Match nehmen die Gesamtzahl der Verlierer und die Gesamtzahl der Matche um 1 zu. Anfangs, nach 0 Begegnungen, gibt es 0 Verlierer. Am Ende, nach $k - 1$ Begegnung, gibt es $k - 1$ Verlierer.

Möglich ist eine analoge Umformatierung dieser Gedanken auf die neuen Verhältnisse des Schokoladebrechens: Bei jeder Brechung der Tafel nehmen die Gesamtzahl der Schokoladenstücke und die Gesamtzahl der Brechungen um 1 zu. Anfangs, nach 0 Brüchen, gibt es 1 Schokoladenstück. Am Ende, nach $k - 1$ Brüchen, gibt es k Einzelstücke.

Tiefenstrukturell sind beide Probleme gleich – einander entsprechende Problemlagen an verschiedenen Schauplätzen.

Die lohnenden Analogien sind damit aber noch nicht erschöpft. Zu ihnen zählt etwa auch folgendes kleines Spiel, das sich vorzüglich für ein Duell mit Ihrem Lieblingsfeind eignet.

> Wenn man dauernd gewinnt, macht's viel mehr Spaß.
> **Donald Duck (in: Das große Golfmogeln)**

Die Grundsituation des Spiels ist ein Münzhaufen, der aus insgesamt k Münzen besteht.

Spieler A teilt den Haufen beliebig in 2 kleinere Haufen. Spieler B wählt anschließend einen beliebigen Haufen und teilt diesen abermals beliebig in 2 kleinere Haufen. Wiederum anschließend wählt A einen Haufen ... und so geht es abwechselnd weiter. Der Spieler, der den letzten (dann aus nur noch 2 Münzen bestehenden) Haufen teilt, so dass nur noch einzelne Münzen auf dem Tisch liegen, gewinnt das Spiel und alle Münzen.

Dieses Spiel scheint ein mathematisch außerordentlich schwer zu analysierendes Strategiegewirr mit vielen Handlungsmöglichkeiten zu beinhalten. Obwohl Letzteres stimmt, ist Ersteres nicht der Fall. Das Spiel fügt sich nämlich ganz einfach durch Analogiebildung in den von uns zuvor schon ausführlich behandelten Kontext: Nach 0 Teilungen gibt es einen Münzhaufen. Nach der ersten Teilung, ganz gleich, wie sie erfolgt, gibt es 2 Haufen, und mit jeder beliebigen weiteren Teilung erhöht sich die Anzahl der Haufen ebenfalls um exakt 1. Die allgemeine Kunstregel lautet: Es gewinnt zwingend Spieler A, wenn die Anzahl k der Münzen eine gerade Zahl ist, da für k Münzen immer k – 1 beliebige Teilungen vorgenommen werden müssen, bis jede Münze für sich ihren eigenen Haufen bildet. Auch dieses Spiel ist wieder ein Echo des Turnierproblems. Schon jetzt haben wir eine Trilogie derselben Fragestellung.

Und es geht noch weiter: Sogar ein geometrisches Analogon zu den Beispielen des Tennisspielens, Schokoladebrechens und Haufenteilens lässt sich finden, wiederum eine ganz andere Einkleidung derselben Aufgabenstellung, auf den ersten Blick bis zur Unkenntlichkeit modifiziert.

Zwei Analogie-Aufgaben aus dem Intelligenztest *The-Smartest-Person-in-the-World*

9 verhält sich zu *361* wie das Spiel *Tic-Tac-Toe* zu ?

5280 verhält sich zu *Meile* wie 43 560 zu ?

Und eine selbstgebastelte Analogieaufgabe von mir als Zugabe:

Frank Zappa verhält sich zu *Frau* wie *Joe Pine* zu ?

Ein kleiner, aber möglicherweise auch schon zu großer Tipp dazu: Der Rockmusiker Frank Zappa war in die Talkshow eines gewissen Joe Pine eingeladen, der für seine provokante Form der Gesprächsführung bekannt war. Manche Leute behaupteten, Pines verletzende Art gehe auf seine Beinamputation zurück, die ihn verbittert habe. Zappa wurde Ende der 60er Jahre eingeladen, als lange Haare bei einem Mann noch ungewöhnlich waren. Es kam zu folgendem Schlagabtausch:

Pine: «Mit Ihren langen Haaren könnte man Sie für eine Frau halten.»

Zappa: «Mit Ihrem Holzbein könnte man Sie für einen Tisch halten.»

Der Direktor eines Museums möchte seine Bilder überwachen lassen. Der Grundriss des Museums sieht so aus:

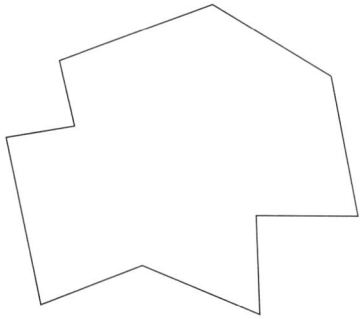

Abbildung 16: Ein einfaches Polygon

In der Geometrie bezeichnet man eine derartige Struktur als *einfaches Polygon*. Bei einem geschlossenen Streckenzug berühren sich die Teilstrecken nur in den Ecken und bilden so ein Vieleck.

In einem Museum gibt es Museumswächter. Wie soll der Direktor sie einsetzen, damit der gesamte Innenraum des Museums überwacht ist?

Der Direktor hat sich ein einfaches Rezept zurechtgelegt. Es besteht darin, das Polygon in Dreiecke einzuteilen, und zwar durch Einzeichnen von gänzlich im Inneren des Polygons verlaufenden Verbindungsstrecken zwischen geeigneten Ecken des Polygons. Dann beauftragt er je einen Museumswächter mit der Aufsicht in einem jeden Dreiecksbereich. Wie viele Wächter werden benötigt?

Wie können wir einsehen, dass dieses Problem nicht neu ist, nur neu gestellt? Die Antwort auf die Frage nach der Zahl entstehender Dreiecke und benötigter Wächter hängt offenbar von der Komplexität des Grundrisses ab, also von der Anzahl k der Ecken des Polygons. Bei k = 3 gibt es offensichtlich nur ein Dreieck. Bei k = 4 sind es zwei Dreiecke. Auch das liegt auf der Hand.

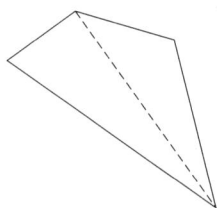

Abbildung 17: Der Fall k = 4 mit zwei Dreiecken

Das Einziehen einer beliebigen Verbindungsstrecke ist dafür nötig. Auch der Fall k = 5 ist leicht zugänglich:

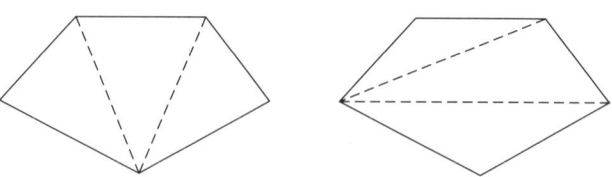

Abbildung 18: Der Fall k = 5 mit drei Dreiecken

Unsere allgemeinen Überlegungen werden ein wenig einfacher, wenn wir ein k-eckiges Vieleck als n-Polygon bezeichnen, mit n = k – 2. Eine kleine komplexitätsdämpfende Maßnahme. Sie bedeutet, ein 3-Eck ist ein 1-Polygon, ein 4-Eck ist ein 2-Polygon, ein 5-Eck ist ein 3-Polygon usw.

Es ist interessant und hier das Wichtige, dass jede beliebige Zerlegung des n-Polygons durch Verbindungsstrecken in Dreiecke dieselbe Zahl von Verbindungen benötigt und auf dieselbe Zahl von Dreiecken führt. Wir schreiben $D(n)$ für die Anzahl der entstehenden Dreiecke und $V(n)$ für die Anzahl benötigter (sich nicht schneidender) Verbindungen. Die $D(n)$ Dreiecke haben $3D(n)$ Seiten. Jene Seiten der Dreiecke, die gleichzeitig auch Verbindungen sind, wurden dabei doppelt gezählt und die $n + 2$ Seiten des Polygons jeweils einfach: $3D(n) = (n + 2) + 2V(n)$.

Addiert man die inneren Winkel aller $D(n)$ Dreiecke, so ergibt sich einerseits $180°D(n) = 180°(n + 2 + 2V(n))/3$. Andererseits: Da die Verbindungsstrecken sich nicht schneiden, ist die Summe der Winkel aller Dreiecke gleich der Summe $W(n)$ der Innenwinkel des n-Polygons mit $W(n) = n \cdot 180°$. Fährt man nämlich das Polygon im Uhrzeigersinn ab, wie ein Auto auf einem Straßenzug, so biegt man bei jeder der $(n + 2)$ Ecken um einen Winkel nach rechts ab, der gleich $180°$ minus dem Innenwinkel an der jeweiligen Ecke ist. Umfährt man das ganze Polygon, so ist die Summe dieser Abbiegewinkel stets der Vollwinkel $360°$, woraus sich nach Gleichsetzen sofort $W(n) = n \cdot 180°$ ergibt. Diese Begründung funktioniert auch noch, wenn einige der Innenwinkel größer als $180°$ sind. Dann biegt man statt nach rechts nach links ab, was als negativer Abbiegewinkel registriert wird. Aus der Gleichung $180°D(n) = W(n)$ ergibt sich $180°(n + 2 + 2V(n))/3 = n \cdot 180°$, woraus man $V(n) = n - 1$ für die Anzahl der Verbindungsstrecken ableitet. Als Nebenprodukt kann auch noch $D(n) = (n + 2 + 2(n - 1))/3 = n$ verbucht werden.

Betrachten wir nach diesen Feststellungen in Anlehnung an die Überlegungen zu den vorausgehenden Problemen nun ein n-Polygon nochmals unter anderem Blickwinkel. Wir ziehen eine beliebige Verbindungsstrecke d ein. Sie zerlegt das $(n+2)$-Eck in zwei Vielecke X und Y mit $x + 2$ bzw. $y + 2$ Ecken, wobei x und y beide kleiner als n sind. Es handelt sich also um ein x-Polygon und ein y-Polygon, die eine Seite gemeinsam haben.

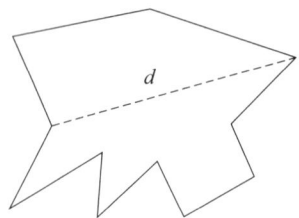

Abbildung 19: Ein Vieleck mit Verbindungsstrecke d

Die Anfangs- und Endpunkte der Verbindung d gehören sowohl zu X als auch zu Y, also ist n = x + y sowie auch

$$D(n) = D(x) + D(y) \tag{3}$$

nebst dem Anfangswert D(1) = 1. Diese Beziehungen gelten für alle x und y von 1 (einschließlich) bis n (ausschließlich). Das 11-Eck (bzw. 9-Polygon) von Abbildung 19 wird durch die Verbindung d zerlegt in ein 4-Eck (bzw. 2-Polygon) und ein 9-Eck (bzw. 7-Polygon). Damit ist D(9) = D(7) + D(2).

Aus der Beziehung (3), angewendet für x = n – 1 und y = 1, erhalten wir

$$D(n) = D(n - 1) + D(1).$$

Die abermalige Anwendung dieser Idee erst auf D(n – 1), dann auf D(n – 2) usw. ergibt schrittweise

$$
\begin{aligned}
D(n) &= D(n - 1) + D(1) \\
&= D(n - 2) + D(1) + D(1) = D(n - 2) + 2D(1) \\
&= D(n - 3) + D(1) + D(1) + D(1) = D(n - 3) + 3D(1) \\
&= D(2) + (n - 2) \cdot D(1) \\
&= D(1) + D(1) + (n - 2) \cdot D(1) = n \cdot D(1) \\
&= n.
\end{aligned}
$$

Für ein n-eckiges Museum, das folglich in n – 2 Dreiecke eingeteilt werden kann, sind nach der Strategie des Museumsdirektors n – 2 Wächter zur vollständigen Bewachung nötig.

Im Unterschied zur Gleichung (3) besteht für die Anzahl V(n) der Verbindungsstrecken die leicht modifizierte Beziehung

$$V(n) = V(x) + V(y) + 1 \qquad (4)$$

mit n = x + y. Diese Gleichung ist wiederum gültig für x und y zwischen 1 (einschließlich) und n (ausschließlich). Der zusätzliche Summand +1 auf der rechten Seite von (4) geht auf die Zerlegung des n-Polygons durch eine das x-Polygon und das y-Polygon herbeiführende Verbindungsstrecke zurück. Auch haben wir für (4) eine etwas andere Anfangsbedingung als für (3) zu bedenken, denn klarerweise ist V(1) = 0, da es im Dreieck als 1-Polygon keine Verbindung gibt.

Mit derselben iterativen Vorgehensweise läuft das Schema ab wie gehabt:

$$
\begin{aligned}
V(n) &= V(n - 1) + V(1) + 1 \\
&= V(n - 2) + V(1) + V(1) + 1 + 1 \\
&= V(n - 2) + 2V(1) + 2 \\
&= V(2) + (n - 2) \cdot V(1) + n - 2 \\
&= V(1) + V(1) + 1 + (n - 2) \cdot V(1) + n - 2 \\
&= n \cdot V(1) + n - 1 \\
&= n - 1.
\end{aligned}
$$

In ein n-Polygon, also in ein (n+2)-Eck, kann man demnach maximal n – 1 sich nicht schneidende Verbindungen einzeichnen. Somit muss der Museumsdirektor für die Aufteilung seines Museums-n-Ecks in Dreiecke insgesamt n – 3 Strecken einzeichnen.

Auch hier bemerken wir eine direkte Entsprechung zum Teilungsproblem des Münzhaufens. Jede Teilung eines Münzhaufens mit n Münzen (sagen wir: eines n-Haufens) ergibt einen x-Haufen und einen y-Haufen für geeignete x, y mit n = x + y. Und für die Gesamtzahl T(n) der benötigten Teilungen ist, wie gesehen,

$$T(n) = T(x) + T(y) + 1, \qquad (5)$$

wiederum für alle x, y zwischen 1 (einschließlich) und n (ausschließlich) nebst $T(1) = 0$.

Und auch die Analogie zum Turnierproblem wird deutlich. Sei B(n) die Anzahl der auszutragenden Begegnungen, um in einem n-Spielerfeld den Champion zu ermitteln. Auch hier gilt die Beziehung (5) mit T ersetzt durch B, denn teilt man die n Spieler in eine Gruppe mit x und eine Gruppe mit y Spielern ein, so werden in den beiden Gruppen B(x) bzw. B(y) Begegnungen benötigt, um die beiden Gruppensieger zu ermitteln, und anschließend ist noch ein Finale unter den Gruppensiegern nötig.

Auch das Schokoladenproblem fügt sich erkennbar dieser Analogie.

Alle untersuchten Situationen sind im Kern Ausprägungen derselben abstrakten Grundstruktur. In allen Beispielen tritt eine Funktion f(n) auf, die auf der Menge der Zahlen 1, 2, 3, ... bestimmte Werte annimmt und je nach Anwendung die Zahl auszutragender Tennismatche im Turnier mit n Spielern, die Zahl benötigter Brüche einer Schokoladentafel mit n Stücken usw. darstellt.

Die Funktion f zeichnet sich in jedem Fall durch die Eigenschaft

$$f(x + y) = f(x) + f(y) + 1 \qquad (6)$$

aus, für x und y jeweils aus der Menge 1, 2, 3, ... der natürlichen Zahlen.

Ist $f(1) = 0$, dann muss, wie gesehen, die Funktion f zwingend die Gestalt

$$f(n) = n - 1, \text{ für alle } n = 1, 2, 3, ... \qquad (7)$$

haben. Sie kann nicht anders. Das ist der abstrakte Kern aller von uns bislang betrachteten Probleme, vom Tennisturnier bis zur Museumsüberwachung. Alle Probleme, in denen eine Aufspaltung der

Form (6) nebst Anfangsbedingung f(1) = 0 auftaucht, führen zu derselben Lösung (7). Das ist einer der Vorteile der Abstraktion.

Mathematik ist das Äußerste an Technologietransfer. Ein gelegentlich bis ins Extreme gesteigerter Abstraktionsgrad erlaubt eine Lösungsfindung durch gezielte Analogiebildung, also planvollen Einsatz ein und desselben Ideenmusters im Sinne einer Nutzbarmachung für verschiedene, aber ähnliche Problemstellungen. Würde man sich bei der Konzeption von Ideen zu sehr auf Einzelfälle beschränken, wäre für jedes andere Problem, auch für ein eigentlich analoges, eine neue Idee vonnöten. Wer deshalb der Mathematik ihren hohen Abstraktionsgrad vorwirft und daraus auf Weltfremdheit schließt, hat letztlich den Prozess von Problemlösung nicht verstanden. Gerade die Abstraktionsfähigkeit erlaubt effizientes Lösen ganzer Klassen ähnlicher Probleme durch Analogiebildung. Sie erlaubt die Zurückführung eines Problems auf ein ähnliches Problem, für das die Lösung bereits bekannt ist. Abstraktion ist der Weg zum Wesentlichen. Das Analogieprinzip ist tiefschürfend mal breitenwirksam.

Wie viel Fachpersonal, um eine Glühbirne zu wechseln?

Wie viele Surrealisten? 4. Einen, der die Birne wechselt. Einen, der die Badewanne mit Treibsand füllt. Einen, der die Kanten der Atmosphäre mit einem Frühstücksbrettchen zerfranst, und einen, der mit einer polierten Swatch-Uhr ein übermüdetes Einhorn tröstet.

Wie viele Gärtner? 3. Einen, der sie einsetzt, und 2 weitere, die darüber streiten, welche Art von Birnen man zu dieser Jahreszeit einsetzen sollte.

Wie viele Zen-Meister? 2. Einen, der sie wechselt, und einen, der sie nicht wechselt.

Wie viele Mathematiker? Nur einen. Er gibt die Birne an die 4 Surrealisten oder die 3 Gärtner oder die 2 Zen-Meister und hat damit das Problem auf ein bereits gelöstes zurückgeführt.

2. Fubini-Prinzip

Zahlen und Zählen: a one, a two, a one two three

Bei den Olympischen Spielen 1932 in Los Angeles mussten die 10 000-m-Läufer eine Runde zu viel laufen, weil die Kampfrichter sich verzählt hatten. Als der Irrtum bekannt wurde, wertete man die Ergebnisse der eigentlich letzten Runde, was die Platzierungen 2 und 3 änderte. Daraufhin weigerte sich der Amerikaner Joseph McCuskey, seine Silbermedaille anzunehmen. Er meinte, sie stehe dem Briten Tom Evenson zu.

Welches Kind erstes, zweites, drittes oder weiteres Kind ist, richtet sich nach der Reihenfolge der Geburten.
Aus einem Merkblatt der Bundesagentur für Arbeit

In die Flucht gezählt: Ein wahrhaft verständliches Fluchtmotiv hatte Caro Mitrabu, einziger Gefangener im Gefängnis von Tagara in Mexiko. Nach seiner Flucht fanden die Wärter in seiner Zelle einen Zettel, auf dem stand: «Ich hatte es wirklich satt, jeden Tag dreimal zum Zählappell anzutreten.»
Alexander Tropf: Niederlagen, die das Leben selber schrieb

Es müssen viele Zeitalter vergangen sein, bis man erkannt hat, dass ein Paar Fasane wie zwei Tage Beispiele für die Zahl 2 sind.
Bertrand Russell

> Fubini-Prinzip: Kann ich die Anzahl von irgendetwas ermitteln, indem ich etwas ganz anderes abzähle?

Von den Zahlen die Geschichte. Zahlen sind abstrakte Gebilde, die ursprünglich als Zählinstrumente eingeführt wurden. Zählen ist eine fundamentale menschliche Aktivität; man kann davon ausgehen, dass die Fähigkeit zu zählen bis zu den Anfängen der Kultur zurückreicht. Zählen dürfte entwicklungsgeschichtlich fast so alt sein wie Sprechen. Zahlzeichen gibt es schon so lange, wie es Schrift gibt. Durch die Weiterentwicklung des Zählens entstanden Zahlsysteme. Eine ganze Reihe verschiedener Systeme waren oder sind in Gebrauch, und unzählige kulturelle Besonderheiten zeichnen sie aus. Wir beginnen mit einer Chronologie der Zahlen und Zahlsysteme – in kurzer Fassung.

Alltagsminiatur mit Mathematiker. In einem Betrieb finden Bewerbungsgespräche statt. Der Personalchef bittet die Bewerber, einfach nur bis 10 zu zählen.

Der Elektroniker beginnt: «0001, 0002, 0003, 0004, ...» Der Personalchef winkt ab: «Der Nächste bitte!»

Der Mathematiker: «Wir definieren die Folge $a(n)$ mit $a(0) = 0$ und $a(n + 1) = a(n) + 1$.» Der Personalchef verdreht die Augen und bittet den nächsten Bewerber.

Der Informatiker zählt: «1, 2, 3, 4, 5, 6, 7, 8, 9, a, b, c, ...» Auch damit ist der Personalchef nicht zufrieden.

Als Letzter erscheint ein Soziologe: «1, 2, 3, 4, 5, 6, 7, 8, 9, 10.» Der Personalchef ist begeistert: «Sie bekommen den Job.» Der Soziologe freut sich und meint: «Ich kann sogar noch weiter – Bube, Dame, König.»

Die 10 Finger des Menschen wurden zur Grundlage des Dezimalsystems, nimmt man auch noch die Zehen hinzu, gelangt man zum 20er-System. Da es unpraktisch ist, jede einzelne Zahl mit einem eigenen Symbol zu versehen, wurden schon früh Verfahren entwickelt, möglichst viele Zahlen unter Verwendung einiger weniger Symbole darzustellen. Die ältesten Zahldarstellungen finden sich auf Kerbhölzern («Hast du etwas auf dem Kerbholz?») und entsprechen dem Führen einer Strichliste, z. B. IIIII IIIII IIIII III.

Werden die Zahlen größer, erweist sich diese Methode als ineffizient, es werden dann schrittweise größere Bündelungen benötigt. Die alten Ägypter benutzten ab 3000 v. Chr. Hieroglyphen und bündelten bereits in Zehnerpotenzen. Sie bedienten sich folgender Symbole.

Abbildung 20: Zahlzeichen der alten Ägypter

Man addierte dann die einzelnen Symbole und ersetzte zehn Kopien eines Symbols durch ein einzelnes Symbol des nächsthöheren Wertes. So steht etwa

für die Zahl 5322.

Die Babylonier hatten ab etwa 3000 v. Chr. das erste Positionssystem in Gebrauch: Der Wert einer Ziffer hängt dabei von ihrer Stellung ab. Auch bei unserem heute gebräuchlichen Zehnersystem ist das der Fall. Die Basis des babylonischen Positionssystems war allerdings nicht die Zahl 10, sondern die Zahl 60. Es ist nicht bekannt, warum die Babylonier auf die Zahl 60 zurückgriffen. Möglicherweise steht ein Gewichtssystem dahinter. Dass unsere Stunden in 60 Minuten zu je 60 Sekunden eingeteilt werden, ist auch eine Folge dieser babylonischen Verfahrensweise. Hätten die Babylonier stattdessen die Basis 10 verwendet, dann wären heute höchstwahrscheinlich unsere Tage in 10 Stunden zu je 100 Minuten mit je 100 Sekunden eingeteilt.

Ah ju launtsam tunait? Vor einigen Monaten hat die Gruppe REDESIGN-DEUTSCHLAND in Berlin ihre Arbeit aufgenommen. Ihr erklärtes Ziel: die Neugestaltung Deutschlands in allen Bereichen. Mit einer neuen Zeitrechnung und einer neuen Sprache, kurz *rededeutsch* genannt, sind die Anfänge bereits gemacht.
Süddeutsche Zeitung, 12. Oktober 2001

Hier ein paar Auszüge aus dem REDESIGNDEUTSCHLAND-Manifest:
REDESIGNDEUTSCHLAND ersetzen deutsch durch rededeutsch. Rededeutsch vereinfachen grammatik und erlernbar sein ohne vorkenntnis in wenig stundes.
REDESIGNDEUTSCHLAND einführen dezimalsystem in all bereichs. 1 tag haben 100 stundes. 1 stunde haben 100 minutes. 1 jahr haben 1000 tags.

Kommentar? Nahezu Tolstoi'sche Wortwucht!

Die Babylonier benötigten für ihr Sexagesimalsystem, also für ihr 60er-System, nur 2 Symbole: Keil und Haken. Diese Symbole drückten sie mit einem eckigen Griffel in die feuchte Oberfläche von Tontafeln, die man an der Luft trocknen ließ oder brannte. Eine überaus haltbare Art der Konservierung. So langlebig, dass sich über 5000 Jahre hin bis in unsere Zeit viele Tausend babylonische Tontäfelchen erhalten haben.

Der Keil steht für die 1, der Haken für die 10. Bis zur Zahl 59 werden Zeichen mehrfach geschrieben, etwa

als Darstellung der Zahl 24.

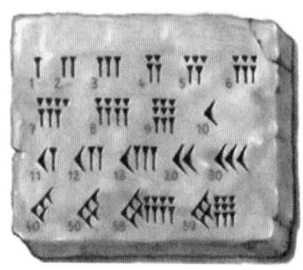

Abbildung 21: Babylonische Zahlzeichen

Nach der Zahl 59 griff das Prinzip des Stellenwertes. In unserem Dezimalsystem stehen ganz rechts die Einer, bei den Babyloniern die Zahlen bis 59. Bei uns sind die Stufenzahlen $1 = 10^0$, $10 = 10^1$, $100 = 10^2$, $1000 = 10^3$ usw. Im babylonischen Sexagesimalsystem sind es die $1 = 60^0$, die $60 = 60^1$, die $3600 = 60^2$, die $216\,000 = 60^3$ usw. Als Beispiel schreiben wir die Zahl $694 = 11 \cdot 60 + 34$

Die Schreibweise der Zahl 3241 im Zehnersystem bedeutet ja eigentlich $3 \cdot 10^3 + 2 \cdot 10^2 + 4 \cdot 10^1 + 1 \cdot 10^0$. Entsprechend ist es im Sexagesimalsystem. Fühlen Sie sich doch einmal ganz unerhört babylonisch und schreiben Ihr Geburtsjahr im Sexagesimalsystem.

Trotz großer Erfolge hatten die Babylonier insofern ein Problem mit ihrem Zahlsystem, als sie das Konzept der Null nicht kannten und jedenfalls zunächst noch kein Zeichen dafür bereithielten. Heute erlaubt uns die Null, zwischen 32 und 302 und 320 zu unterscheiden, nicht so bei den Babyloniern. Die Symbolfolge

kann 21, aber auch $21 \cdot 60^1$ oder $21 \cdot 60^2$ usw. bedeuten. Welche der Zahlen gemeint war, mussten die Babylonier dem Zusammenhang entnehmen, da die fehlende Null die Stellenwerte der Ziffern uneindeutig machte. Erst später führten die Babylonier auch noch ein Zeichen für eine Leerstelle ein.

Seit etwa dem ersten Jahrtausend vor Christus arbeiten die Chinesen mit einem Rechenbrett, auf dem die Zahlen mit kleinen Bambusstäbchen dargestellt wurden. Die stilisierte Zahlendarstellung wurde unmittelbar als Schreibweise übernommen und führte auf die Stäbchenziffern. Wegen der Erscheinungsweise ihrer Zahlen nannte man die chinesische Art, mit Zahlen zu hantieren, auch *Rechnen mit Pfählen*.

Abbildung 22: Stäbchenziffern im alten China

Die Mayas und Azteken verwendeten ein Zahlsystem auf der Basis der Zahl 20. Dabei wurden die Zahlen 1 bis 4 durch Punkte sowie 5, 10, 15 durch Striche dargestellt, für die Null setzten sie ein Muschelsymbol:

Für weitere Zahlen wurde auf ein Stellenwertsystem zurückgegriffen, bei dem die Stellen übereinandergeschrieben waren.

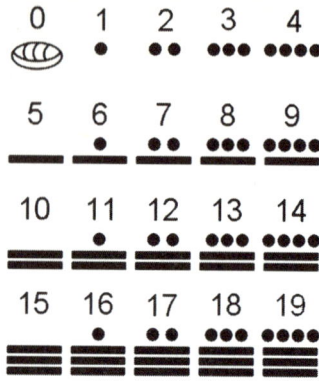

Abbildung 23: Zahlsystem der Mayas und Azteken

Die Zahl 213 = 10 · 20 + 13 · 1 wurde wie folgt dargestellt:

Die Geschichte der römischen Zahlzeichen lässt sich bis ins antike Römische Reich und dessen Anfänge zurückverfolgen, in die Zeit um das 8. vorchristliche Jahrhundert.

Die römischen Zahlen werden aus sieben Symbolen nach festen Regeln unter Verwendung eines kombinierten Additions-/Subtraktionssystems gebildet. Benutzt werden die Symbole I = 1, V = 5, X = 10, L = 50, C = 100, D = 500, M = 1000.

- Gleiche Ziffern nebeneinander werden addiert. Es dürfen aber höchstens drei Grundzahlen nebeneinanderstehen (XXX = 30).
- Kleinere Ziffern rechts von größeren werden addiert, links von größeren subtrahiert (XXXI = 31 bzw. IXXX = 29). Zwischenzahlen (das sind V, L, D) dürfen nicht subtrahiert werden.
- Die Grundzahlen I, X, C dürfen nur von der nächsthöheren Zwischen- oder Grundzahl subtrahiert werden (MDCCCXLIV = 1844).

Römische Zahlzeichen waren in Mitteleuropa auch nach Ende des Römischen Reiches bis über das 12. Jahrhundert hinaus in Gebrauch. Heute sieht man sie noch auf Zifferblättern von Uhren, bei Jahresangaben, besonders auf Bauwerken, in Copyrightvermerken und zur Nummerierung von Kapiteln in Büchern und Aufzählungen, zur Unterscheidung von Personen gleichen Namens (z. B. Benedikt XVI.).

Das ursprüngliche griechische Zahlsystem, ab dem 5. Jahrhundert, arbeitete ähnlich dem römischen Zahlsystem mit den Symbolen

I (einfacher Strich) = 1

Π (von pente) = 5

Δ (von deka) = 10

H (von hekaton) = 100

X (von chilion) = 1000

M (von myrioi) = 10 000

Im hebräischen Zahlsystem waren die 22 Buchstaben des hebräischen Alphabets als Darstellung der Zahlen bis 400 in Gebrauch. Im Talmud etwa werden die Zahlen größer als 400 dann einfach additiv konstruiert; z. B. 700 = 400 + 300.

Jede noch so geraffte Erörterung der Geschichte des Zählens ist unvollständig ohne den Hinweis, dass im dritten Jahrhundert vor Christi in Indien die sogenannten Brahmi-Zahlen entstanden, aus denen sich die heute gebräuchlichen Ziffern 1 bis 9 entwickelt haben. Ein Beitrag von kaum zu überschätzender Bedeutung ist die Erfindung der Null um 600 n. Chr. in Indien. Die indischen Zahlzeichen und das Dezimalsystem gelangten über den von den Arabern besetzten Raum unter Vermittlung des persischen Mathematikers, Astronomen und Geographen al-Chwarizmi (ca. 780–ca. 840 n. Chr.) sowie später des italienischen Rechenmeisters Leonardo von Pisa (ca. 1170–1240), auch Fibonacci genannt, nach Europa. Fibonacci verwendete die Ziffern in seinem Buch *Liber Abbaci*, das wie folgt beginnt: «Die neuen indischen Figuren sind

9 8 7 6 5 4 3 2 1.

Mit diesen neuen Figuren und dem Zeichen 0, welches die Araber Zephirum nennen, lässt sich jedwede Zahl schreiben, wie gleich gezeigt wird.»

Dieses Zahlsystem ist aktuell weltweit am meisten verbreitet. Es gehört zu den bahnbrechendsten Entdeckungen der Menschheit: eine Errungenschaft, die ihren Siegeszug um die ganze Welt und durch alle Kulturen antrat. Die einzig wirklich wahre Weltsprache unserer Zeit. Und Zahlen sind längst ihrer nur dienenden Funktion entwachsen. Zahlen können neue Wahrheiten schaffen.

Sporadisch gibt es hier und da noch Relikte uralter tradierter Zahlsysteme oder kuriose geographische Besonderheiten. Die Yoruba, ansässig in Nigeria und Benin, etwa verwenden auch heute noch ein kompliziertes Zahlsystem mit der Basis 20, das mit Addition und Subtraktion bei der Benennung von Zahlen arbeitet. Einige Beispiele sind:

$$35 = 2 \cdot 20 - 5, \qquad 47 = 3 \cdot 20 - 10 - 3,$$
$$51 = 3 \cdot 20 - 10 + 1, \qquad 55 = 3 \cdot 20 - 5,$$
$$67 = 4 \cdot 20 - 10 - 3, \qquad 73 = 4 \cdot 20 - 10 + 3.$$

Die Zahlen von 1 bis 10 besitzen bei den Yoruba eigene Namen. Die Zahlen 11 bis 14 werden additiv zusammengesetzt (d. h., 11 = 10 + 1 usw.), die Zahlen 15 bis 19 hingegen mittels Subtraktion von 20 aus gebildet: 15 = 20 – 5, etc. Die Zahlen 21 bis 24 werden wiederum additiv gebildet und die Zahlen 25 bis 29 subtraktiv von 30 aus. Dieses Muster setzt sich fort bis zur Zahl 200. Dann löst sich die Struktur auf.

Die Oksapmin-Kultur von Papua-Neuguinea bedient sich eines Systems von 27 Oberkörperpositionen, um Zahlen zu repräsentieren, eine Abfolge, die mit dem Daumen einer Hand beginnt und mit dem kleinen Finger der anderen Hand endet.

In vielen Sprachen sind Ungereimtheiten zwischen der Schreibweise und der Sprechweise von Zahlen nicht ungewöhnlich. Das Französische nennt die Zahl 95 «quatre-vingt-quinze», also «viermal zwanzig und fünfzehn». Die Waliser bezeichnen die Zahl 18 mit «zweimal neun», die Bretonen mit «dreimal sechs». Bei den Dänen ist die Zahl 60 einfach «tres», was etymologisch als stark gekürzte Version von «dreimal zwanzig» (tre snes) verstanden werden kann. Und «halvtreds» (vom letzten mal 20 nur die Hälfte, also halv) bedeutet 50.

In der Bantusprache Kumbundu ist das Wort für 7 «sambuari», was wörtlich übersetzt «6 + 2» (sic!) bedeutet, ein Euphemismus, der das ursprüngliche Wort für 7 ersetzte, nachdem es ein Tabuwort geworden war. Die afrikanische Sprache Nimbia arbeitet mit einem Zwölfersystem. Die Zahl 144, also zwölf mal zwölf, heißt darin einfach *wo*. Prächtig, alle diese Worte.

Jedem Zählen liegt ein Abstraktionsprozess zugrunde, den die Menschheit mit Mühe entwicklungsgeschichtlich vollziehen musste – und das Ergebnis dieses Prozesses, wonach z. B. jeder Zweiermenge, die aus ganz konkreten Objekten besteht, die objektfreie Zahl 2 zugeordnet wird, hat sich kaum über Nacht ergeben. Gelegentlich gibt es noch Relikte aus einer zurückliegenden Zeit. Auf den Fidschi-Inseln wird für 10 Kokosnüsse ein anderes Zahlwort verwendet (karo) als für 10 Boote (bole).

Eine der elementarsten Funktionen von Zahlsystemen ist natürlich das Zählen. In seiner einfachsten Form ist Zählen der Akt des wiederholten Addierens von 1, in der Regel, um festzustellen, wie viele Objekte eine bestimmte Menge umfasst, oder um eine gewünschte Anzahl von Objekten aus einer größeren Grundgesamtheit herauszulösen. Was könnte leichter sein als zählen?

Gar so einfach ist es aber nicht. Zum Zählen braucht man nämlich die Null, die, wie wir gesehen haben, erst im 13. Jahrhundert nach Europa kam. Aufgrund dessen wurden räumliche und zeitliche Abstände bis in die mittelalterliche Zeit mittels Inklusivzählung gezählt. Dabei war es von «heute» bis «heute» 1 Tag, von «heute» bis «morgen» 2 Tage. In einigen alten Formulierungen hat sich diese alte Inklusivzählung noch erhalten, etwa im Ausdruck «in 8 Tagen», womit man 1 Woche, also eigentlich 7 Tage, meint. Analog steht das französische «quinze jours», wörtlich übersetzt «fünfzehn Tage», für 2 Wochen.

Ein interessantes Beispiel findet sich auch in der Bibel. Dort steht zu lesen, dass Jesus am 3. Tage auferstanden ist, obwohl er am Freitagnachmittag starb und am Samstagabend, in der Nacht auf den Sonntag, auferstand. Im Judentum zählt die Samstagnacht zum Sonntag. Der Sonntag folgt zwei Tage nach dem Freitag, was nach der Inklusivzählung der 3. Tag ist. Entsprechend wird das Fest Christi Himmelfahrt nach biblischer Zählung, die den Ostersonntag als Auferstehungstag mitrechnet, 40 Tage nach Ostern gefeiert, nach moderner Zählung sind hingegen erst 39 Tage vergangen. Ganz ähnlich war der 49. Tag nach Ostern moderner Zeitrechnung in der Antike bereits der 50. Tag, Pentekoste oder Pfingsten. Die vormittelalterliche Geschichtsforschung hat ständig mit der Inklusivzählung zu kämpfen. Man kann Angaben zu Regierungszeiten von Herrschern nicht einfach addieren, da dann Anfangsjahr und Endjahr jeweils doppelt gezählt würden.

Auch heute noch wird bei musikalischen Intervallen mit der Inklusivzählung gearbeitet. Dabei bedeutet das lateinische Wort «intervallum» eigentlich genau genommen Zwischenraum. Bei der Bezeichnung von Intervallen wird aber sowohl der Anfangs- als auch der Endton mitgezählt. So hat die Prime nach moderner Zählung den Abstand 0 Töne, die Sekunde den Abstand 1 Ton, die Terz den Abstand 2 Töne und die Oktave den Abstand 7 Töne.

Mein Beitrag zur Woche der Brüderlichkeit ist die simpel anmutende Frage:

Haben Frauen mehr Brüder als Männer?

Ein Problem ohne hier angegebene Lösung, doch mit der Lizenz zum Lösen für die Leser. Gedanken zum Selbermachen.

Aber Vorsicht, Denkfalle. Hier irrten schon recht große Geister.

Ein erheblicher Anteil menschlicher Interaktionen hat mit Zahlen zu tun: Handel, Bau, Sport sind ohne Zahlen undenkbar. Zahlen sind neben Zähl- auch Einteilungswerkzeuge der dabei auftretenden Größen. Wie soll man Raum, Zeit, Materie, Energie und andere Größen aufteilen, um sie zu zählen und zu messen? Welche Zahlen sind dafür besonders geeignet?

Menschen teilen Tag und Nacht in jeweils 12 Stunden, eine Stunde in 60 Minuten, den Vollkreis in 360 Grad. Warum gerade so, gibt es dafür einen Grund? Da es ums Aufteilen geht, wird man Zahlen verwenden, die möglichst viele Teiler besitzen. Diese heißen in der Mathematik *hochzusammengesetzte Zahlen*. Konkret zeichnen sie sich dadurch aus, dass sie nicht nur mehr Teiler haben als jede kleinere Zahl, sondern in der Anzahl der Teiler erst von ihrem Doppelten übertroffen werden. Es ist klar, dass das Doppelte einer Zahl immer mehr Teiler besitzt als die Zahl selbst, weil der Primfaktor 2 als Teiler hinzukommt. Interessanterweise gibt es überhaupt nur 6 in diesem Sinn hochzusammengesetzte Zahlen, nämlich 2, 6, 12, 60, 360, 2520. Die Zahlen 2 und 6 sind für viele praktische Zwecke zu klein, die Zahl 2520 zu groß. Die Zahlen 12, 60, 360 hingegen, die relativ zu ihrer Größe besonders viele Teiler haben, sind für Operationen des Einteilens und Messens besonders geeignet.

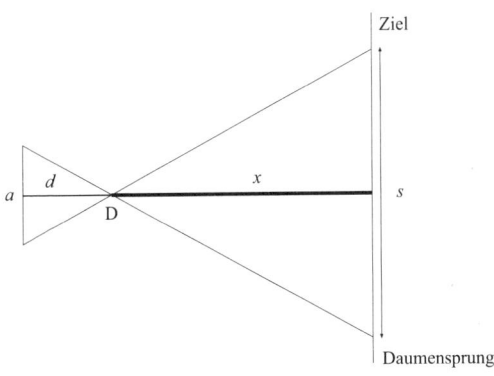

Abbildung 24: Die Daumensprung-Methode

Zählen kann man natürlich auf verschiedene Weise. Doch wie man auch zählt, das Ergebnis sollte bei einem gegebenen Zählproblem jeweils dasselbe sein. Dieser an Simplizität schwer zu überbietende Gedanke des mehrfachen Abzählens wurde im Prä-Computerzeitalter von Buchhaltern angewendet. Bei der Ermittlung der Summe der Zahlen einer Tabelle ermittelten sie zuerst die Summe der Zeilensummen und verglichen diese mit der Summe der Spaltensummen. Wenn ihre Rechnung stimmte, waren beide Summen identisch. Bildlich ausgedrückt:

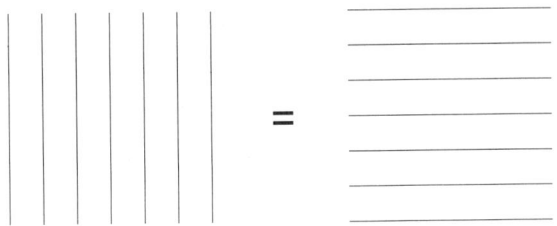

Abbildung 25: Das Grundprinzip der doppelten Buchführung. Summe der Zeilensummen = Summe der Spaltensummen

Diese einfache, geradezu lapidare Idee ist die Basis mancher mathematischer Tricks und Beweise, oftmals in Kombination mit ausgefeilteren Ideen.

Und so formulieren wir nach dieser rasanten Revue von Zahlen, vom Zählen und von Zahlsystemen nun unser zweites Denkwerkzeug. Es handelt sich um eines der ältesten quantitativen Prinzipien überhaupt:

Wenn eine Menge von Objekten auf zwei verschiedene Arten richtig abgezählt wird, dann ist das Ergebnis dasselbe.

Dieser Umstand ist so elementar, dass er ohne weiteres einem Vorschulkind begreiflich gemacht werden kann. Und doch lassen sich bei geschickter Anwendung faszinierende Erkenntnisse daraus gewinnen. Ja, im Ernst. Wir werden das bald belegen und uns in die Rolle der Müllerstochter begeben, die Stroh zu Gold spinnt.

Eine unmittelbare Folgerung daraus ist: Bei der Summenbildung verschiedener Zahlen kommt es nicht darauf an, in welcher Reihenfolge ich die Summation vornehme oder welche Teilsummen ich zunächst bilde und später addiere. Die Mathematiker sagen dazu: Die Addition ist kommutativ und assoziativ. Nichts Weltbewegendes, alles ganz normal.

Wir holen etwas weiter aus und beschreiben eine an sich unspek-
takuläre, aber wegen der Begleitumstände dennoch denkwürdige
Anwendung dieses in seiner Einfachheit überragenden Prinzips.
Gleichzeitig ehren wir unsere Helden: mit einer kleinen Episode vom
Größten:

Stars of the Blue Planet (1): Carl Friedrich Gauß

Gauß wurde am 30. April 1777 in Braunschweig als Kind eines
Gassenschlächters und einer Hausfrau geboren; die Familie lebte in
ärmlichen Umständen. Schon sehr früh zeigte Gauß Anzeichen jener
Denkfähigkeit, auf Grund derer viele moderne Mathematiker ihn
als den größten aller Zeiten ihrer Zunft ansehen. Mit sieben Jahren
kam er in die St.-Katharinen-Schule, die unter der Leitung des stren-
gen Lehrers Johann Georg Büttner stand. Büttner musste sich mit
Schülern verschiedenen Alters gleichzeitig befassen. Aus diesem
Grund gab er einigen Schülern oft lange Rechenübungen, um sie zu
beschäftigen, während er sich um eine andere Altersgruppe kümmerte. Einmal stellte er einer Gruppe von Schülern, darunter Gauß,
die Aufgabe, alle ganzen Zahlen von 1 bis 100 zu addieren. Nach den
Gepflogenheiten jener Zeit stapelten die Schüler nach erledigter
Arbeit ihre Schiefertafeln auf einen Sammeltisch, und der Lehrer ließ
die Reihenfolge in die Notengebung einfließen.

Nur Sekunden nachdem Büttner die Aufgabe gestellt hatte,
schrieb der junge Gauß, schon damals um Ideen voraus, die Antwort
auf seine Schiefertafel und legte sie mit den Worten «Ligget se!» (Da

Abbildung 26: Carl Friedrich Gauß auf dem früheren Zehnmarkschein

liegt sie!) auf den Tisch. Büttner ignorierte sie mit einer Mischung aus Unglauben, Zorn und Häme bis zum Ende der Stunde, während Gauß still und mit verschränkten Armen, ungestört von des Lehrers Attitüde, auf seinem Platz saß und die anderen Kinder weiterrechneten. Seine Tafel enthielt nur eine einzige Zahl, und sie war korrekt. Statt das Problem frontal anzugehen, hatte er durch laterales Denken das Problem auf eine kurze Rechnung reduziert. Schon damals zeigte er die tiefschürfende mathematische Intuition, die ihn sein ganzes Leben nicht verlassen sollte. Als Gauß dem Lehrer seine Denkweise erklärte, erkannte Büttner, dass er es hier mit einem außerordentlichen Schüler zu tun hatte. Der Ruf von Gauß als Wunderkind verbreitete sich über ganz Braunschweig.

Wie hat Gauß die ganzen Zahlen von 1 bis 100 so schnell addiert?

Seine Strategie basiert auf unserem zweiten Denkwerkzeug. Zuerst wird eine winzige Modifikation vorgenommen, um das Werkzeug in Stellung zu bringen. Sie ist gedanklich um den Geistesblitz gebaut, die Zahlen zweimal statt nur einmal, aber dadurch wesentlich einfacher zu addieren. Man schreibt untereinander:

$$1 + 2 + 3 + 4 + \ldots + 98 + 99 + 100$$
$$100 + 99 + 98 + 97 + \ldots + 3 + 2 + 1$$

Und dann addiert man nicht zeilenweise, sondern spaltenweise die beiden in einer Spalte zwischen Pluszeichen stehenden Zahlen. Das ergibt für die erste Spalte 1 + 100 = 101, für die zweite Spalte 2 + 99 = 101, für die dritte Spalte 3 + 98 = 101 usw. Es ist augenfällig und hier das Wichtige, dass sich für jede der insgesamt 100 Spalten 101 als Summe einstellt. Also im Saldo $100 \cdot 101 = 10\,100$ für das Doppelte der Summe der ersten 100 Zahlen. Folgerichtig

$$1 + 2 + 3 + ... + 100 = 10\,100/2 = 5050$$

für den gesamten Summenwert der nur einmal addierten Zahlen. Kurz und findig.

Gauß hatte also einfach eine andere Art der Summenbildung gefunden, für die jedes summierte Zahlenpaar stets denselben Wert ergab und die Anzahl dieser Werte klar auf der Hand lag. Eine bequeme, aber ungemein wirkungsvolle Anwendung unseres leicht fasslichen Denkwerkzeugs.

Ein visuelles Pendant der Gauß-Strategie mit verallgemeinernder Wirkung hin zu der Aussage $1 + 2 + ... + n = n(n + 1)/2$ ist

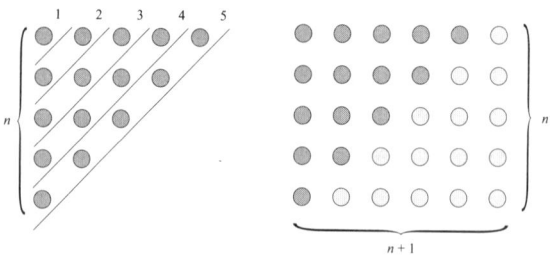

Abbildung 27: Die optische Version der Gauß-Strategie

Noch ein schönes Beispiel soll das Kapitel beschließen.

Aus einer Schulklasse von n Schülern soll eine Abordnung von Schülern zum Direktor geschickt werden. Auf wie viele Arten kann diese Abordnung gebildet werden, wenn sie mindestens zwei Schüler enthalten soll?

Einerseits kann man alle Abordnungen zählen, die 2 oder 3 oder 4, ..., oder n Schüler enthalten. Das ergibt eine Summe von Einzelausdrücken. Das ist unhandlich. Andererseits kann man überlegen, dass es für jeden Schüler 2 Möglichkeiten gibt: in einer Abordnung zu sein oder nicht in einer Abordnung zu sein. Für n Schüler gibt es also in diesem Sinne 2^n Möglichkeiten. In dieser Zählung ist die leere Menge als Teilmenge enthalten sowie auch die n Teilmengen, die nur aus einem einzigen Schüler bestehen. Diese müssen subtrahiert werden. Also gibt es $2^n - n - 1$ mögliche Abordnungen.

3. Paritätsprinzip

Gerade oder ungerade – das ist hier die Frage

Der Geschlechtsunterschied zwischen den
Eltern ist Voraussetzung für die Zeugung
des Nachwuchses.

Aus den Informationen zur politischen Bildung Nr. 206:
Die Familie in der Bundesrepublik Deutschland

Paritätsprinzip: Bietet das Problem die Möglichkeit zur Einteilung von Teil-
aspekten in zwei einander nicht überlappende Klassen, so dass daraus Aufschlüsse über die Lösung gewonnen werden können?

Der Mensch ist ein Wesen, das Kategorien erfindet. Wissenschaft
und Alltag sind randvoll mit Arten, Gattungen, Klassen, Ordnungen,
Epochen, Abteilungen, Komponenten und Elementen. So gut wie
überall wird sortiert, kategorisiert, eingeteilt. Die einfachste Form
der Einteilung ist eine Zweiteilung der Grundgesamtheit: gerade und
ungerade, hell und dunkel, beweglich und unbeweglich, weiß und
schwarz, Yin und Yang.

Ständig bilden wir die Vielfalt der Welt auf solche einfachen dya-
dischen Polaritäten ab. Denken Sie zum Beispiel an Ihre Bekannten
und ordnen Sie diese in die Kategorien rational und emotional ein.
Abgesehen von einigen Grenzfällen ist das in der Regel nicht schwer.
Dabei sind rational und emotional sinnvolle Konzepte mit mehr
oder weniger wohldefinierter Bedeutung. Doch selbst wo das anders
ist, fällt die Kategorisierung in der Regel leicht. Man denke etwa an
die Begriffe ping versus pong, die der Kunsthistoriker Ernst Gom-
brich sich ausgedacht hat. Undefinierte Kunstworte zwar, doch ist
es überraschend leicht, die Dinge der Welt in durch sie definierte
Klassen einzuteilen. Was etwa ist eine Nadel? Ping sicherlich. Ebenso
wie ein Stern, ein Stift, ein Stoß, ein Staatsstreich. Und was ist mit
einem Buch? Wohl eher pong. Ebenso wie ein Löffel, ein Lappen, eine

Legende, ein Lenkrad und eine Liebkosung. Auch die zuvor schon mit Bezug auf rational und emotional eingeteilten Bekannten können Sie sicherlich in ping versus pong unterbringen. Es ist ein gutes Beispiel für die Vereinfachungsneigung des menschlichen Geistes und auch für seine Flexibilität, die selbst vor an sich sinnlosen, undefinierten Kategorien wie ping und pong nicht zurückschreckt.

Eine auch philosophisch interessante zweiwertige Einteilung ist die in die räumlichen Kategorien links und rechts. In der Tat lässt sich selbst darüber trefflich philosophieren und mathematisieren. Kant und Wittgenstein sind nur zwei der Denker, die sich mit der Philosophie von links und rechts befasst haben. Kant nimmt als Musterbeispiel die linke und die rechte Hand und sagt: «Was kann wohl meiner Hand oder meinem Ohr ähnlicher und in allen Stücken gleicher sein als ihr Bild im Spiegel? Und dennoch kann ich eine solche Hand, als im Spiegel gesehen wird, nicht an die Stelle ihres Urbildes setzen, denn wenn dieses eine rechte Hand war, so ist jene im Spiegel eine linke, und das Bild des rechten Ohres ist ein linkes, das nimmermehr die Stelle des Ersteren vertreten kann. Nun sind hier keine inneren Unterschiede, die irgendein Verstand nur denken könnte; und dennoch sind die Unterschiede innerlich, soweit die Sinne lehren, denn die linke Hand kann mit der rechten, ohnerachtet aller beiderseitigen Gleichheit und Ähnlichkeit, doch nicht zwischen denselben Grenzen eingeschlossen sein (sie können nicht kongruieren), der Handschuh der einen Hand kann nicht auf der anderen gebraucht werden.»[2]

Und im selben Paragraphen schreibt er noch: «Wir können daher auch den Unterschied ähnlicher und gleicher, aber doch inkongruenter Dinge (z.B. widersinnig gewundener Schnecken) durch keinen einzigen Begriff verständlich machen, sondern nur durch das Verhältnis zur rechten und linken Hand, welches unmittelbar auf Anschauung geht.»[3]

Wittgenstein meint zum selben Thema: «Das Kantsche Problem von der rechten und linken Hand, die man nicht zur Deckung bringen kann, besteht schon in der Ebene, ja im eindimensionalen Raum, wo die beiden kongruenten Figuren a und b auch nicht zur Deckung gebracht werden können, ohne aus diesem Raum

a b

herausbewegt zu werden. Rechte und linke Hand sind tatsächlich vollkommen kongruent. Und dass man sie nicht zur Deckung bringen kann, hat damit nichts zu tun. Den rechten Handschuh könnte man an die linke Hand ziehen, wenn man ihn im vierdimensionalen Raum umdrehen könnte.»[4]

Die Linguistik von links und rechts. Im Jahr 1970 veröffentlichte ein US-Waschmittelhersteller in der saudi-arabischen Presse eine Anzeige, mit der für ein neues Seifenpulver geworben wurde. Links sah man einen Haufen schmutziger Wäsche, in der Mitte einen Waschbottich, von Seifenschaum überkrönt, rechts einen Haufen strahlend weißer Wäsche. Der ins Arabische übersetzte Werbetext lautete: «Mit wenig Aufwand sieht Ihre Wäsche schnell so aus.» Viele Araber lachten beim Anblick der Anzeige. Sie lesen von rechts nach links.

Volker Nickel: Jeder für sich und alle gemeinsam

Nochmals ein Wort von Kant zu diesem Thema. An anderer Stelle lässt er in einem Gedankenexperiment Gott eine menschliche Hand schaffen. «Gleichwohl, wenn man sich vorstellt, das erste Schöpfungsstück solle eine Menschenhand sein, so ist es notwendig entweder eine linke oder eine rechte (...).»[5]

Da rechte und linke Hand als kongruente, aber nicht zur Deckung zu bringende Gegenstücke zueinander fungieren, könne – so meint Kant – nur der absolute Raum als Maßstab dienen, um zu bestimmen, um was für eine Hand es sich bei der erschaffenen handelt. Andernfalls wäre die Hand undefiniert, und wenn Gott als Nächstes einen handlosen Körper erschaffen würde, dann könnte die Hand an diesen sowohl links als auch rechts angefügt werden. Doch dies ist offensichtlich unmöglich.

> **Auch ein Paritätsgedanke.** Wenn Sie einen braunen und einen schwarzen Schuh tragen, dann haben Sie noch ein solches Paar im Schuhschrank.

Bis zur Mitte des letzten Jahrhunderts dachten die Physiker, das Universum wäre indifferent bezüglich links und rechts. Dieser Gedanke lässt sich etwa folgendermaßen ausdrücken: Wenn die Naturgesetze einen Vorgang erlauben, dann erlauben sie auch den zu diesem Vorgang spiegelbildlichen Vorgang. Oder so: Wenn Ihnen jemand den Film eines Geschehens zeigt und dieser Film rechts/links vertauscht ist, sind Sie mittels Ihres Wissens über die Naturgesetze allein nicht in der Lage zu sagen, dass irgendetwas damit nicht stimmt. Die Physiker sprechen von Paritätserhaltung. Dieser Begriff zeigt an, dass sich die physikalischen Zusammenhänge und Gesetzmäßigkeiten in einem System nicht ändern, wenn gleichzeitig alle Raumkoordinaten gespiegelt werden. Wie erwähnt, glaubte man, dass das Universum als Ganzes diese Eigenschaft der Paritätserhaltung besitzt – und zwar bis 1958. In diesem Jahr wurde nämlich experimentell bewiesen, dass einige Elementarteilchen fast immer eine Linkskurve ausführen, obwohl sie sich in einer völlig symmetrischen Umgebung befinden.

Das Problem der Definition von links und rechts wird als Ozma-Problem bezeichnet. Eine Kinderweisheit ist es zu sagen: «Links ist da, wo der Daumen rechts ist.» Und man sieht daran, dass diese auf den Gegenbegriff bezugnehmende relative Formulierung zwar sofort einleuchtet, das Definitionsproblem aber keineswegs löst. Die Aufgabe scheint darauf hinauszulaufen, demonstrieren zu müssen, was mit links und rechts in einem absoluten Sinn gemeint ist.

Nehmen wir einmal an, wir erhalten Radiosignale von einem Planeten X, welcher so weit entfernt ist, dass keine anderen Himmelskörper und deren Umlaufbahnen von uns und den X-Bewohnern gemeinsam beobachtet werden können. Nehmen wir weiter an, die X-linge hätten die Begriffe *rama* und *lama*, von denen wir wissen, dass sie rechts und links bedeuten, aber wir wissen eben nicht, welches der beiden Worte links und welches rechts bedeutet. Außerdem haben sie die Begriffe *im Kama-Sinn* und *im Gegenkama-Sinn* zur Beschreibung von Rotationen. Mit *wama* und *oama* bezeichnen sie Richtungen, mit *sama* und *nama* planetarische Pole, diese Ausdrücke stehen für West und Ost bzw. Süd und Nord, aber auch hier kennen wir die konkrete Zuordnung nicht.

Wie können wir eine unzweideutige Übersetzung all dieser Ausdrücke vornehmen bzw. in Erfahrung bringen, was links und was rechts bedeutet?

Vielleicht wurde uns mitgeteilt, dass man nach *oama* schaut, wenn man auf Planet X bei Sonnenaufgang in Richtung Sonne steht. Doch möglicherweise rotiert Planet X in eine andere Richtung als unserer, dann wäre *oama* Westen und nicht Osten. Vielleicht wurde uns weiterhin mitgeteilt, dass, wenn man auf Planet X die Finger seiner *lama*-Hand abbiegt, sie im *Kama-Sinn* abgebogen sind. Doch möglicherweise bedeutet *lama* rechts und nicht links; dann wäre im *Kama-Sinn* gleichbedeutend mit *im Gegenuhrzeigersinn*. Vielleicht haben uns die X-linge Bilder geschickt, doch natürlich wissen wir nicht, ob sie diese normalerweise von links nach rechts oder von rechts nach links scannen, und sie können es uns auch nicht mitteilen. Mag also durchaus sein, dass wir alle ihre Bilder seitenverkehrt ausdrucken.

Das ist also das Ozma-Problem, und bis vor 50 Jahren gab es keine Möglichkeit, den X-lingen unsere Vorstellung von rechts und links zukommen zu lassen bzw. von ihnen Entsprechendes zu erhalten. Erst seit dem so genannten *Sturz der Parität* im Jahr 1958 gibt es diese Möglichkeit: Ein Physiker würde den X-lingen zunächst beschreiben, wie man experimentell einen Strom von links abbiegenden Elementarteilchen herstellt. Er würde dann den X-lingen mitteilen, dass eine mit der Handfläche nach oben (also vom Mittelpunkt des Planeten X weggerichtet) liegende Hand, deren Daumen in Richtung des Teilchenflusses zeigt, eine linke Hand ist. Damit ist es geschafft.

Auch ein Sturz der Parität. Sind Sie Rechtsneiger oder Linksneiger? Stellen Sie sich vor, Sie küssen jemanden; 64 % der Paare neigen dabei den Kopf nach rechts.

In der Mathematik spielen die Klassen gerade oder ungerade in Bezug auf Zahlen eine außerordentlich wichtige Rolle. Dazu ein Beispiel: Bitten Sie doch einmal jemanden, eine Handvoll beliebiger Münzen aus seiner Geldbörse zu nehmen und nach Gutdünken auf den Tisch zu legen, etwa so:

Abbildung 28: Münztrick mit Parität

Dann wenden Sie sich ab und der andere dreht nun beliebig oft beliebig gewählte Münzen um, wobei er jeweils «drehen» sagt. Am Ende verdeckt er eine beliebige Münze mit der Hand. Anschließend drehen Sie sich um, inspizieren die sichtbaren Münzen und verkünden, ob die verdeckte Münze *Kopf* oder *Zahl* zeigt.

Der Trick basiert auf Paritätserhaltung und Paritätsprüfung. Bevor Sie sich abgewendet haben, haben Sie insgeheim die Anzahl der *Kopf* zeigenden Münzen gezählt und sich gemerkt, ob diese Zahl gerade oder ungerade ist. Die Parität – also gerade oder ungerade – der Anzahl der *Kopf*-Münzen zu Beginn bleibt erhalten, wenn der Mitspieler eine gerade Anzahl von Münzen dreht, ganz gleich, welche. Wird eine ungerade Zahl von Drehungen ausgeführt, ändert sich die Parität. Aus der Zahl der letztendlich sichtbaren *Kopf*-Münzen kann man dann auf die unsichtbare Münze schließen. Alternativ kann der Trick auch so ausgeführt werden, dass man am Ende zwei Münzen abdecken lässt und dann vorhersagt, ob sie die gleiche Seite zeigen oder nicht.

Auf ganz ähnliche Weise kann eine Paritätsprüfung bei der Konstruktion von so genannten fehlererkennenden Codes eingesetzt werde. Ein Code ist eine Vorschrift, mit der Nachrichten zur Übertragung umgewandelt werden, meist in eine Abfolge der Symbole 0 und 1. Bei der Übertragung der Daten, d. h. der 0-1-Zeichenkette, können Fehler auftreten, die zu Veränderungen der Daten führen (also eine 0 wird als 1 übertragen oder eine 1 wird als 0 übertragen). Diese Fehler sollen nach Möglichkeit erkannt werden. Das wird in der Regel durch das Einfügen von zusätzlichen Informationen erreicht, etwa durch ein Paritätsbit. Der Code besteht dabei aus den zu übertragenden Daten, z. B.

$$01100010100001100,$$

sowie dem am Ende hinzugefügten Paritätsbit. Dieses Paritätsbit ist gleich 1, wenn die Anzahl der Einser in der zu übertragenden Datensequenz ungerade ist, andernfalls ist es 0. Das bedeutet, die Daten und das Paritätsbit zusammengenommen enthalten eine gerade Anzahl von Einsern. Werden Daten und Paritätsbit korrekt übertragen, hat die Anzahl der Einser in der Gesamtdatenreihe gerade Parität. Wenn genau ein Bit falsch übertragen wird (0 statt 1 oder 1 statt 0), kommt es zur Änderung der Anzahl der Einser und zur Änderung der Parität der Anzahl der Einser. Aus einer Paritätsänderung kann man also auf Fehler schließen und den Text erneut übertragen lassen.

Dieser einfache Code hat insofern Defizite, als bei einer geraden Anzahl von Fehlern die Paritätsprüfung gültig ist, also fälschlich eine fehlerfreie Übertragung suggeriert, und somit die Fehler unentdeckt bleiben. Auch zeigt der Code nicht, an welcher Stelle bei Vorliegen eines einzelnen Fehlers dieser auftritt. Insofern ist dieser einfache Code zwar partiell fehlererkennend, aber nicht «fehlerkorrigierend».

Um einen Code mit dieser sicherlich wünschenswerten Zusatzeigenschaft auszustatten, muss man etwas mehr Aufwand betreiben. Ein Verfahren geht auf den amerikanischen Mathematiker Richard Hamming (1915–1998) zurück; die von uns hier betrachtete Spezialform heißt (7,4)-Blockcode. Dabei wird jeder Viererblock abcd aus

Nullen und Einsen mit 3 geistreich gewählten Prüfbits uvw zu einer Folge

abcduvw

der Länge 7 so ergänzt, dass ein einzelner Fehler erkannt, lokalisiert und damit korrigiert werden kann. Um die Funktionsweise darzustellen, werfen wir einen Blick auf das Diagramm 29:

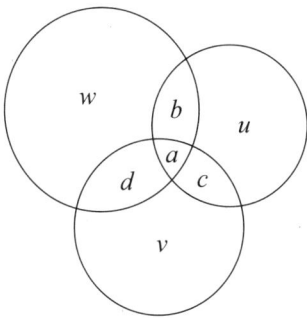

Abbildung 29: Konstruktion der Prüfbits im (7,4)-Blockcode

Der Buchstabe a liegt im Durchschnitt aller drei Kreise, die Buchstaben b, c, d liegen dort, wo jeweils zwei Kreise sich schneiden. In den noch frei bleibenden Teilen der Kreise liegen die Prüfbits, die ebenfalls die Werte 0 oder 1 annehmen und so festgelegt werden, dass das folgende Paket dreier Gleichungen erfüllt ist:

$$
\begin{aligned}
&1.\ a + b + c + u = \text{geradzahlig} \\
&2.\ a + c + d + v = \text{geradzahlig} \qquad (8) \\
&3.\ a + b + d + w = \text{geradzahlig}
\end{aligned}
$$

Ist also etwa in dem zu übertragenden Viererblock a = 0, b = 1, c = 0, d = 1, dann muss zur Bestimmung von u, v, w das Gleichungssystem

$$1 + u = \text{geradzahlig}$$
$$1 + v = \text{geradzahlig}$$
$$2 + w = \text{geradzahlig}$$

gelöst werden. Das ist nicht weiter schwer und man liest die Lösung $u = 1, v = 1, w = 0$ unmittelbar ab.

Inwiefern ist der um diese Prüfbits ergänzte Code fehlerkorrigierend? Tritt ein Fehler in der Reihe abcduvw auf, so sind einige der Summen in (8) ungeradzahlig: Bei einem Fehler in a sind es alle drei Summen in (8), bei einem Fehler in b oder c oder d sind es jeweils 2 Summen (Fehler in den Gleichungen 1 und 3 bedeutet: b ist falsch; Fehler in 1 und 2 bedeutet: c ist falsch; Fehler in 2 und 3 bedeutet: d ist falsch). Bei einem Fehler in u oder v oder w ist nur eine Summe ungeradzahlig, und zwar die 1. oder 2. oder 3., wenn der Fehler bei u oder v oder w liegt. Auf diese Weise kann mit Hilfe des (7,4)-Codes jeder einzelne Fehler erkannt und seine Position genau identifiziert werden. Ist das geschehen, lässt er sich anschließend korrigieren. Ein fabelhafter Coup, dieser Code.

Parität in der Mathematik bedeutet «Geradheit». Aber der Begriff kann nicht nur verwendet werden, um zwischen geraden und ungeraden Zahlen zu unterscheiden. Ganz allgemein lässt sich der Begriff auf zwei beliebige, sich gegenseitig ausschließende Mengen A und B von Objekten erweitern. Zwei Zahlen (oder allgemein zwei Objekte) haben die gleiche Parität, wenn sie beide gerade oder ungerade sind (oder allgemein, wenn sie beide der Menge A oder der Menge B angehören). Andernfalls sagt man, sie (die Zahlen oder die Objekte) haben unterschiedliche Parität. Wir behandeln zwei besonders lehrreiche Beispiele mit dem Paritätsprinzip als Hauptdarsteller.

Beispiel 1: Springersprünge
Man stelle sich ein $n \times n$-Schachbrett vor, auf dem jedes Feld mit einem Springer besetzt ist. Mit jedem dieser Springer soll gleichzeitig ein schachüblicher Springerzug ausgeführt werden, anschließend soll auf jedem Feld wieder ein Springer stehen. Geht das, wenn n eine ungerade Zahl ist?

Wir arbeiten mit dem Paritätskonzept, um uns von der Unmöglichkeit des Verlangten zu überzeugen. Da n eine ungerade Zahl ist, kann man sie als n = 2m + 1 schreiben, wobei m eine natürliche Zahl oder die 0 bezeichnet. Mit n ist auch die Anzahl

$$n^2 = (2m + 1)^2 = 4m^2 + 4m + 1 = 2(2m^2 + 2m) + 1$$

der Felder des Schachbretts ungerade. Die Anzahl der weißen Felder unterscheidet sich folglich von der Anzahl der schwarzen Felder exakt um 1. Für n = 3 haben wir etwa

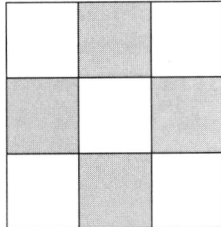

Abbildung 30: Ungleiche Parität der Anzahl weißer und schwarzer Felder

Was ist bisher erreicht? Nur wenig: Wir wissen, dass die Anzahlen der weißen und schwarzen Felder ungleiche Parität haben. Scheinbar nur die kleinste Einheit von Erkenntnisfortschritt. Doch dieses Wissen reicht uns. Es bedarf lediglich noch der geschickten Ausnutzung dieser Erkenntniseinheit: Da sich bei jedem Springerzug die Farbe des Standfeldes des Springers ändert, müsste die Parität der Anzahlen nämlich gleich sein, um zu ermöglichen, dass alle Felder nach einem Zug jedes Springers wieder besetzt sind. Also ist es nicht möglich, die Springer so zu ziehen, dass alle Felder wiederum mit je einem Springer besetzt sind.

So kompakt und schön kann eine tragfähige mathematische Konstruktion sein. Das Paritätsprinzip traf hier nicht auf nennenswerten Widerstand.

Noch gewaltiger ist die Wirkung des Paritätsprinzips in der nächsten Anwendung.

Beispiel 2: Das 14/15-Verschiebespiel

In einem quadratischen Rahmen liegen 15 fortlaufend durchnummerierte Spielsteine. In der Anfangsstellung sind die Steine folgendermaßen angeordnet:

1	2	3	4
5	6	7	8
9	10	11	12
13	15	14	

Abbildung 31: Das 14/15-Verschiebespiel in Anfangsstellung

Bis auf die Vertauschung der Zahlen 14 und 15 ist in der Anfangsstellung die aufsteigende Reihenfolge ungebrochen. Das rechte untere Feld des Rahmens ist anfangs leer. Ziel des Spiels ist es, durch geeignete Züge alle Steine in die richtige Reihenfolge von 1 bis 15 aufsteigend zu bringen. Bei einem Zug kann ein Stein, der horizontal oder vertikal neben dem freien Feld platziert ist, in dieses hineinverschoben werden. Der angrenzende Stein und das freie Feld tauschen also ihre Plätze. Die Steine lassen sich nur verschieben, nicht auch herausnehmen.

Dieses so genannte 14/15-Verschiebespiel wurde 1878 von dem begnadeten amerikanischen Rätselerfinder Samuel Loyd ersonnen. Sein Name ziert viele geistvolle Denkaufgaben. Vielleicht ist er der berühmteste Rätselerfinder aller Zeiten mit mehr als 5000 konzipierten Knobeleien, von Schachproblemen bis Mathematikaufgaben, die auch mir über die Jahre viel Freude beim Lösen bereitet haben. Für eine kurze Hommage an Loyd sollte Zeit sein:

Loyd setzte ein Preisgeld in Höhe von 1000 Dollar für die erste Angabe der zielführenden Zugfolge aus, die alle Zahlen aufsteigend sortiert. Das Spiel wurde ein Welterfolg. Menschen auf der Straße, in Pferdewagen, in Büros und Geschäften befassten sich mit dem Rätsel und nicht wenige wurden von ihm vollständig absorbiert. Selbst in den Deutschen Reichstag zog es ein: «Ich habe immer noch die Bilder der grauhaarigen Menschen des Reichstages im Kopf, die Aufmerksamkeit auf einen kleinen Rahmen in ihren Händen gerichtet», sagte der Mathematiker Sigmund Gunter, der einst als Zuschauer die Szene beobachtete. Um 1880 erreichte das internationale Puzzle-Fieber seinen absoluten Höhepunkt und ebbte kurz darauf ganz abrupt ab. Eine filigrane mathematische Analyse des Spiels hatte nämlich offenbart, dass die gestellte Aufgabe unlösbar war.

 Die Analyse basiert auf dem Paritätsprinzip. Die Vorbereitung des Einsatzes der Paritätsidee erfordert hier weit mehr intellektuelle Raffinesse. Das Argument verläuft wie folgt: n_f sei die Nummer der Reihe, in der sich das freie Feld befindet, und n_i sei die Anzahl der Inversionen einer gegebenen Anordnung der Steine. Wann immer ein Stein mit einer größeren Zahl vor einem Stein mit einer niedrigeren Zahl platziert ist (sofern man die Zeilen beginnend mit dem Feld oben links zeilenweise bis zur unteren Zeile und dem Feld unten rechts durchläuft), spricht man von einer Inversion. Interessanterweise bleibt nun die Parität der Zahl $n = n_f + n_i$ bei allen legalen Zügen erhalten. Ist also n eine gerade Zahl für eine beliebige Konfiguration, dann ist für alle durch legale Züge daraus hervorgehenden

Konfigurationen das zugehörige n ebenfalls eine gerade Zahl. Das ist sicher erklärungsbedürftig. Warum ist das so?

Zunächst: Verschiebt man einen Stein horizontal, dann ändert sich weder die Zeile, in der das freie Feld liegt, noch die Gesamtzahl der Inversionen, also bleibt in diesem Fall n sogar konstant. Ein einfacher Auftakt.

Zweitens: Was passiert, wenn man einen Stein vertikal verschiebt? Nehmen wir einmal konkret an, dass sich der Stein a über dem freien Feld befindet und die Steine b, c, d wie im Bild dargestellt angeordnet sind.

	a	b	c
d	freies Feld		

Abbildung 32: Analyse des Verschiebespiels

Wenn man nun a auf das freie Feld schiebt, ändert sich die Parität der Zeilenzahl des freien Feldes. Das halten wir fest. Wie steht es mit der Gesamtzahl der Inversionen? Der ausgeführte Zug ändert nur die relative Position der Steine a, b, c, d zueinander. Alle anderen paarweisen Verhältnisse bleiben gleich. Wenn weder (a, b) noch (a, c) noch (a, d) eine Inversion bilden, also sowohl b als auch c und d allesamt größer als a sind, dann führt der Zug von a ins freie Feld zu 3 zusätzlichen Inversionen, also zu einer ungeraden Anzahl zusätzlicher Inversionen. Falls genau eine der Zahlen b, c, d kleiner als a ist, dann entspricht das einer einzigen Inversion. Nach dem Zug von a auf das freie Feld liefern b, c, d relativ zur neuen Position von a genau 2 Inversionen. Das ist eine Änderung von n_i um 1, wiederum eine ungerade Zahl. Die beiden verbleibenden Fälle (d. h., falls 2 oder 3 der Zahlen b, c, d kleiner als a sind) führen ebenfalls zu einer Änderung von n_i um eine ungerade Zahl (d. h. um –1 oder um –3). Ergo ändert sich die Summe $n_f + n_i$ stets um eine gerade Anzahl, und die Parität von $n = n_f + n_i$ bleibt bei allen Manövern des Verschiebens von Steinen unverändert.

Damit ist die Hauptleistung erbracht. Gut für uns. Wer dieses Argument stark machen will, muss nur noch feststellen, dass der n-Wert der Ausgangsposition bei $n = 5$ liegt, wegen $n_f = 4$ und $n_i = 1$ für diesen Fall, und der n-Wert des angestrebten Ziels $n = 4$ ist, da dann $n_f = 4$ und $n_i = 0$ wäre. Die n-Werte von Ausgangsposition und angestrebtem Endzustand haben ungleiche Parität. Ein Übergang vom einen zum anderen mit legalen Zügen ist deshalb unmöglich.

Das ist die Auflösung des 14/15-Verschiebespiels – ein hochversiertes Feinschmeckerargument: Seine Artistik liegt nicht in seiner Komplexität, sondern in den feinsinnigen Vorarbeiten zum Einsatz des Paritätsprinzips. Ein pädagogisch wertvolles Vorzeigestück mit deep play: Ist man wie wir hier mit offenen Augen in der Mathematik unterwegs, stößt man oft unvermittelt auf Wunderbares.

4. Dirichlet-Prinzip

Das Reise-nach-Jerusalem-Prinzip

Wenn Franck so spielt wie gegen Saloniki,
wird er immer von zwei, drei Leuten gedeckt.
Von einem ist er nicht zu halten, oder nur mit
Fouls. Das bietet doch Chancen für andere.
Gehen zwei auf Franck, muss nach Adam
Riese irgendwo einer frei stehen.

Interview mit Bayern-Manager Uli Hoeneß,
Süddeutsche Zeitung, 21. 12. 2007

> Dirichlet-Prinzip: Vollständige Unordnung ist unmöglich. Wenn n + 1 Objekte ganz beliebig auf n Fächer verteilt werden, dann gibt es mindestens 1 Fach mit mindestens 2 Objekten darin.

Das Erleben verschiedener Grade von Unordnung ist eine der Grunderfahrungen des Menschen in seinem Alltag. Unser Leben spielt sich ab im Spannungsfeld zwischen vollständiger Ordnung und maximaler Unordnung.

Nach dem Philosophen Spinoza ist Ordnung eine subjektive Kategorie und keine Eigenschaft, die einem System objektiv zukommt. Wie Schönheit subjektiv ist, so ist es auch Ordnung. Nichtsdestoweniger hat die Wissenschaft ein Maß entwickelt, um Ordnung bzw. Unordnung zu messen und damit objektiv zu quantifizieren. Es ist die Entropie. Entropie kommt vom griechischen Wort entropia mit den Bestandteilen en = in und tropi = Umwandlung. Jedem Zustand eines Systems lässt sich prinzipiell ein Entropiewert zuordnen. Grob gesprochen bedeutet niedrige Entropie hohe Ordnung; hohe Entropie bedeutet geringe Ordnung bzw. große Unordnung.

Das Rühren des Puddings in seiner Eigentlichkeit. «Wenn du deinen Reispudding rührst, Septimus, dann verteilt sich die Marmelade herum und macht dabei rote Spuren wie in dem Bild eines Meteors in meinem astronomischen Atlas. Aber wenn du rückwärts rührst, kommt die Marmelade nicht mehr zusammen. Tatsächlich merkt der Pudding davon nichts und wird weiterhin rosa wie zuvor.

Tom Stoppard: Arcadia, 1. Akt, 1. Szene. In diesem Theaterstück tritt das Thema Entropie an verschiedenen Stellen auf.

Wie viel Unordnung ist maximal möglich? Beleuchten wir die Frage einmal vom mathematischen Standpunkt aus. Die Ramsey-Theorie, ein Zweig der mathematischen Theorie der Kombinatorik, befasst sich mit den Beziehungen zwischen Ordnung und Unordnung, speziell mit der Existenz hochgradig regulärer Muster in großen Systemen von Objekten, seien es nun Ansammlungen von Menschen bei einem Fest, zufällig erzeugte Zahlen, in einer Ebene platzierte Punkte oder Sterne am Abendhimmel. Umgangssprachlich formuliert zeigt die Ramsey-Theorie, dass es das totale Durcheinander nicht gibt. «In jedem Chaos ist ein Kosmos, in jeder Unordnung eine geheime Ordnung», meinte schon C. G. Jung (1875–1961).

Speziell und formaler formuliert: Wenn hinreichend große Systeme in beliebiger Weise in endlich viele Teilsysteme eingeteilt werden, dann wird mindestens eines der Teilsysteme eine gewisse Ordnungseigenschaft besitzen. Insofern befasst sich die Ramsey-Theorie mit der Frage, wann innerhalb von großen, global ungeordneten Systemen geordnete Regionen gefunden werden können. In hinreichend großen Grundmengen sind Inseln der Ordnung stets garantiert. Egal, wie durcheinander irgendetwas aussieht, im Innern steckt ein Teil, der strukturiert und geordnet ist. Eine Standardsituation für Ramsey-Theoretiker ist die Suche nach der kleinsten Grundmenge, welche die Existenz eines bestimmten Objekts oder einer bestimmten Eigenschaft gewährleistet.

Ein ganz leicht zu verarbeitendes Beispiel ist das folgende: Wie viele Menschen muss man versammeln, um sicher zu sein, dass mindestens zwei Menschen in dieser Gruppe an demselben Tag (ohne

Berücksichtigung des Jahres) Geburtstag haben? Die Antwort ist denkbar einfach; da es einschließlich des 29. Februar genau 366 verschiedene mögliche Geburtstage gibt, muss man 367 Menschen versammeln, um sicherzugehen, dass es mindestens einen Tag gibt, an dem mindestens zwei Personen Geburtstag haben, ganz gleich, um welche Menschen mit welchen Geburtstagen es sich in dieser Versammlung auch immer handelt. Bei nur 366 Menschen könnte man sich eines doppelten Geburtstages nicht sicher sein. Es wäre immerhin möglich, wenn auch extrem unwahrscheinlich, dass durch Zufall alle ihre Geburtstage verschieden sind. Dann gäbe es keinen doppelten Geburtstag. Doch unter 367 Menschen tritt ein doppelter Geburtstag mit hundertprozentiger Sicherheit auf.

Ein anderes prototypisches Problem der Ramsey-Theorie in eingekleideter Version wird in der nächsten Aufgabe angesprochen.

Die Soziologie von Freundschaft und keiner. Dem Statistik-Kader des Mathematik-Kombinats «Gegen ohne Gewähr» ist folgende Aussage geglückt: Unter 6 beliebigen Personen gibt es stets 3, die alle miteinander befreundet sind, oder 3, bei denen dies durchgehend nicht der Fall ist. Dabei ist Freundschaft als symmetrische Beziehung anzunehmen: Wenn Person A mit B befreundet ist, so ist auch Person B mit A befreundet.

Ist es vonnöten, dies als sensationelle soziologische Entdeckung zu preisen?

Mitnichten. Es handelt sich um eine generelle mathematische Eigenschaft von Kleingruppen mit 6 Personen.

Um dies am leichtesten einzusehen, scheint es mir ratsam, die Zusammenhänge durch einen Graphen darzustellen: Die Personen werden in diesem Graphen durch Punkte repräsentiert. Sind zwei Personen miteinander befreundet, werden die zugehörigen Punkte durch eine schwarze Kante miteinander verbunden, je zwei nicht befreundete Personen durch eine graue Kante. Die folgende Abbildung stellt ein mögliches Beziehungsgeflecht der Personen Anton (A), Beate (B), Carl (C), Donald (D), Ernst (E), Fritz (F) dar.

Anton, Donald und Ernst sind nicht miteinander befreundet. Also zeigt auch dieser Graph die oben behauptete Eigenschaft. Bei 6 Per-

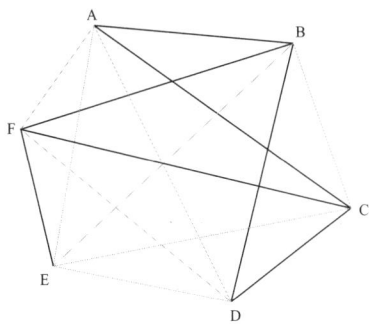

Abbildung 33: Graph der Beziehungen zwischen 6 Personen

sonen gehen von jeder Ecke 5 Kanten aus. Das sind 6 · 5 = 30 Kanten. Zählt man auf diese Weise, so hat man jede Kante doppelt gezählt, denn die von A ausgehende und in B endende Kante ist dieselbe wie die von B ausgehende und in A endende: Sie beschreibt die Beziehung zwischen A und B: befreundet oder nicht. Beachtet man dies, so gibt es nur 15 Kanten im Beziehungsdiagramm der 6 Personen. Jede Kante kann grau oder schwarz sein, unabhängig von allen anderen Kanten. Somit sind also 2^{15} verschiedene Beziehungsmuster zwischen nur 6 Personen denkbar. Die Erkenntnis der Statistiker bedeutet, dass es im Graphen, ganz gleich, wie er koloriert ist, stets ein einfarbiges Dreieck gibt. In Abbildung 33 ist es das Dreieck mit den Eckpunkten A, D, E. Warum verhält sich dies aber generell so?

Die Antwort kann so gefunden werden: Sei P ein Element der Menge {A, B, C, D, E, F}, also eine der Ecken des Graphen. Von den 5 Kanten, die von ihr ausgehen, müssen mindestens 3 dieselbe Farbe haben (z. B. grau sein). Diese 3 grauen Kanten führen, sagen wir, zu den Punkten Q, R, S. Ist eine der Kanten QR, RS, QS grau (etwa QR), so haben wir schon ein einfarbiges Dreieck, nämlich PQR. Sind alle Kanten QR, RS, QS schwarz, so bilden diese offensichtlich ein schwarzes Dreieck. Damit ist schon alles klar. Und die «sensationelle» soziologische Entdeckung entpuppt sich einfach als eine simple, wenn auch wissenswerte mathematische Tatsache der Struktur von Graphen. Sie bedeutet, dass auch bei beliebiger globaler

Unordnung stets eine gewisse lokale Ordnung vorhanden sein muss. Das Theorem wird manchmal als Freundschaftstheorem bezeichnet.

Man kann auch ein Spiel daraus machen: etwa das Spiel SIM von Gustavus Simmons. Es wird von 2 Spielern, nennen wir sie *Grau* und *Schwarz*, auf einem Brett gespielt, das ursprünglich 6 Punkte enthält (die Ecken). Jeder Punkt ist mit jedem anderen durch eine anfangs ungefärbte Strecke verbunden (die Kanten). Das Spiel besteht darin, dass Grau und Schwarz nun abwechselnd eine beliebige noch ungefärbte Strecke mit «ihrer» Farbe kolorieren. Jeder Spieler versucht dabei die Erzeugung eines Dreiecks, das ganz aus seiner Farbe besteht, zu vermeiden. Ein Spieler, der ein solches Dreieck bildet, verliert.

Unsere obigen Überlegungen zeigen, dass SIM nicht mit einem Unentschieden enden wird. Ernest Mead hat mit seinen Mitarbeitern sogar bewiesen, dass der zweite Spieler bei perfektem Spiel zwingend gewinnen wird. Doch eine Gewinnstrategie, die von Menschen leicht erinnert werden könnte, existiert bislang noch nicht.

Spulen wir noch einmal um ein paar Gedanken zurück: Bei der Begründung des Freundschaftstheorems – wie schon bei der vorangehenden Geburtstagsüberlegung – wurde folgende einfache Tatsache verwendet:

Wenn n + 1 Objekte auf n Schubfächer verteilt werden, dann gibt es mindestens ein Fach, welches mehr als ein Objekt enthält.

Oder auch und nur wenig komplizierter:

Wenn man mehr als $k \cdot n$ Objekte auf n Fächer verteilt, dann gibt es mindestens ein Fach, welches mehr als k Objekte enthält.

Das ist Dirichlets Schubfachprinzip. Erhältlich ohne großes Nachdenken, fast gratis und franko. Es ist kaum erklärungsbedürftiger und kaum weniger nützlich als das Fubini-Prinzip. Auch dieses Prinzip ist mit einstelligem Lebensalter schon verstehbar. Im Freundschaftstheorem trat es auf in dieser Variante: «Von den 5 Kanten, die von einer Ecke P ausgehen, haben mindestens 3 dieselbe Farbe.» Hier ist n = 2 und die beiden Fächer entsprechen den beiden Farben. Die erwähnten 5 = 2 · 2 + 1 Kanten entsprechen den Objekten, die auf die Fächer aufgeteilt werden, d. h. hier, die eingefärbt werden. Dann sind mindestens in einem Fach mehr als 2 Kanten, d. h. mindestens 1 Farbe tritt mehr als 2-mal auf.

Als weiteres Beispiel sei hier noch diese Aussage vermerkt: In jeder Gruppe von n Menschen gibt es mindestens 2 Menschen, die dieselbe Anzahl von Freunden in der Gruppe haben. Diese Tatsache ist nicht offenkundig, doch sie wird es, wenn man das Schubfachprinzip bedenkt und außerdem noch dies: Wenn von n Personen jede eine unterschiedliche Zahl von Freunden hätte, dann müsste eine Person n − 1 Freunde und eine 0 Freunde haben. Beides gleichzeitig geht aber nicht. Damit haben wir den Punkt im Trockenen.

Das Schubfachprinzip macht auf den ersten Blick einen lapidaren und wenig ergiebigen Eindruck. Unter 3 Personen gibt es mindestens 2 desselben Geschlechts. Wenn 10 Kinder die Reise nach Jerusalem mit 9 Stühlen spielen, wird ein Kind leer ausgehen. Doch bei aller Einfachheit hat das Schubfachprinzip sehr weitgehende Anwendungsmöglichkeiten und fördert überraschend tiefschürfende Ergebnisse zutage. Stets sind es zwei Schritte, die in der Anwendung auf konkrete Situationen geklärt werden müssen.

1. Bestimmung der Objekte, für welche man zeigen will, dass mindestens eine bestimmte Anzahl von ihnen eine bestimmte Eigenschaft hat

2. Bestimmung der Schubfächer, also einer Kollektion verschiedener Klassen; stets haben alle Objekte in derselben Klasse dieselbe Eigenschaft und jedes Objekt gehört zu mindestens einer Klasse.

Hat man Objekte und Schubfächer identifiziert, kommt es nur noch auf deren relative Anzahl an. Gibt es mehr Objekte als Schubfächer, müssen in mindestens einem Schubfach mindestens zwei Objekte sein; ergo gibt es in diesem Fall unter allen Objekten mindestens zwei Objekte mit derselben Eigenschaft. An sich keine aufwühlende Tatsache, aber bei geeignetem Einsatz kann man so manches Interessante damit anstellen. Sie erzeugt eine Liaison von Leichtigkeit und Tiefe.

5. Einschluss-Ausschluss-Prinzip

Sie liebt mich, sie liebt mich nicht

Dieser Automat erkennt auch Teilmengen.

Aufschrift auf einem Getränkerückgabeautomat in Kaisers Supermarkt Berlin

> Einschluss-Ausschluss-Prinzip: Kann ich die Anzahl von Objekten in irgendeiner Menge ermitteln, indem ich die Objekte in ihren einfacher abzuzählenden Teilmengen bestimme?

Bei vielen Problemen des formalen Denkens spielen Anzahlbestimmungen eine wichtige Rolle. Damit ist das einfache Abzählen der Anzahl von Objekten mit bestimmten Eigenschaften gemeint. Also das Zählen. «Sag mir, wie viel Sternlein stehen ...» Selbst ein so elementarer Vorgang wie das Zählen kann mathematisch bedacht werden und bietet Ansatzpunkte für geistreiche Arten der Durchführung. Mathematisch ausgedrückt spricht man von der Bestimmung der *Mächtigkeit* einer Menge. Der Mathematiker Georg Cantor (1845–1918) hat eine *Menge* definiert als «eine Zusammenfassung bestimmter wohldefinierter Objekte unserer Anschauung oder unseres Denkens – welche Elemente der Menge genannt werden – zu einem Ganzen.» Manchmal ist man mit dem Problem konfrontiert, in einer Menge M die Anzahl der Elemente zu ermitteln, die mindestens eine von mehreren Eigenschaften E_1, E_2, E_3, ..., E_n besitzen. Ist A_i die Teilmenge von M, welche die Elemente mit Eigenschaft E_i umfasst, so führt die angesprochene Fragestellung auf die Ermittlung der Mächtigkeit der Vereinigung der Mengen A_i. In mathematischer Symbolik wird das so gefasst:

$$|A_1 \cup A_2 \cup ... \cup A_n|.$$

Hierbei bezeichnen wir mit dem Symbol $\cup$ die Vereinigung zweier Mengen und mit dem Symbol $|A|$ die Mächtigkeit einer Menge A.

In manchen Fällen stellt sich heraus, dass es schwierig ist, die Mächtigkeit direkt zu ermitteln, es jedoch vergleichsweise leicht ist anzugeben, wie viele Elemente von M mindestens eine gegebene der genannten Eigenschaften besitzen (diese Anzahlen sind die Mächtigkeiten $|A_i|$), wie viele mindestens zwei gegebene der Eigenschaften gleichzeitig besitzen (diese Anzahlen sind die Mächtigkeiten $|A_i \cap A_j|$), wie viele mindestens drei gegebene der Eigenschaften gleichzeitig besitzen (diese Anzahlen sind die Mächtigkeiten $|A_i \cap A_j \cap A_k|$) usw. Das Symbol $\cap$ steht für die Bildung des Durchschnitts von Mengen. Anschließend kann man einen Zusammenhang herstellen zwischen der Anzahl der Elemente von M, die mindestens eine der vorgegebenen Eigenschaften besitzen, und der Anzahl der Elemente von M, die mindestens die erste, zweite, dritte usw. Eigenschaft besitzen sowie mehrere dieser Eigenschaften gleichzeitig besitzen.

Bisweilen steht man vor der Aufgabe, die Anzahl der Elemente zu ermitteln, die keine einzige von gewissen vorgegebenen Eigenschaften $E_1, E_2, E_3, ..., E_n$ aufweisen. Formal ausgedrückt steht wegen der Beziehung

$$|\text{Nicht-}A_1 \cap \text{Nicht-}A_2 \cap ... \cap \text{Nicht-}A_n| = |M - (A_1 \cup A_2 \cup ... \cup A_n)|$$
$$= |M| - |A_1 \cup A_2 \cup ... \cup A_n|$$

diese Fragestellung in engem Zusammenhang mit der obigen Fragestellung. Nicht-A bezeichnet dabei das Komplement der Menge A, also die Menge aller Elemente der Grundmenge, die nicht in A liegen, und die Differenz zweier Mengen A – B steht für die Menge der Elemente von A, die nicht auch in B liegen.

Es gibt ein paar elementare Grundsätze des Zählens, die sich ohne jegliche Diskussion von selbst verstehen. Dazu gehört:

- Jeder Gruppe von Objekten M kann eine Zahl $|M|$ zugeordnet werden, genannt die Anzahl der Objekte in M oder die Mächtigkeit von M.

– Wenn M = A ∪ B ist und A und B nicht überlappend sind, also keine gemeinsamen Elemente enthalten, dann ist |M| = |A| + |B|.

Der erste Grundsatz sagt einfach, dass Zählen eine sinnvolle Aktivität ist. Der zweite Grundsatz sagt, dass ich beim Zählen verschiedene Gruppen bilden und dann die Größe der Gruppen abzählen und addieren kann. Es ist das Prinzip «Teile und herrsche». Niemand würde wohl diese Leitgedanken des Zählens infrage stellen.

Cantors obige Beschreibung der Menge als Zusammenfassung von Objekten zu einem Ganzen scheint eine einleuchtende Definition zu sein, und es ist kaum vorstellbar, dass man damit in Schwierigkeiten geraten könnte. Doch genau das ist der Fall, und davon soll jetzt die Rede sein. Wir werden sehen, dass in Cantors scheinbar aparter Mengenwelt plötzlich Erscheinungen jenseits der konventionellen Logik am Horizont aufziehen.

Wenn eine Menge eine Zusammenfassung von Objekten zu einem Ganzen ist, so ist sie auch selbst ein Objekt. Können wir dann alle derartigen Objekte zusammenfassen und die Menge aller Mengen bilden?

Es ist verblüffend, dass dies nicht geht. Der Begriff der Menge aller Mengen ist in sich widersprüchlich und das Konzept als solches damit sinnlos. Warum ist das so? Nehmen wir einmal hypothetisch an, die Menge aller Mengen sei eine sinnvolle Konstruktion. Wir bezeichnen sie mit K. Wenn K nach unserer hypothetischen Annahme eine sinnvolle Konstruktion und also tatsächlich eine Menge ist, so enthält sie sich selbst als Element. Es gibt dann also Mengen, die sich selbst als Element enthalten. Und es gibt natürlich auch Mengen – das sind die uns vertrauteren Mengen –, die sich nicht selbst als Element enthalten, etwa die Menge der geraden Zahlen. Diese Mengen fassen wir nun zusammen. Kurzum, wir führen die Menge aller Mengen ein, die sich nicht selbst als Element enthalten, und bezeichnen sie mit dem Buchstaben N. Wenn beide der von uns eingeführten Konzepte Sinn machen, dann ist N natürlich eine Teilmenge der Menge aller Mengen K, anders gesagt: N ist ein Element von K.

Jetzt kommt die entscheidende und etwas knifflige Frage: Enthält sich N selbst als Element oder nicht? N ist ein Element von N. N ist kein Element von N. Nichtzutreffendes bitte streichen!

Angenommen, das Erstere wäre der Fall, dann müsste zugleich gelten, dass N nicht in N enthalten ist, denn nach dem Wortlaut der Definition von N umfasst sie nur diejenigen Mengen, die sich nicht selbst als Element beinhalten. So sind wir gezwungen zu folgern, dass N kein Element von N ist, und wir sind auf einen Widerspruch gestoßen. Die eingangs getroffene Annahme, dass N ein Element von N ist, kann somit nur falsch sein.

Ebenso im Nichts endet die umgekehrte Annahme, dass N kein Element von N ist, sich N also nicht selbst als Element enthält. Dann ist nämlich N aber doch in N enthalten, denn nach der Definition von N umfasst N ja alle diejenigen Mengen, die sich nicht selbst als Element beinhalten. Erneut mündet unsere Argumentation sporn-streichs in einen Widerspruch.

Zen und die Kunst, ein eigenes Paradoxon zu basteln. Es ist einleuchtend, dass sich alle endlichen Zahlen mit einer endlichen Anzahl von Buchstaben darstellen lassen. Die Zahl 19 kann man alternativ als Neunzehn, Fünfzehn plus vier oder als größte Primzahl kleiner Zwanzig darstellen. Selbst für die enorm große Zahl *Tausend hoch Tausend hoch Tausend* genügen, wie man hier sieht, ganze 29 Symbole. Was aber hat es mit der folgenden Zahl n auf sich?

Es sei n die kleinste Zahl, die sich nicht mit weniger als 100 Symbolen definieren lässt.

Der vorstehende Satz hat genau 77 Symbole, also weniger als 100. Wir konnten also n doch mit weniger als 100 Symbolen darstellen, obwohl n gerade so definiert war, dass ebendies nicht der Fall sein sollte. Ein Paradoxon hat sich aufgetan, an der Grenze zwischen Säglichem und Unsäglichem.

Dieses so genannte *Paradoxon der undefinierbaren Zahl* geht auf einen Bibliothekar namens Berry zurück, der sich damit an den Mathematiker und Philosophen Bertrand Russell wandte. Es ist eines der Paradoxa, die letztlich eine Grundlagenkrise der klassischen Mengenlehre einleiteten. Es führt uns abermals vor Augen, dass eine naive Definition des Begriffs *Menge* logische Zwickmühlen schafft.

Unsere Konstruktion der Menge aller Mengen hat uns in einen logischen Widerspruch verwickelt. Es ist dies die nach Bertrand Russell benannte Russell'sche Antinomie.

Weniger formal lässt sie sich auch so ausdrücken: Ein Barbier rasiert alle Männer eines Dorfes, die sich nicht selbst rasieren, und nur diese. Rasiert der Barbier sich selbst oder nicht? Das ist ein alter Mengenlehre-Gaga. Etwas weniger abgenutzt ist diese Variante: Eine Broschüre beschreibt alle Broschüren, die sich nicht selbst beschreiben, und nur diese. Beschreibt die Broschüre sich selbst oder nicht?

Wir haben gesehen, dass, ausgehend von Cantors unscheinbarer Definition, die Bildung von Mengen ins Paradoxe führt. Ist die Mathematik daher inkonsistent? Sollen wir alle Mathematiker zu Philosophen umschulen? Nicht so schnell! Die so genannte axiomatische Mengenlehre wählt einen anderen Zugang zum Mengenbegriff als Cantor. Aus einigen wenigen Grundaxiomen leitet sie Regeln für den Umgang mit Mengen her, und zwar in einer Weise, die sicherstellt, dass logisch sinnlose Gebilde wie die Menge aller Mengen, die sich nicht selbst als Element enthalten, gar nicht erst auftreten.

> **Mengenlehre im Alltag.** «Früher war ich so erkältungsanfällig, dass ich manchmal sogar die Schnittmenge zweier Erkältungen erlebte – die Nachwirkungen der gerade zurückliegenden überlappten sich mit den Vorboten einer kommenden.»
>
> **Aus Max Goldt: Mind-boggling**

Zählen ist nicht immer unbedingt einfach. Das zeigt schon die Frage nach der Anzahl der Möglichkeiten, beim Zahlenlotto *6 aus 49* die 6 Zahlen aus den 49 Zahlen von 1 bis 49 auszuwählen. Und wenn die Lotteriegesellschaft schließlich die Zahlen Z_1, Z_2, ..., Z_6 gezogen hat, wie viele mögliche Tippreihen gibt es dann mit mindestens einer richtig getippten Zahl? Das sind für uns in diesem Stadium keine ganz einfachen Fragen.

Zählen kann durchaus eine Kunst sein. Die mathematische Teildisziplin, die sich mit dieser Kunstform beschäftigt, ist die Kombinatorik. Eines der Ziele der Kombinatorik ist es, für komplizierte Zählprobleme raffinierte und möglichst allgemeingültige Strategien des Zählens zu entwickeln. Eine ganze Reihe von teils einfachen, teils komplizierten Verfahren gibt es für diese Zwecke; Strategien geschickten Zählens, gewissermaßen ohne viel zu zählen.

Manchmal ist es schon nützlich, beim Zählvorgang einfach die Perspektive zu ändern. Wenn es sich als schwierig herausstellt, die Objekte in einer Menge mit einer gewissen Eigenschaft E abzuzählen, kann man versuchen, stattdessen die Objekte zu zählen, welche die Eigenschaft E gerade nicht haben. Die eben gestellte Frage nach der Anzahl der Tippreihen mit mindestens einer richtig getippten Zahl scheint von diesem Typ zu sein, denn man muss die Anzahl aller Tippreihen mit genau einer Richtigen, mit genau zwei Richtigen usw. ermitteln. Stattdessen ist es leichter, zunächst die Anzahl aller Tippreihen *ohne* richtig getippte Zahl zu ermitteln und diese Zahl dann von der Anzahl *aller* möglichen Tippreihen abzuziehen.

Ein weiterer elementarer Grundsatz der Kombinatorik ist dieser: Die Anzahl der möglichen Arten, eine bestimmte Aktion auszuführen, die aus 2 Teilaktionen besteht, ist das Produkt aus der Anzahl der Arten, die erste Teilaktion auszuführen, und der Anzahl der Arten, anschließend die zweite Teilaktion auszuführen, wenn die erste abgeschlossen ist. Diese Regel, die entsprechend für Aktionen mit n schrittweisen Teilaktionen gilt, heißt *Produktregel*.

Eine andere Vorgehensweise der Kombinatorik arbeitet mit dem schon einmal erwähnten Prinzip *Teile und herrsche*. Die Menge der zu zählenden Objekte wird dabei in leicht zu handhabende und sich nicht überschneidende Teilmengen zerlegt, deren Anzahlen ermittelt werden können und schließlich addiert werden. Es ist die Summenregel.

Im obigen Diagramm 34 bilden die nicht überlappenden Teilmengen A_1, A_2, A_3 eine Zerlegung der Menge A, deren Elementzahl für uns von Interesse sei. Die Mächtigkeiten stehen in dem Zusammenhang

$$|A| = |A_1| + |A_2| + |A_3|.$$

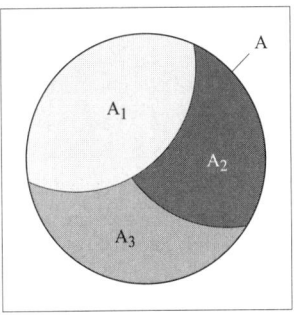

Abbildung 34: Die Menge A als Vereinigung dreier nicht überlappender Mengen

Unser nächster Programmpunkt ist ein Problem, dessen Lösung uns noch oft nützlich sein wird. Wenn ich mir eine Menge M mit m Elementen denke, hat es offenbar einen Sinn, sich zu fragen, auf wie viele verschiedene Arten ich daraus k Elemente ohne Berücksichtigung der Reihenfolge ziehen kann. Der Ausdruck *ohne Berücksichtigung der Reihenfolge* soll signalisieren, dass die Sequenzen gezogener Elemente e_1, e_2, e_3, ..., e_k und z. B. e_2, e_1, e_3, ..., e_k nicht voneinander unterschieden werden. Die eingangs gestreifte Frage nach der Anzahl der möglichen Tippreihen beim Zahlenlotto ist offensichtlich von diesem Typ. Für n = 49 und k = 6 ist es ein analoges Problem. Denn auch beim Lotto kommt es nicht darauf an, in welcher Reihenfolge die Zahlen aus der Trommel kommen bzw. vom Lottospieler angekreuzt wurden, sondern nur darauf, welche Zahlen schließlich gezogen werden bzw. welche Zahlen angekreuzt worden sind.

Die Anzahl verschiedener Auswahlen e_1, e_2, e_3, ..., e_k, wobei die e_i verschiedene Elemente aus der m-elementigen Menge M sind und die Reihenfolge unerheblich ist, ermitteln wir schrittweise. Wir beginnen damit, dass wir zuerst die Anzahl der *geordneten* Sequenzen abzählen: Es gibt m verschiedene Möglichkeiten, ein Element für e_1 zu wählen, anschließend gibt es nur noch m − 1 Möglichkeiten, ein Element für e_2 zu wählen usw., bis wir zu e_k gelangen, für welches es noch m − k + 1 verschiedene Möglichkeiten gibt. Da diese Auswahlen nacheinander erfolgen, ergibt der Einsatz obiger Produktregel die Anzahl

$$m \cdot (m - 1) \cdot (m - 2) \cdot ... \cdot (m - k + 1).$$

Das ist wohlgemerkt die Anzahl verschiedener geordneter (!) Sequenzen der Länge k mit verschiedenen Elementen aus der Menge M. Damit ist der erste Schritt getan. Noch aber haben wir das Gewünschte nicht geleistet. Denn indem wir die *geordneten* Sequenzen zählen, zählen wir viel zu viel, wir «verzählen» uns. Jede beliebige Vertauschung der k gezogenen Elemente haben wir separat als eigene Sequenz verbucht, doch diese dürfen nur einmal in die Zählung eingehen, da wir verabredet hatten, die Reihenfolge nicht zu berücksichtigen. Im zweiten Schritt korrigieren wir nun unsere anfängliche Zählung. Dazu müssen wir wissen, auf wie viele Arten sich die k gezogenen Elemente reihen lassen. Sind diese Elemente irgendwie durchnummeriert, so gibt es k Positionen für das erste, anschließend noch k – 1 verbleibende Positionen für das zweite, bis hin zu nur noch einer verbleibenden Position für das k-te Element. Die Produktregel stellt sicher, dass dies $k \cdot (k - 1) \cdot (k - 2) \cdot ... \cdot 2 \cdot 1$ verschiedene Anordnungen sind. Meist notiert man abkürzend k! (geschrieben: k mit einem Ausrufezeichen, gelesen: k Fakultät) für dieses Produkt der ersten k natürlichen Zahlen. Eben haben wir schon überlegt: Diese k! Anordnungen der gezogenen Elemente dürfen nur als eine einzige gezählt werden, wenn es auf Anordnung nicht ankommen soll. So gelangen wir zu:

$$m \cdot (m - 1) \cdot (m - 2) \cdot ... \cdot (m - k + 1)/[k \cdot (k - 1) \cdot (k - 2) \cdot ... \cdot 1].$$

Das kann man durch Erweitern mit (m – k)! ein wenig kompakter schreiben als

$$m!/[k! \cdot (m - k)!],$$

wobei wir für diesen letzten Ausdruck die Abkürzung B(m, k) verwenden wollen. Die Zahl B(m, k) gibt also an, auf wie viele verschiedene Arten ich aus m unterscheidbaren Objekten k Objekte ungeordnet auswählen kann. Diese als Binomialkoeffizienten bezeichneten Zahlen B(m, k) spielen eine wichtige Rolle in der gesamten Mathematik, z. B. in der binomischen Formel. Mit dieser Formel kann der Ausdruck $(x + y)^m$ für eine beliebige natürliche Zahl m und beliebige Zahlen x, y ausmultipliziert werden. Beim Ausmultiplizieren von

$$(x + y)^m = (x + y) \cdot (x + y) \cdot (x + y) \cdot \ldots \cdot (x + y)$$

muss man bei Bildung der Summanden aus jedem der m Faktoren $(x + y)$ entweder x oder y auswählen. Hat man k-mal x gewählt und entsprechend $(m-k)$-mal y, so ist der Summand $x^k y^{m-k}$ entstanden. Ein solcher Summand entsteht bei jeder beliebigen Wahl von k Faktoren x und $(m - k)$ Faktoren y. So wird der Zusammenhang mit Binomialkoeffizienten klar. Es tritt also der Summand $x^k y^{m-k}$ beim Ausmultiplizieren exakt $B(m, k)$-mal auf. Das können wir für jedes k von 0 bis m konstatieren.

Dies bedeutet

$$(x + y)^m = B(m, 0) \cdot x^0 y^m + B(m, 1) \cdot x^1 y^{m-1} + \ldots + B(m, m) \cdot x^m y^0.$$

Etwas Hübsches stellt sich in dieser Gleichung ein, wenn man $x = -1$ und $y = 1$ einsetzt, nämlich unsere erste, zwecks späterer Anwendung hier schon einmal erwähnte Gleichung für Binomialkoeffizienten. Sie lautet

$$B(m, 0) - B(m, 1) + B(m, 2) - B(m, 3) + \ldots (-1)^m B(m, m) =$$
$$0^m = 0, \text{ für alle } m = 1, 2, 3, \ldots \tag{9}$$

Etwas ebenso Nützliches erhalten wir bei $x = 1$ und $y = 1$:

$$B(m, 0) + B(m, 1) + B(m, 2) + \ldots + B(m, m) = 2^m \tag{10}$$

Mathematik-Making im Prosastil. Da uns nun die Binomialkoeffizienten bekannt sind, können wir einen prosaischen Beweis unserer früheren Aussage $1^3 + 2^3 + \ldots + n^3 = (1 + 2 + \ldots + n)^2$ führen. Es ist eine Begründung in →

Form einer medizinischen Kurzgeschichte. Nicht das Œuvre eines Epochal-romanciers mit prima Spannungsbogen, doch ein schöner und geistreicher mathematischer Beweis. Auch so schon ein Wert an sich.

Herr K. muss für (n + 1) Tage ins Krankenhaus. Er soll sich in dieser Zeit 4 medizinischen Tests unterziehen, nennen wir sie A, B, C, D. Test A muss vor den anderen 3 Tests durchgeführt werden und dauert einen ganzen Tag. Hinsichtlich der Tests B, C, D gibt es keine weiteren Beschränkungen. Sie können in jeder Reihenfolge vorgenommen werden, mit beliebig vielen Tests am selben Tag. Wie viele verschiedene Möglichkeiten gibt es, die Tests durchzuführen? Man kann zunächst den Tag für Test A festlegen. Wird A am k-ten Tag des Aufenthalts durchgeführt, dann gibt es $(n + 1 - k)^3$ Möglichkeiten für die anderen Tests. Die Zahl k kann von 1 bis n variieren, das führt auf die Summenbildung

$$(n + 1 - 1)^3 + (n + 1 - 2)^3 + (n + 1 - 3)^3 + \ldots + 1^3 = 1^3 + 2^3 + 3^3 + \ldots + n^3.$$

Alternativ kann man im Sinne der Technik des doppelten Abzählens (Fubini-Prinzip!) die Anzahl verschiedener Möglichkeiten auch so ermitteln: Man zählt dazu 3 sich nicht überlappende Fälle ab: Erstens: Die Tests B, C, D werden an verschiedenen Tagen nach Test A durchgeführt. Dafür gibt es $3! \cdot B(n + 1, 4)$ Möglichkeiten. Zweitens: Genau zwei der Tests B, C, D werden am selben Tag durchgeführt. Dafür gibt es $2 \cdot 3 \cdot B(n + 1, 3)$ Möglichkeiten. Drittens: Alle drei Tests B, C, D werden am selben Tag durchgeführt: Dafür gibt es $B(n + 1, 2)$ Möglichkeiten. Insgesamt kommen wir auf

$$3! \cdot B(n + 1, 4) + 6 \cdot B(n + 1, 3) + B(n + 1, 2) = [n(n + 1)/2]^2$$

verschiedene Möglichkeiten. Zeit für einen Carl-Friedrich-Gauß-Moment: Es ist $n(n + 1)/2 = 1 + 2 + \ldots + n$. Also gibt es $(1 + 2 + \ldots + n)^2$ verschiedene Möglichkeiten in dieser Zählweise. Da mit beiden Arten zu zählen dasselbe abgezählt wird, erhalten wir die gewünschte Gleichung.

Manchmal ist das Leben nicht so bequem, als dass die Zählprobleme, die es stellt, mit der Summenregel vereinfacht werden könnten. Es kann passieren, dass es für die Ausgangsmenge A eine nicht über-lappende Zerlegung, die sich noch verhältnismäßig leicht hand-haben lässt, nicht gibt. Denkbar ist aber, dass es zumindest eine Zerlegung in eventuell einander *überlappende* Teilmengen gibt, deren Mächtigkeiten leichter zu ermitteln sind. Mit überlappenden Teilmengen ist etwa die Situation des Diagramms 35 gemeint.

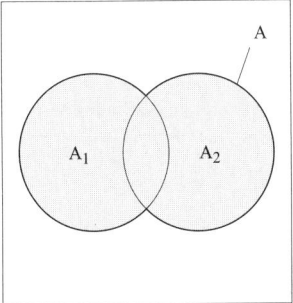

Abbildung 35: Überlappende Teilmengen einer Menge A

In dieser Lage muss man den Auswirkungen der Überlappungen Rechnung tragen. Im einfachsten Fall ist das noch ganz harmlos. Für nur zwei Mengen A_1 und A_2 stehen deren Mächtigkeiten stets in folgendem Zusammenhang:

$$|A_1 \cup A_2| = |A_1| + |A_2| - |A_1 \cap A_2|$$

An dieser Gleichung kann man bereits das Grundprinzip von Einschluss und Ausschluss erkennen. Durch $|A_1| + |A_2|$ wird zunächst die Mächtigkeit von $|A_1 \cup A_2|$ überschätzt, da der Bereich $A_1 \cap A_2$ mit all seinen Elementen doppelt in die Summe eingeht. Der Überschuss doppelt gezählter Elemente wird anschließend durch den einmaligen Ausschluss der Mächtigkeit der Schnittmenge $|A_1 \cap A_2|$ beseitigt. Fertig!

Der Rede wert?! Der bekannte Dramatiker Einar Schleef las den Redakteuren der Hörspielabteilung des Hessischen Rundfunks sein neuestes Stück vor, in dem 13-mal das Wort «ficken» auftauchte. Eine zufällig →

anwesende Tontechnikerin fand dies empörend und reichte beim Inten-
danten eine Beschwerde ein. Der Hessische Rundfunk trat daraufhin in
intensive Gespräche mit dem Autor ein, in denen über den Ausschluss
bzw. Einschluss jedes der 13 f-Worte diskutiert wurde. In Abwägung von
Moral und Kunst rang der Hessische Rundfunk dem Autor schließlich 6-mal
«ficken» ab. Mit inklusiven 7-mal und exklusiven 6-mal «ficken» wurde
das Stück angenommen und gesendet. Knapper Endstand.

Alexander Tropf: Niederlagen, die das Leben selber schrieb

Der nächstkompliziertere Fall ist schon nicht mehr so leicht ver-
daulich. Er zeigt bereits fast alle Aspekte der allgemeinen Situation. Ein instruktives Zwischenstück. Deshalb studieren wir es sorg-
fältig.

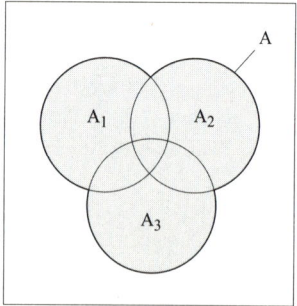

Abbildung 36: Drei überlappende Mengen und ihre Vereinigung

Die Menge A ist hier die Vereinigung der Mengen A_1, A_2, A_3, und die
Schnittmenge von je zwei dieser Mengen ist eventuell nicht leer. Auch
hier kann man die Mächtigkeit der Menge A nicht mehr einfach
durch Summieren der Mächtigkeiten von A_1, A_2 und A_3 ermitteln.
Würde man diese Summe bilden, dann wären manche Elemente in
den Schnittmengen $A_1 \cap A_2$, $A_1 \cap A_3$ und $A_2 \cap A_3$ doppelt gezählt
und die Elemente im Schnitt aller 3 Mengen, also in $A_1 \cap A_2 \cap A_3$,

wären gar dreifach in der Zählung vertreten. Die Situation scheint unübersichtlich. Sofort kann man aber jedenfalls sagen, dass

$$|A| = |A_1 \cup A_2 \cup A_3| \leq |A_1| + |A_2| + |A_3|.$$

Man muss also wiederum die einfache Summe nach unten korrigieren, und zwar durch Berücksichtigung der Anzahlen der einfach und mehrfach überzählten Elemente in A. Das geschieht am sinnvollsten schrittweise.

Welche Auswirkungen hat es, wenn wir von der Summe $|A_1| + |A_2| + |A_3|$ die Mächtigkeiten paarweiser Schnittmengen abziehen?

Dann gelangen wir zu

$$|A_1| + |A_2| + |A_3| - |A_1 \cap A_2| - |A_1 \cap A_3| - |A_2 \cap A_3| \quad (11)$$

und jedes Element in den hellgrau schraffierten Bereichen des folgenden Diagramms wird genau einmal gezählt, ganz so, wie es sein soll.

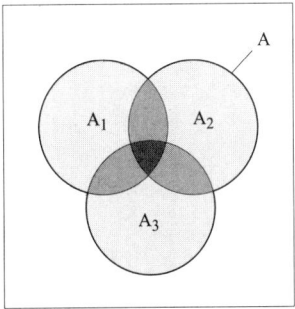

Abbildung 37: Einschluss-Ausschluss-Prinzip für 3 Mengen

Die Elemente in den mittelgrauen Bereichen werden durch die einfache Summenbildung $|A_1| + |A_2| + |A_3|$ zuerst doppelt gezählt, doch die Korrektur mittels Subtraktion der Mächtigkeiten der Schnitte ist hier erfolgreich, denn dadurch werden sie einmal wieder abgezogen, mit der Folge, dass auch sie alle genau einmal gezählt werden. So weit, so gut. Nur für die Elemente in $A_1 \cap A_2 \cap A_3$ ist die Situation noch problematisch, denn diese werden durch die einfache Summenbildung sogar dreifach gezählt, eben als Mitglieder jeder der Mengen A_1, A_2, A_3. Anschließend werden sie als Mitglieder auch aller Schnitte $A_1 \cap A_2$, $A_1 \cap A_3$, $A_2 \cap A_3$ dreimal wieder subtrahiert. Sie sind demnach in obigem Zählausdruck bei (11) effektiv gar nicht vertreten. Damit unterzählt der Ausdruck (11) die Mächtigkeit von A. Auf der derzeitigen Basis haben wir

$$|A| \geq |A_1| + |A_2| + |A_3| - |A_1 \cap A_2| - |A_1 \cap A_3| - |A_2 \cap A_3|.$$

Doch nun liegt auf der Hand, wie wir den Ausdruck (11) abermals korrigieren müssen, um die Mächtigkeit der Menge A exakt zu messen: durch Addition der Mächtigkeit des dreifachen Schnittes $A_1 \cap A_2 \cap A_3$. Damit gelangen wir zur Gleichung

$$
\begin{aligned}
|A| = |A_1 \cup A_2 \cup A_3| = &\ |A_1| + |A_2| + |A_3| \\
&- |A_1 \cap A_2| - |A_1 \cap A_3| - |A_2 \cap A_3| \qquad (12) \\
&+ |A_1 \cap A_2 \cap A_3|.
\end{aligned}
$$

Das ist die Botschaft von Diagramm 37, in Symbole gefasst. Und es ist die ersehnte Gleichung für $|A|$.

Was bisher geschah: Wir haben uns eine Einschluss-Ausschluss-Formel für die Zerlegung einer Menge in 3 sich eventuell und beliebig überlappende Teilmengen verschafft.

Dieses Zählprinzip des schrittweisen Ein- und Ausschließens ist eine mannigfach einsetzbare und außerordentlich hilfreiche Technik für Mächtigkeitsermittlungen von Mengen. Besonders dienlich ist das Verfahren immer dann, wenn die Mächtigkeiten von geeigneten Teilmengen und ihren einfachen und mehrfachen Schnitten leicht erhoben werden können. Mit der Gleichung (12) sind wir ein gutes Stück vorangekommen und bereit für die allgemeine Situation.

Ring frei zur letzten Runde. Nun müssen wir uns von der durch n = 3 gegebenen Einschränkung befreien. Wir wollen auch auf denjenigen Fall vorbereitet sein, bei dem die Mächtigkeit einer Vereinigung beliebiger Mengen A_1, A_2, ..., A_n für irgendein n aus den natürlichen Zahlen zu bestimmen ist. Dann ist das Prinzip von Einschluss und Ausschluss auch anwendbar, aber die Buchhaltung der einfach und mehrfach überzählten Elemente ist um einiges komplizierter, so dass es mehrerer Korrekturschritte bedarf. Das allgemeine Einschluss-Ausschluss-Prinzip ist eine Waffe, an der man ausgebildet sein muss. Aufgrund rein routinemäßiger Zusatzüberlegungen auf der Basis der Denkweisen für n = 3 gelangen wir nun zu der globalen Formel:

$$|A_1 \cup A_2 \cup ... \cup A_n| = |A_1| + |A_2| + ... + |A_n|$$
$$- |A_1 \cap A_2| - |A_1 \cap A_3| - ... - |A_1 \cap A_n| - |A_2 \cap A_3| - ... - |A_2 \cap A_n| - ...$$
$$- |A_{n-1} \cap A_n|$$
$$+ |A_1 \cap A_2 \cap A_3| + |A_1 \cap A_2 \cap A_4| + ... + |A_{n-2} \cap A_{n-1} \cap A_n|$$

$$\cdot$$
$$\cdot$$
$$\cdot$$

$$(-1)^{n+1} |A_1 \cap A_2 \cap ... \cap A_n|. \tag{13}$$

Das ist keine Aussage, die es zum Sprichwort bringen kann. Eher eine augenfüllende Symbolansammlung, zwar von sympathischer Systematik, aber sybillinischem Inhalt: Wie soll man sie ausdeuten, wie kann man sich von ihrer Richtigkeit überzeugen, ohne zu hyperventilieren? Die Formel (13) suggeriert die Notwendigkeit einer fein abgestimmten Montage von Mengen und Mächtigkeiten. In kurzer Lagebesprechung wird nun das Bauprinzip geklärt. Zunächst werden offensichtlich die Mächtigkeiten aller Teilmengen A_i addiert. Die erste Korrektur besteht dann wie gehabt darin, die Mächtigkeiten aller paarweisen Schnitte $A_i \cap A_j$ abzuziehen. Damit schießt man bekanntermaßen in anderer Richtung über das Ziel hinaus. Das ist schlecht. Aber wozu das Schlechte gut ist, lässt sich daran erkennen, dass nun die weitere Vorgehensweise deutlich wird. Man bringt in Anlehnung an die n = 3-Situation in einem weiteren Schritt alle Elemente in dreifachen Schnitten $A_i \cap A_j \cap A_k$ von Teilmengen wieder in die Bilanz ein. Wieder übersteuert man damit und muss mit den Mächtigkeiten aller möglichen Schnitte von 4 Teilmengen nach unten korrigieren. Und so geht es weiter bis zur letzten Korrektur mit der Mächtigkeit des Schnittes aller Teilmengen A_i. Ein auf den ersten Blick unübersichtliches Hin und Her von Korrekturen und Korrekturen von Korrekturen.

Noch ist es nur ein gefühlter Beweis. Doch wir werden die Strenge nun nachliefern. Wie kann man sicher sein, dass am Ende, wenn der Staub sich gelegt hat, jedes Element der Vereinigung aller A_i genau einmal in der Gesamtbilanz auftaucht? Denn das ist ja das Ziel.

Einen wichtigen Hebel zur Beantwortung dieser Frage liefern uns die Binomialkoeffizienten. Angenommen, ein Element a tritt in exakt m der n Teilmengen A_1, ..., A_n auf. Wie oft wird es durch die rechte Seite der Gleichung (13) gezählt? Die Bilanz der Zählung ist

$$m - B(m, 2) + B(m, 3) - \dots (-1)^{m+1} B(m, m). \qquad (14)$$

Das lässt sich bequem begründen: Der erste Summand rührt von der Summe der $|A_i|$ und der zweite Summand stammt aus der Subtraktion der Summe der Mächtigkeiten aller paarweisen Schnitte. Denn da das Element a in genau m der Mengen A_1, ..., A_n auftritt, ist die absolute Häufigkeit seines Auftretens in paarweisen Schnitten gleich der Anzahl aller verschiedenen Möglichkeiten, aus m Objekten (nämlich den m Teilmengen, die a enthalten) 2 Objekte ohne Berücksichtigung der Reihenfolge auszuwählen. Das ist die Zahl $B(m, 2)$. Entsprechend lässt sich $B(m, 3)$ verstehen usw. In Schnitten von mehr als m Teilmengen taucht das Element a nicht mehr auf.

Mit dem erarbeiteten Ausdruck in (14) kommen wir auf Sichtweite an das Gewünschte heran. Denn der Rest ist banal und besteht in der Beobachtung, dass dieser Ausdruck nichts weiter ist als eine komplizierte Schreibweise der Zahl 1, was man mit (9) folgern kann, und zwar indem man (14) so schreibt:

$$1 - [1 - m + B(m, 2) - B(m, 3) + \dots (-1)^m B(m, m)]$$
$$= 1 - [B(m, 0) - B(m, 1) + B(m, 2) - \dots (-1)^m B(m, m)]$$
$$= 1 - 0 = 1.$$

Damit ist alles bedacht. Das Einschluss-Ausschluss-Prinzip ist bewiesen.

Zeit, nach diesen Denkbesorgungen kurz durchzuatmen und die neu gewonnene Formel einmal in Aktion zu erleben. Wir wenden also unser gewonnenes Wissen sogleich an, zeigen ein einfaches Beispiel zum Vertrautmachen und dann einen lehrreichen Meisterstreich.

Beispiel: Jeder Schüler einer Klasse ist mindestens für eines von den 3 Fächern Mathematik, Origami und Ikebana eingeschrieben.
Die Anzahl M der Schüler, die Mathematik belegen, ist 30.
Die Anzahl O der Schüler, die Origami belegen, ist 40.
Die Anzahl I der Schüler, die Ikebana belegen, ist 100.
Die Anzahl MO der Schüler, die Mathematik *und* Origami belegen, ist 10.
Die Anzahl MI der Schüler, die Mathematik *und* Ikebana belegen, ist 20.
Die Anzahl OI der Schüler, die Origami *und* Ikebana belegen, ist 20.
Insgesamt waren MOI = 5 Schüler für alle 3 Fächer eingeschrieben.
Wie viele Schüler N sind in der Klasse?
Das Prinzip von Einschluss und Ausschluss hält sich schon bereit für einen sofortigen Einsatz:

$$N = M + O + I - MO - MI - OI + MOI =$$
$$30 + 40 + 100 - 10 - 20 - 20 + 5 = 125.$$

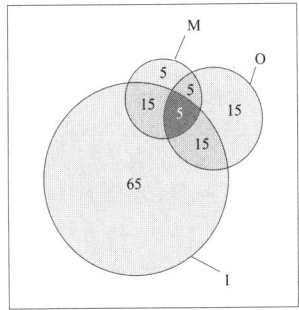

Abbildung 38: Einschluss-Ausschluss-Prinzip beim Schülerbeispiel

Als Zugabe und als noch ausgefeiltere Anwendung der Kunst des raffinierten Zählens lenken wir unsere Aufmerksamkeit auf einen Artikel aus einem Männer-Gesundheitsmagazin. «Geht dir in der Bar das Geld aus? ... Lass deinen Freund bezahlen!», schreibt Greg Gutfeld in der Zeitschrift *Men's Health*. «Lass ihn zwei Kartenspiele mischen und nebeneinanderlegen. Erkläre, dass du gleichzeitig immer je eine Karte von jedem Stapel von oben nehmen wirst. Und wette darauf, dass irgendwann ein Paar identischer Karten erscheinen wird.»

Intuitiv scheint es sehr unwahrscheinlich zu sein, dass in zwei gemischten Kartenspielen identische Karten in identischen Positionen auftreten, doch ein abschließendes Urteil wollen wir aussetzen, bis eine quantitative Überlegung uns dazu instand gesetzt hat. Zwecks Arbeitserleichterung gehen wir zu einer anderen, aber logisch gleichbedeutenden Art der Darstellung über: Dazu schreiben wir die Zahlen 1, 2, 3, ..., 52 in dieser Reihenfolge nebeneinander. Dann notieren wir eine rein zufällige Permutation der Zahlen 1 bis 52 in der Reihe direkt darunter. Diese erhalten wir beispielsweise, indem wir die 52 Zahlen auf Zetteln aus einem Hut ziehen. Dann müssen wir uns fragen, wie wahrscheinlich es ist, in beiden Reihen zwei identische Zahlen in derselben Position anzutreffen. Tritt dieser Fall gar nicht auf, so nennen wir die Permutation fixpunktfrei.

Als Erstes halten wir etwas Offensichtliches fest. Es gibt 52! verschiedene Reihenfolgen, in der die Zahlen aus dem Hut gezogen werden können, und deshalb 52! verschiedene Permutationen. Unsere neue Frage lautet nun folgendermaßen: Welcher Anteil dieser Permutationen ist fixpunktfrei?

Diese Frage behandeln wir mit dem Einschluss-Ausschluss-Prinzip als Hauptrequisit. Angenommen, wir haben eine Menge M mit $|M|$ Objekten und in dieser Menge m_i Objekte, die mindestens i der Eigenschaften E_1, E_2, ..., E_n haben. Nach unseren Vorarbeiten zum Einschluss-Ausschluss-Prinzip können wir dann die Anzahl der Objekte, die keine einzige der Eigenschaften E_1, E_2, ..., E_n aufweisen, schreiben als

$$|M| - m_1 + m_2 - m_3 + ... (-1)^n m_n.$$

Das wollen wir nun anwenden für spezielle Eigenschaften E_k. Man kann eine Permutation der Zahlen 1, 2, ..., 52 auch als eine Funktion f auffassen, bei der f(k) die Zahl in Position k der Permutation bezeichnet. Eine Permutation wird als fixpunktfrei anerkannt, falls für alle k von 1 bis 52 stets f(k) ≠ k ist. Wir sagen umgekehrt, dass eine Permutation die Eigenschaft E_k hat, falls f(k) = k ist. Wir müssen nun die Zahlen m_i ermitteln. Die Gedankenführung ist geprägt von unseren Vorüberlegungen zu Binomialkoeffizienten. Wir wählen eine feste Klasse von i Eigenschaften E_k. Es ist einleuchtend, dass dann f(k) = k sein muss für alle i der E_k in der Klasse der gewählten Eigenschaften, also für insgesamt i verschiedene Zahlen k von 1 bis 52. An den anderen (52 – i) Stellen kann die Funktion f irgendwelche beliebigen der verbleibenden Werte annehmen. Das heißt, es gibt (52 – i)! solcher Permutationen. Wir benötigen aber die Zahl aller Anordnungen mit mindestens i Fixpunkten. Man muss also, um m_i für diese Eigenschaften zu erhalten, nur (52 – i)! mit der Gesamtzahl verschiedener Möglichkeiten multiplizieren, i verschiedene Stellen aus 52 Stellen auszuwählen. Das sind die Binomialkoeffizienten B(52, i). Eine erlaubte Zusammenfassung von all dem ist die Gleichung:

$$m_i = (52 – i)! \cdot B(52, i) = (52 – i)! \cdot 52!/[i! \cdot (52 – i)!] = 52!/i!.$$

Das stellt eine wichtige Teilstrecke unseres Anstiegs zur Lösung dar. Damit ist die Anzahl der fixpunktfreien Permutationen, also die Menge aller Anordnungen ohne jede der Eigenschaften E_1, E_2, ..., E_{52}, gegeben durch

$$52! – 52!/1! + 52!/2! – 52!/3! + ... + 52!/52!$$
$$= 52! \cdot (1 – 1/1! + 1/2! – 1/3! + ... + 1/52!). \tag{15}$$

Den Schluss bewältigen wir mit der Beobachtung, dass der Ausdruck in Klammern von (15) aus den ersten 53 Termen der unendlichen Summe

$$\sum_{i=0}^{\infty} (– 1)^i/i! = e^{-1} \tag{16}$$

für den Kehrwert der Zahl e besteht. Dabei ist e in (16) die Euler'sche Konstante 2,7182... Wenn man den Klammerausdruck als Approximation für e^{-1} verwendet, begeht man einen Approximationsfehler, der kleiner ist als der nächste Term der Summe, also als 1/53! Demzufolge ist der Klammerausdruck in (15) eine extrem gute Approximation für e^{-1} = 0,36787946. Die *Anzahl* der fixpunktfreien Permutationen ist somit recht genau 52! · e^{-1} und der *Anteil* der fixpunktfreien Permutationen unter allen möglichen Permutationen ist gerade 1/52!stel dieser Zahl, also e^{-1}. Der Anteil der Permutationen mit mindestens einem Fixpunkt ist entsprechend 1 – e^{-1} = 0,6321 ≈ 2/3. Das intuitiv als recht unwahrscheinlich gefühlte Ereignis hat also überraschenderweise eine Wahrscheinlichkeit von knapp zwei Dritteln. Zwar war das Einschluss-Ausschluss-Prinzip bei diesen Überlegungen der Hauptdarsteller, doch der Oscar für die beste Nebenrolle geht an die Binomialkoeffizienten.

Top-10-Gründe, warum du ein Mathematiker sein könntest

– Du denkst bei e zuerst an eine Zahl und dann an einen Buchstaben.

– Du beherrscht das griechische Alphabet, aber kein Griechisch.

– Du kannst dank binärer Zahlen mit den Fingern bis 1023 zählen.

– Du hast schon einmal mit einem Beweis durch Widerspruch versucht, eine Politesse davon zu überzeugen, dass dein Auto nicht im Parkverbot steht.

– Du würdest eher in einem Buch über Fraktale als in einem bunten Wochenblatt nachschauen, um schöne Grafen zu sehen.

– Du kennst zwar den Grenzwert der geometrischen Reihe, nicht aber deine Bundweite.

– Du denkst bei einem Bruch nicht zuerst an eine medizinische Diagnose.

– Du weißt: Alte Mathematiker sterben nie, sie verlieren nur einige ihrer Funktionen.

– Du meinst, Komplexifizierung macht die Dinge einfacher.

– Du hast all dies gelesen und nicht gelacht.

6. Gegenteilsprinzip

Es lebe das Gegenteil

Die Reductio ad absurdum, die Euklid so liebte,
ist eine der besten Waffen der Mathematik. Sie ist
ein viel raffinierteres Gambit als jene, die man im
Schachspiel antrifft. Ein Schachspieler mag einen
Bauern oder sogar eine Figur zum Opfer anbieten,
doch ein Mathematiker setzt alles aufs Spiel.
G. H. Hardy

Special today – no ice cream!
Schild in einem schweizerischen Bergrestaurant

«Ich sehe niemand auf der Straße», sagte Alice.
«Ich wollte, ich hätte solche Augen», sagte
der König verdrießlich. «Niemand sehen zu
können! Und auf eine solche Entfernung!
Ich kann bei dieser Beleuchtung selbst Leute,
die es gibt, bloß mit Mühe erkennen!»
Lewis Carroll: Alice im Wunderland

If you ain't wrong, you're right.
Aus dem Song «Gotta be this or that» von Sunny Skylar

Fünf falsche Sekunden: Ich denke nicht,
also bin ich nicht.

> Gegenteilsprinzip: Kann ich mich von einer Behauptung überzeugen, indem ich das genaue Gegenteil der Behauptung annehme und durch logisch einwandfreies Schließen einen Widerspruch zu einer gesicherten Tatsache erzeuge?

Als *reductio ad absurdum* (lateinisch: Zurückführen auf Widersinniges) bezeichnet man eine logische Art des Argumentierens, bei der eine Behauptung durch den Nachweis widerlegt wird, dass in ihr ein Widerspruch enthalten ist. Gezeigt wird, dass die Annahme der Gültigkeit der Behauptung entweder zu einem logischen Widerspruch oder zu einem Widerspruch mit einer bereits anerkannten These führt.

Als mathematische Beweistechnik wird diese Denkbewegung bei indirekten Beweisen eingesetzt. Indirekte Beweise oder Beweise durch Widerspruch sind dadurch gekennzeichnet, dass die zu beweisende These *A* nicht direkt hergeleitet wird, sondern dass man ihr genaues Gegenteil, *Nicht-A*, mit einer reductio ad absurdum widerlegt. Eine Annahme, die zu einem Widerspruch führt, ist fehlerhaft und darf verneint werden. Nach der zweiwertigen Logik, in der jede Aussage entweder wahr oder falsch ist, bedeutet die Widerlegung des Gegenteils der ursprünglichen These, dass die These selbst wahr ist. Ein Drittes gibt es nicht. «Tertium non datur.»

Reziprokdialektisches oder Tertium datur im Hörsaal zu zu früher Stunde. «Das ist nicht richtig, was Sie sagen. Es ist noch nicht einmal falsch.»

Der Physiker Wolfgang Pauli zu einem Studenten

Die Herleitung einer absurden Konsequenz aus dem logischen Gegenteil *Nicht-A* der zu begründenden These A wird als Hilfsdeduktion bezeichnet. Hilfsdeduktionen können mehr oder weniger umfangreich oder komplex sein. Drei verschiedene Fälle absurder Konsequenzen von Hilfsdeduktionen können auftreten. Entweder ist die Schlussfolgerung der Hilfsdeduktion das genaue Gegenteil ihrer Voraussetzung *Nicht-A*. Es ist also in der Hilfsdeduktion *A* aus *Nicht-A* gefolgert worden. Oder die Schlussfolgerung ist in sich selbst widersprüchlich. Oder die Schlussfolgerung ist eine klarerweise falsche Aussage.

Ein Beweis durch Widerspruch besitzt die folgende logische Struktur:

(1) Behauptung *A*
Hilfsdeduktion
(2) Voraussetzung (Annahme) *Nicht-A*
(3) Schlussfolgerung (nicht erkennbar widersprüchlich)
(4) Schlussfolgerung (erkennbar widersprüchlich)
(5) Schluss auf die Behauptung *A*

Logisches Argumentieren will gelernt sein. Eine Reihe von Dingen sind dabei zu beachten und können schiefgehen. Gehen wir deshalb mit einiger Sorgfalt auf logische Argumente und ihre Gültigkeit ein.

Unter einem Argument wollen wir die Begründung einer Behauptung verstehen. Argumente bestehen strukturell aus einer oder mehreren Voraussetzungen (Prämissen) und einer Schlussfolgerung (Konklusion). Argumente stellen also ein Bündel von Sätzen dar. Wichtig ist, dass es sich bei den Voraussetzungen und der Schlussfolgerung um wahrheitsdefinite Sätze handelt. Damit sind Sätze gemeint, die entweder wahr oder falsch sind. Aristoteles definierte *Aussage* als sprachliches Gebilde, von dem es sinnvoll ist zu sagen, es sei wahr oder falsch.

Aussagen sind beispielsweise:
«Ich bin ein Berliner.»
«Und wenn sie nicht gestorben sind, dann leben sie noch heute.»
«Diese Satz hat drei Feler.» (Auf den ersten Blick erscheint diese Aussage als falsch, da der Satz nur 2 Rechtschreibfehler enthält. Wird zusätzlich der inhaltliche Fehler berücksichtigt, dann ist die Aussage wahr.)
«Tauben sind doof.»

Keine Aussagen sind beispielsweise:
«Rücken Sie vor auf die Parkstraße.»
«Glauben Sie bloß nicht, wer Sie sind.»
«Wenn du das machst, dann gnade dir Gott.»
«Die Aussage dieses Satzes ist falsch.»
«Elfmeter.»
«$1/0 = 2$.» (Das ist keine Aussage, da der Ausdruck $1/0$ mathematisch nicht definiert ist.)
«Wenn es doch schon zu Ende wäre.»

Ein Argument ist durch seinen Folgerungscharakter gekennzeichnet. Die logische Gültigkeit eines Argumentes kann man als Wenn-dann-Beziehung auffassen. Wenn die Voraussetzungen eines Argumentes allesamt wahr sind, dann muss auch die Konklusion zwingend wahr sein. Es findet also ein Wahrheitstransfer von den Voraussetzungen auf die Schlussfolgerung statt. Ist ein Argument gültig, so resultiert die Wahrheit der Schlussfolgerung zwingend aus der Wahrheit der Voraussetzungen. Werden die Voraussetzungen eines gültigen Argumentes als wahr akzeptiert, so muss auch seine Schlussfolgerung als wahr akzeptiert werden.

Wichtig ist, dass bei logisch gültigen Argumenten lediglich der Fall ausgeschlossen ist, dass alle Voraussetzungen wahr sind und die Schlussfolgerung falsch ist. Alle anderen Belegungen von Voraussetzungen und Schlussfolgerung mit den Wahrheitswerten *wahr* und *falsch* sind bei gültigen Argumenten möglich. Ist eine der Voraussetzungen falsch, so kann (muss aber nicht) die Konklusion eines gültigen Argumentes falsch sein. Auch der umgekehrte Fall ist möglich. Die Wahrheit von Voraussetzungen und Schlussfolgerung garantiert noch nicht die Gültigkeit des Arguments. Man muss zwischen den Wahrheitswerten der beteiligten Aussagen und der Gültigkeit von Argumenten unterscheiden. Hierzu nun einige Beispiele:

a. Gültiges Argument mit einer falschen Voraussetzung und falscher Schlussfolgerung

Voraussetzung 1: Alle Säugetiere können fliegen.
Voraussetzung 2: Alle Pferde sind Säugetiere.

Schlussfolgerung: Alle Pferde können fliegen.

b. Ungültiges Argument mit wahren Voraussetzungen und wahrer Schlussfolgerung
Voraussetzung 1: Alle Säugetiere sind sterblich.
Voraussetzung 2: Alle Pferde sind sterblich.

Schlussfolgerung: Alle Pferde sind Säugetiere.

Zum Abschluss dieses Einschubs als humoriges Nebenbei noch ein Beispiel für realitätsbezogenes Schließen. Sherlock Holmes und Dr. Watson gehen zelten. Auf einer Waldlichtung schlagen sie ihr Zelt auf und schlafen ein. Mitten in der Nacht wird Watson von Holmes geweckt. «Watson, sieh hoch und sag mir, was du siehst.»

Watson antwortet. «Ich sehe Millionen von Sternen.»

Holmes: «Welchen Schluss ziehst du daraus?»

Watson überlegt einen Augenblick: «Astronomisch bedeutet es, dass es Millionen von Milchstraßen geben muss mit möglicherweise Milliarden von Sternen. Astrologisch bedeutet es, dass Saturn im Sternzeichen Löwe steht. Zeitlich bedeutet es, dass es etwa Viertel nach 3 ist. Theologisch bedeutet es, dass im Vergleich zum mächtigen Herrgott wir alle klein und unbedeutend sind. Meteorologisch bedeutet es, dass wir morgen wahrscheinlich einen schönen Tag haben werden. Welchen Schluss ziehst du, Holmes?»

Holmes schweigt einen Moment und sagt dann: «Watson, du Idiot. Es bedeutet, dass jemand unser Zelt geklaut hat.»[*]

Doch nun zurück zum Widerspruchsbeweis. Eine Aussage wird bewiesen, indem man ihre Gegenaussage widerlegt. Die Gegenaussage wird widerlegt, indem man mit einem gültigen Argument aus ihr eine falsche Schlussfolgerung zieht. Dann kann die Gegenaussage nicht wahr sein. Denn wäre sie wahr, könnte die Schlussfolgerung nur ebenfalls wahr sein. Es handelt sich um eine in der Mathematik- und Philosophiegeschichte extrem alte Argumentationsfigur, die bis zu den antiken Griechen zurückgeht.

Ein berühmtes Beispiel für eine reductio ad absurdum ist Galileis Widerlegung der von Aristoteles ausgehenden Vorstellung, dass schwere Objekte schneller fallen als leichte Objekte. In seinen *Discorsi*

---

[*] Die British Association for the Advancement of Science hat in einer dreimonatigen Internetabstimmung den «Witzigsten Witz der Welt» ermittelt. Dabei haben 47 % von rund 100 000 Usern aus 70 Ländern unter 1000 Witzen den obigen zum lustigsten Witz der Welt gekürt. Aber ist er wirklich so witzig? Ich weiß nicht. Den ultimativen Witz der Welt zu erwarten und dann diesen zu lesen ist etwa so, wie mit dem größten Formel-1-Rennfahrer aller Zeiten verabredet zu sein, und dann kommt statt Schumi nur ein ADAC-Mitglied.

argumentiert Galilei mit einem Gedankenexperiment: Wenn ein schwerer Körper tatsächlich schneller fiele als ein leichter, dann müsste ein aus dem schweren und dem leichten etwa mit einem sie verbindenden gewichtslosen Faden zusammengesetzter Körper als Ganzes eine irgendwo dazwischenliegende Fallgeschwindigkeit aufweisen. Denn der schwere Körper wird den leichten Körper schneller machen, indem er ihn mitzieht, und der leichte wird den schnellen langsamer machen, da er ihn hemmt. Andererseits ist der zusammengesetzte Körper aber noch schwerer als der schwere Körper allein und müsste deshalb noch schneller fallen als dieser. Das ist ein Widerspruch. Also ist die Ausgangsannahme falsch und keiner der beiden Körper kann schneller fallen als der andere. Der Widerspruch verschwindet tatsächlich nur dann, wenn man annimmt, dass beide Körper gleich schnell fallen. Ein wunderbar eleganter, rein gedanklicher Beweis für das Verhalten der Natur bei Fallvorgängen. Ohne Experiment, von Empirie nicht die geringste Spur, nichts als Logik.

Being Gerd Kruse. Der Bauer Gerd Kruse hatte aus Verärgerung über die Ablehnung eines Antrages den Gemeinderat seines Ortes mit den Worten beschimpft, die Hälfte der Gemeinderatsmitglieder seien Idioten. Der dadurch ausgelöste Beleidigungsprozess endete mit einem Vergleich, in dem Bauer Kruse sich verpflichtete, seine Aussage zu widerrufen. Er gab in der örtlichen Zeitung folgende Erklärung ab: «Die von mir aufgestellte Behauptung, dass die Hälfte der Gemeinderatsmitglieder Idioten sind, widerrufe ich hiermit ausdrücklich. Ich werde nunmehr Folgendes erklären: Die Hälfte der Gemeinderatsmitglieder sind keine Idioten.»

Unser zweites Beispiel für eine reductio ad absurdum ist moderner, nicht nur neuzeitlich, sondern futuristisch: Ein Programmierer verkündet, dass er ein Schachprogramm entwickelt hat, welches perfekt Schach spielen kann. Er behauptet, dass dieses Programm jede Partie, egal, ob mit Weiß oder mit Schwarz, garantiert gewinnt, ganz gleich, gegen welchen Gegner auch immer. Er behauptet, einen mathematischen Beweis für diese Aussage zu haben. Was ist dazu zu sagen?

Nun, die Behauptung des Programmierers kann nicht wahr sein. Angenommen, es gäbe ein perfekt Schach spielendes Programm, das stets und gegen jeden Gegner gewinnt. Dann könnten wir zwei Computer mit dem Programm ausrüsten und sie gegeneinander spielen lassen. Nach Voraussetzung muss das Programm immer gewinnen, gegen welchen Gegner auch immer, ob mit Schwarz oder mit Weiß. Wenn das Programm also gegen sich selbst spielt, müssten beide Seiten gewinnen. Doch das ist klarerweise im Schach unmöglich. Also führt die Annahme der Möglichkeit eines perfekten Schachprogramms zu einer absurden, unmöglichen Situation. Deshalb muss die Annahme der Richtigkeit der Aussage falsch sein. Ein perfektes Schachprogramm mit der vom Programmierer behaupteten Eigenschaft ist logisch unmöglich.

Jetzt begeben wir uns in die Welt der Brüche und wollen untersuchen, ob es eine kleinste positive Bruchzahl gibt. Wir fragen also nach der kleinsten Zahl der Bauart

$$a/b$$

für positive ganze Zahlen a und b. Auch in diesem Kontext wollen wir unser neu gewonnenes Instrumentarium anwenden. Es ist überraschend, wie kurz und bündig sich der Unmöglichkeitsbeweis ausnimmt. Nehmen wir für den Augenblick an, es gäbe in der Tat eine kleinste positive Bruchzahl, nennen wir sie a^*/b^*. Dann ist

$$a^*/(2b^*)$$

erstens ebenfalls eine Bruchzahl und zweitens ebenfalls positiv und drittens eine noch kleinere Zahl als a^*/b^*. Somit kann a^*/b^* nicht die kleinste positive Bruchzahl sein, und schon haben wir einen Widerspruch erzeugt. Fazit und Quintessenz: Es gibt keine kleinste positive Bruchzahl, denn die Existenz einer solchen Zahl führt auf einen logischen Widerspruch.

Euklid (323–283 v. Chr.) hat bereits vor mehr als zweitausend Jahren das gewaltige Beweisprinzip der reductio ad absurdum angewandt. Er hat damit die Aussage bewiesen, dass es unendlich viele Primzahlen gibt. In seinem mehrbändigen Werk *Die Elemente*, dem erfolgreichsten Mathematikbuch aller Zeiten, drückt er das so aus: «Es gibt mehr Primzahlen als jede vorgelegte Anzahl» (Buch IX, Proposition 20).

Werke der Weltliteratur in drei Worten, hier: Euklids Elemente

Einpunktisteinwinkeldemmanbeideschenkelgeraubthat.
Legesodefinitionenundaxiomefestundfolgereüberformenundzahlen.
WasrauskommtisthumorerotikdrogenfreiundgiltfüralIezeiten.

Primzahlen sind Zahlen, die nur durch 1 und durch sich selbst teilbar sind; sie haben somit keine echten Teiler und sind als «Unteilbare» so etwas wie die Atome unter den Zahlen. Das Gegenteil der

Aussage annehmend, ging Euklid zunächst davon aus, dass es nur endlich viele Primzahlen gebe, also etwa der Größe nach geordnet:

p_1 ist kleiner als p_2 ist kleiner als p_3 ... ist kleiner als p_r.

Mit einem meisterlichen Kunstgriff bildete er sodann das Produkt dieser Zahlen und addierte noch eine 1 hinzu. Die so entstehende Zahl nennen wir P:

$$P = p_1 \cdot p_2 \cdot p_3 \cdot ... \cdot p_r + 1.$$

Was kann man über diese Zahl P in Erfahrung bringen? Zunächst einmal ist sie größer als p_r und somit größer als die als größte angenommene Primzahl, kann also selbst keine Primzahl sein. Dann muss sie als Produkt von Primzahlen darstellbar sein, die P teilen. Doch P ist wegen des Summanden +1 durch keine der Zahlen p_1, p_2, p_3, ..., p_r und somit also durch keine Primzahl teilbar.

Damit hat sich ein Widerspruch eingestellt. Unsere Folgerung daraus ist wiederum ganz radikal. Da unsere Schlussweise nach der Ausgangsannahme logisch völlig einwandfrei und deshalb legitim war, kann der Widerspruch nur durch die Ausgangsannahme in die Überlegung hineingekommen sein. Somit muss die Ausgangsannahme, dass es nur endlich viele Primzahlen gibt, falsch und ihr Gegenteil richtig sein. So gelangen wir zur Gegenaussage als Wahrheit. Sie lautet: Es gibt unendlich viele Primzahlen!
Welch atemberaubend schöner Beweis. Ein Teil des Weltkulturerbes. Ein Gedankengut. Der Unsterbliche unter den Beweisen!

Mit des Geschickes Mächten ist ein ew'ger Bund zu flechten.

Der Mathematiker Noga Alon, Professor an der Universität von Tel Aviv, hatte Gelegenheit, im israelischen Radio über Primzahlen zu sprechen. Er erwähnte, dass Euklid vor 2300 Jahren bewiesen habe, dass es unendlich viele Primzahlen gibt: «Und», fragte der Moderator nach, «stimmt das immer noch?»

Wir wollen nicht unerwähnt lassen, dass es in unmittelbarer Nachbarschaft zu unserem letzten Thema noch ein weiteres, außerordentlich berühmtes Problem der Mathematik gibt, das Primzahlzwillingsproblem: Zwei nur durch eine gerade Zahl getrennte Primzahlen, wie z. B. 3 und 5 oder 17 und 19, heißen Primzahlzwillinge. Gibt es unendlich viele Primzahlzwillinge?

Dem Druck dieser Frage können wir nicht standhalten. Kein Mensch kennt gegenwärtig (Dezember 2008) die Antwort darauf. Selbst mehr als zwei Jahrtausende nachdem es erstmals aufgeworfen wurde, und nach Anwendung sehr strapazierfähiger Methoden hat sich das Primzahlzwillingsproblem einer Lösung entzogen.

Das Tao des Wissens

«Wie wir wissen, gibt es Dinge, die wir wissen. Wir wissen auch, dass es Unbekanntes gibt, von dem wir wissen, dass es unbekannt ist. Wir wissen, dass es Dinge gibt, die wir nicht wissen. Aber es gibt auch Dinge, von denen wir nicht wissen, dass wir sie nicht wissen.»
Donald Rumsfeld, Ex-US-Verteidigungsminister am 12. Februar 2002 über die Suche nach Osama bin Laden (aus: *The poetry of D. H. Rumsfeld* von H. Seely).
Vielleicht wird Donald Rumsfelds dauerhaftester intellektueller Beitrag zur Welt, in der wir leben, diese seine Sicht der philosophischen Natur von «Wissen» sein. Ein Einblick, der ihn mindestens auf Augenhöhe mit Konfuzius (551–479 v. Chr.) bringt, der da meinte: «Wissen ist Wissen, Nichtwissen ist Nichtwissen. Das ist Wissen.»

7. Induktionsprinzip

Induktion? Aber bitte eine vollständige!

Mathematicians do it forever if they can do one
and can do one more.
Eine Weisheit irgendwo in Spray auf Beton

> Induktionsprinzip: Um zu beweisen, dass alle Objekte einer geordneten
> Klasse eine gewisse Eigenschaft haben, kann man beweisen, dass das erste
> Objekt die betreffende Eigenschaft hat und, sofern irgendein Objekt die
> Eigenschaft hat, auch das nächste Objekt die Eigenschaft hat.

Die Deduktion ist eine Art der logischen Schlussweise, bei der vom Allgemeinen auf das Besondere geschlossen wird. Die Induktion ist zusammen mit der Abduktion eine der beiden Arten des nichtdeduktiven Schließens. Ein konkretes Beispiel mag hilfreich sein, um Induktion, Deduktion und Abduktion voneinander abzugrenzen.

Induktion ist die Folgerung einer Regel aus Einzelfällen und Ergebnissen.

Fälle: Diese Bohnen sind aus diesem Sack.
Ergebnis: Diese Bohnen sind weiß.
Regel: Alle Bohnen in diesem Sack sind weiß.

Bei induktivem Schließen geht es darum, Muster und Regelmäßigkeiten in der Welt aufzuspüren und von diesen auf noch Unbeobachtetes oder Unbekanntes zu schließen. Der Induktionsschluss ist nicht zwingend wahr, bei ihm steht eine Schlussfolgerung am Ende (Alle Bohnen in diesem Sack sind weiß), die nicht notwendigerweise denselben Grad an Gewissheit mit sich bringt wie die Prämisse (Diese Bohnen aus diesem Sack sind weiß). Induktionsschlüsse sind potenziell Wahrheit erweiternd. Induktion wird von Menschen im Alltag ständig angewendet. Die Skeptiker unter den Philosophen sprechen sich aber gegen die Induktion aus. In der Regel wird die Induktion nicht alle Einzelfälle berücksichtigen, so dass einige nicht berücksichtigte Fälle mit der vorgenommenen Verallgemeinerung kollidieren können. Insofern ist der Schluss, den die Induktion zieht, formallogisch nicht zulässig.

Logik der Wahrscheinlichkeitstheorie

10 % aller Autodiebe sind Linkshänder. Alle Eisbären sind Linkshänder. Wenn Ihr Auto gestohlen wird, wurde es mit 10 %iger Wahrscheinlichkeit von einem Eisbären gestohlen!!??

J. Chapman-Kelly

Neben dem alltagstauglichen Realbetrieb gibt es bei der Induktion einen ganzen Überbau an philosophischen Erwägungen. Was alles passieren kann, wenn Induktionen vorgenommen werden, vergegenwärtigt ein ursprünglich auf den Philosophen Nelson Goodman zurückgehendes Beispiel, hier in der Variante von William Poundstone dargestellt: Ein Juwelier inspiziert einen Smaragd. «Wieder ein grüner Smaragd», denkt er. «Über die Jahre muss ich wohl einige Tausend Smaragde gesehen haben, und alle diese Smaragde waren grün.» Der Juwelier leitet daraus die Hypothese ab, dass alle Smaragde grün sind. Das ist ein Induktionsschluss, und er erscheint uns vernünftig.

Auf der anderen Straßenseite gibt es einen weiteren Juwelier mit ebenso viel Erfahrung mit Smaragden. Er ist ein Indianer vom Stamm der Choctau und spricht nur deren Sprache. Anthropologisch-linguistisch interessant ist es, dass die Choctau-Sprache nicht zwischen grün und blau differenziert. Dasselbe Wort wird für beides verwendet. Die Choctau-Sprache unterscheidet allerdings zwischen okchamali – einem glänzenden Grün oder Blau – und okchakko – einem blassen Grün oder Blau. Der Choctau-Juwelier sagt: « Alle

Smaragde sind okchamali.» Das ist ebenfalls ein Induktionsschluss, ebenso auf der Grundlage einiger Tausend inspizierter Smaragde vorgenommen, die alle okchamali waren.

Dann gibt es in derselben Straße noch einen ebenso erfahrenen Juwelier, der nur *Gruebleen* spricht, eine seltsame Sprache. Gruebleen hat ihre eigenen Begriffe für Farben, genauso wie Deutsch oder Choctau die ihren haben. In Gruebleen gibt es nicht das Wort grün, aber es gibt eine Eigenschaft grue (ein von Goodman geprägtes Kunstwort aus green and blue, außerdem noch bleen). Die Dinge mit der Eigenschaft grue sind grün bis Mitternacht am 31. 12. 2019, danach sind sie blau. Die andere Eigenschaft bleen bedeutet: Etwas ist bleen, falls es blau ist bis Mitternacht am 31. 12. 2019 und grün danach. Um einem Gruebleen-Sprecher das deutsche Wort *grün* zu erklären, könnte man sagen, dass etwas dann grün ist, wenn es vor Mitternacht am 31. 12. 2019 grue ist und bleen danach. Für den Gruebleen-Sprecher, von jeher mit grue und bleen vertraut, ist grün der künstlich anmutende Begriff. Er nimmt in seiner Definition Bezug auf einen speziellen Zeitpunkt. Die Erklärungen von grue auf Deutsch und grün auf Gruebleen sind also vollkommen symmetrisch. Man kann deshalb nicht sagen, welche Sprache diesbezüglich fundamentaler ist. Für den Gruebleen sprechenden Juwelier waren alle bisherigen Smaragde grue.

Stellen Sie sich nun vor, Sie legen den drei Juwelieren einen Smaragd vor und fragen sie, welche Farbe dieser Smaragd im Jahr 2020 haben wird. Alle drei sagen, dass sie in all ihrer langjährigen Erfahrung niemals einen Smaragd gesehen hätten, der irgendwann eine andere Farbe hatte als beim ersten Sehen. Der deutsche Juwelier sagt voraus, dass der vorgelegte Smaragd im Jahr 2020 grün sein wird, der Choctau-Sprecher sagt, dass er okchamali sein wird. Der Gruebleen-Sprecher sagt, dass der Smaragd im Jahr 2020 grue sein wird. Doch Moment! Grue im Jahr 2020 bedeutet blau auf Deutsch. Es ist paradox, dass alle drei Juweliere ähnlich umfangreiche Erfahrungen mit Smaragden haben und darauf aufbauend denselben Induktionsschluss verwendet haben. Doch die Vorhersage des Gruebleen-Sprechers widerspricht der des Deutsch-Sprechers. Das Paradoxon kann nicht als bedeutungslos weggewischt werden: Neujahr 2020 wird mindestens eine der drei Vorhersagen falsch sein.

Deduktion ist das Feststellen eines Ergebnisses durch Anwendung einer Regel auf Einzelfälle.

Regel: Alle Bohnen in diesem Sack sind weiß.
Fälle: Diese Bohnen stammen aus diesem Sack.
Ergebnis: Diese Bohnen sind weiß.

Deduktionsschlüsse sind *apodiktisch*. Damit ist das gemeint, was man auch mit der Wendung *notwendig wahr* ausdrücken könnte. Sie stellen formallogisch betrachtet gültige Schlüsse dar. Innerhalb der Mathematik etwa wird ein möglichst durchgehender Aufbau mit deduktiven Prinzipien angestrebt. Doch genau genommen erweitert deduktives logisches Schließen nicht die Menge gewussten Wissens. Es stellt das bereits Bekannte nur anders dar.

Abduktion ist eine Folgerung über Einzelfälle aus einer Regel und aus Ergebnissen.

Regel: Alle Bohnen in diesem Sack sind weiß.
Ergebnis: Diese Bohnen sind weiß.
Fall: Diese Bohnen stammen aus diesem Sack.

Gemäß Regel und Ergebnis ist das Gefolgerte zwar möglich und bisweilen sogar recht wahrscheinlich, aber nicht zwingend wahr. Genau betrachtet ist es eine ziemlich armselige Logik, denn der formulierte Schluss ist recht unsicher, allenfalls zufällig wahr, und es gibt keinen einzigen gesicherten Belegfall, der ihn stützt. Das ist ein qualitativer Unterschied zur Induktion, nicht nur ein quantitativer. Der abduktive Schluss ist eine Spekulation auf der Basis von Indizien, der Schluss auf die nach Möglichkeit beste Erklärung eines beobachteten Ergebnisses. Er ist vielleicht wahr und damit potenziell Wahrheit entdeckend. Im Alltag ziehen wir ständig derartige Schlüsse. Sie liegen in der Natur der Sache etwa bei der Arbeitsweise eines Kriminalbeamten, der einen Tatverdächtigen überführen will. Auch in der Tätigkeit eines Arztes, der auf der Grundlage bestimmter Symptome eine vorläufige Diagnose erstellt, treten abduktive Schlüsse auf.

Abbildung 39: «Bis zu diesem Punkt hier ist seine Logik absolut untadelig!»
Cartoon von Joseph Farris

Nach dieser Einteilung der Schlussweisen wollen wir mit der *vollständigen Induktion* unser nächstes Denkwerkzeug einführen. Mehr als nur Spurenelemente von vollständiger Induktion finden sich erstmals 1654 bei Blaise Pascal. Es ist ein grundlegendes Prinzip, um zahlreiche, eventuell sogar unendlich viele Aussagen gleichzeitig mit nur zwei Handgriffen zu verifizieren. Potenziell eignet es sich für jede Situation, bei der sich die Aussagen in eine Reihenfolge bringen lassen und eine bestimmte Beziehung einer beliebigen Aussage zur vorherigen Aussage hergestellt werden kann. Das Induktionsprinzip ist oft Mittel der Wahl in Feldzügen des Denkens, die üblicherweise unternommen werden, um die Gültigkeit einer Aussage für *alle* natürlichen Zahlen zu beweisen. Um sich zu überzeugen, dass eine beliebige, von n abhängende Aussage A(n) für jede natürliche Zahl n gültig ist, bezeichnet man M als die Menge derjenigen natürlichen Zahlen m, für die A(m) wahr ist. Dann muss man sich noch überlegen, dass die Menge M die gesamte Menge aller natürlichen Zahlen 1, 2, 3, ... ist. Eine Möglichkeit besteht darin, in zwei logisch getrennten Schritten vorzugehen: sich zunächst davon zu überzeugen, dass einerseits A(1) eine wahre Aussage ist, und zweitens, dass bei Gültigkeit von A(m) für eine beliebige natürliche Zahl stets auch A(m + 1) wahr ist, also die Aussage auch für die nächstfolgende natürliche Zahl gilt. Das hört sich sehr abstrakt an; deshalb möchte ich die Grundstruktur etwas konkreter erläutern.

Ist etwa bekannt, dass eine bestimmte, von n abhängende und für alle n zu beweisende Aussage (z. B. $2^0 + 2^1 + 2^2 + \ldots + 2^n = 2^{n+1} - 1$) erstens für n = 1 wahr ist (Induktionsanfang) und zweitens, dass für jede beliebige natürliche Zahl m aus der Gültigkeit der Aussage für n = m auch die Gültigkeit der Aussage für n = m + 1 folgt (Induktionsschritt), so ist diese Aussage für alle natürlichen Zahlen n wahr. Beide Teile der Argumentation sind gleichermaßen wichtig. Der Induktionsschritt ohne den Induktionsanfang und der Induktionsanfang ohne den Induktionsschritt sind jeder für sich unvollständig und bewirken allein keinen Beweis der Aussage für alle natürlichen n.

Zum besseren Verständnis der vollständigen Induktion bietet sich der Vergleich mit dem Vorgang des Treppensteigens an. Erfolgreiches Treppensteigen beinhaltet in dieser Sicht zweierlei. Zum einen ist es nötig zu wissen, wie man auf die erste Stufe kommt. Zum anderen muss man eine Methode finden, wie man von einer Stufe auf die nächstfolgende gelangt. Beherrscht man beides, so kommt man auf die erste Stufe und dann von dort auf die zweite, von der zweiten auf die dritte und so weiter bis auf jede beliebige Stufe. Scheitert man hingegen bereits an der ersten Stufe oder gelangt von dort nicht auf die nächste, funktioniert der gesamte Prozess nicht.

Mathematiker haben das Induktionsprinzip derart verinnerlicht, dass sie schon von ferne wittern, ob, wo und in welcher Weise sich dieses Verfahren bei einem gegebenen Problem erfolgreich einsetzen lässt.

Mathematische Laien stehen dem Verfahren oft mit einem gewissen Misstrauen gegenüber. Gelegentlich hört man von ihnen als Argument gegen die vollständige Induktion, dass das, was bewiesen werden soll, als Prämisse des Induktionsschrittes doch bereits vorausgesetzt werde. Aber dies trifft nicht zu. Man beweist im Induktionsschritt vielmehr eine *bedingte* Aussage: *Wenn* die zu beweisende Aussage für einen bestimmten Fall richtig ist, *dann* ist sie auch für den nächstfolgenden Fall richtig. Falls sich aber kein Fall finden lässt, ist die hergestellte Verbindung zwischen aufeinanderfolgenden

Fällen logisch bedeutungslos. Das ist eines der Leitmotive bedingten Schließens.

Bedingtes Schließen hat seine Tücken. Deshalb sollen zumindest ein paar Worte über diese Art des Schließens und die damit einhergehenden Tücken gesagt werden.

Viele Menschen zeigen Anpassungsprobleme beim konditionalen Schließen und generell beim Umgang mit Konditionalsätzen. Ein Konditionalsatz ist ein Satz, der von zwei Aussagen P und Q gebildet wird, die durch eine Konstruktion vom Wenn-dann-Typ miteinander verbunden sind: Wenn P, dann Q. «Wenn einer eine Reise tut, dann kann er was erzählen.» Oder: «Und wenn sie nicht gestorben sind, dann leben sie noch heute.»

Eine gültige Variante der konditionalen Schlussweise ist der in der formalen Logik so bezeichnete *Modus ponens*. Er hat die folgende Struktur: Aus der Annahme der Gültigkeit der Implikation «Wenn P, dann Q» und der Wahrheit der Aussage P folgt, dass dann auch die Aussage Q wahr ist. Der *Modus ponens* schließt also aus der Gültigkeit der Prämisse («Jemand tut eine Reise») auf die Gültigkeit der Konsequenz («Er kann etwas erzählen»).

Dies ist eine einfache Form des konditionalen Schließens und wird schon von Vorschulkindern in der Regel weitgehend beherrscht.

Die zweite, weitaus anspruchsvollere Regel des konditionalen Schließens ist der *Modus tollens*. Er hat folgende Struktur: Aus der Annahme der Gültigkeit der Implikation «Wenn P, dann Q» und der Wahrheit des Gegenteils der Aussage Q wird auf die Wahrheit des Gegenteils der Aussage P geschlossen. Insofern schließt der *Modus tollens* von der Nichtgültigkeit der Konsequenz («Jemand hat nichts zu erzählen») auf die Nichtgültigkeit der Prämisse («Er hat keine Reise getan»).

Während der *Modus ponens* meist schon von Kleinkindern sicher beherrscht wird, haben noch manche Erwachsenen Probleme mit dem *Modus tollens*, der fälschlicherweise oft in folgender Form angewendet wird: Aus der Implikation «Wenn P, dann Q» und der Gültigkeit von Q folgt die Gültigkeit von P. Das ist ein ungültiger Schluss, wie an unserem mitlaufenden Beispiel dadurch verständlich wird, dass nicht jeder, der etwas zu erzählen hat, vorher eine Reise getan haben muss. Auch andere Aktivitäten liefern Stoff zum Erzählen.

Auch die andere denkbare Schlussweise in diesem Zusammenhang, nämlich aus der Gültigkeit der Implikation «Wenn P, dann Q» die Gültigkeit von «Wenn Nicht-P, dann Nicht-Q» zu folgern, ist logisch ungültig. Sie ergäbe, bezogen auf unser Beispiel: «Wenn einer keine Reise getan hat, dann hat er nichts zu erzählen», und das ist falsch. Auch einige der Menschen, die nicht gereist sind, haben dennoch etwas zu erzählen.

Um den Schwierigkeiten nachzuspüren, die Menschen bisweilen mit dem *Modus tollens* haben, wollen wir uns mit Wasons Wahlaufgabe aus den 1960er Jahren befassen. Wason legte seinen Probanden 4 Karten vor, die alle auf einer Seite Buchstaben und auf der anderen Seite Zahlen trugen. Dazu gab er ihnen die Regel: «Wenn eine Karte einen Vokal auf der einen Seite trägt, dann trägt sie auf der anderen Seite eine gerade Zahl.» Die Aufgabe der Versuchspersonen bestand nun darin zu entscheiden, welche der 4 Karten man umdrehen müsse, um eventuell Verletzungen dieser Regel aufdecken zu können. Die 4 Karten waren von Wason wie folgt ausgelegt:

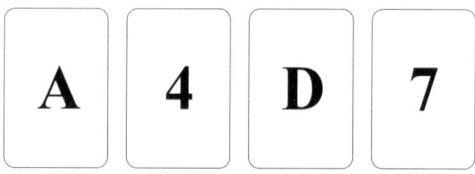

Abbildung 40: Wasons Wahlaufgabe

Wir fassen die Antworten der Versuchspersonen aus Wasons Studie zusammen.

Antwort	Häufigkeit der Antwort
A und 4	46 %
A	33 %
A, 4 und 7	7 %
A und 7	4 %
Andere	10 %

Schreibt man abkürzend einfach nur P für die Aussage: «Karte zeigt auf einer Seite einen Vokal» sowie Q für die Aussage: «Karte zeigt auf einer Seite eine gerade Zahl», dann kann man die genannte Regel als Implikation formulieren: «Wenn P, dann Q.» Die Karte mit dem Buchstaben A repräsentiert dann den zu dieser Implikation gehörenden *Modus ponens* (die Prämisse P trifft zu). Ferner repräsentiert die Karte mit der Aufschrift 7 den *Modus tollens* (die Konsequenz Q trifft nicht zu). Man muss also zur Bestätigung der Regel auf jeden Fall die Gültigkeit von *Modus ponens* und *Modus tollens* überprüfen. Dazu muss man die Karten A und 7 umdrehen. Die verbleibenden Karten D und 4, welche die Gültigkeit von Nicht-P bzw. von Q sicherstellen, können die Richtigkeit der formulierten Regel nicht angreifen, ganz gleich, was auf der anderen Kartenseite zu sehen ist.

Die empirischen Ergebnisse von Wasons Wahlaufgabe erlauben die Interpretation, dass die überragende Mehrheit der Versuchspersonen den *Modus ponens* zu handhaben weiß, da sie die Karte A wählen, doch nur ein geringer Teil auch den *Modus tollens* korrekt verarbeitet.

Das Scheitern am *Modus tollens* findet seinen Ausdruck meistens darin, dass gleichsam von der Wirkung auf die Ursache geschlossen wird, was natürlich nicht gültig ist. Im besten Fall wird die Ursache durch Eintreten der Wirkung plausibler. Im Versagen beim *Modus tollens* kommt die menschliche Neigung zu nichtdeduktivem Schließen zum Ausdruck. Grob gesprochen könnte man die darin liegende Denkweise so zusammenfassen: Wenn sich aus meiner Hypothese P ein Ereignis Q vorhersagen lässt und wenn dieses Ereignis Q nach gegenwärtigem Wissensstand eher unwahrscheinlich ist, dann wird meine Hypothese P beim Eintreten des Ereignisses Q plausibler. Nochmals umformuliert arbeitet sie so: Das überraschende Ereignis Q wird beobachtet. Aber wenn P wahr wäre, dann wäre Q eine Selbstverständlichkeit. Damit besteht nun nach Eintreten von Q Grund zu der Vermutung, dass P wahr ist. Die Schlussregel der Abduktion leitet also ab, dass die Hypothese P nun plausibler geworden ist. Das ist ein Plausibilitätsargument, aber keine Logik. Streng logisch kann man nämlich aus «Wenn P, dann Q» und «Q ist wahr» gar nichts folgern. Dies ist kein logisch zwingendes, sondern ein plausibles Schließen. Die Schlussregel der Abduktion ist dennoch im Alltagsleben und in der Wissenschaft wichtig. Sie wird deshalb auch in der künstlichen Intelligenz eingesetzt, da sie den gesunden Menschenverstand simuliert. Überhaupt ist die abduktive Vorgehensweise in vielen Wissenschaftsbereichen das Paradigma der wissenschaftlichen Methode: Wenn eine wissenschaftliche Hypothese (oder eine Theorie) P eine Prognose Q macht, die dann auch tatsächlich eintritt, so gewinnt dadurch die wissenschaftliche Theorie an Unterstützung. Wenn es mehrere alternative Hypothesen oder Theorien gibt, die um die Wahrheit konkurrieren, dann besteht eine Möglichkeit des Testens dieser Theorien darin, Konsequenzen aus ihnen abzuleiten und diese experimentell zu überprüfen, um zu sehen, ob diese bzw. welche dieser Konsequenzen tatsächlich eintreten. Wenn eine Theorie ein Ereignis vorhersagt, dann wird durch das Eintreten des Ereignisses die Theorie gestärkt, aber natürlich nicht bewiesen. Umgekehrt würde das Eintreten eines Ereignisses, das der Vorhersage der Theorie widerspricht, die Theorie schwächen oder gar ganz zum Einsturz bringen.

Es kann noch bemerkt werden, dass generell mit dem Begriff der Induktion, wie am Anfang des Kapitels gesehen, eine Form des Schlussfolgerns vom Speziellen auf das Allgemeine bezeichnet wird. Auch bei der Methode der vollständigen Induktion wird vom Speziellen auf das Allgemeine geschlossen, dennoch ist sie von ihrem Grundzug her keine induktive, sondern eine deduktive Methode. Noch präziser ist es zu sagen, dass mit ihr eine Induktionsaussage deduktiv bewiesen wird: Die Induktion wird (mathematisch) vervollständigt, indem alle Einzelfälle erfasst werden. Die vollständige Induktion zeigt, wie sich die Gültigkeit einer Behauptung aus einfachen Anfängen heraus mit der Verifizierung nur einer einzigen Implikation auf alle möglichen Fälle ausweiten lässt. Man sieht jetzt vielleicht klarer, wo dieses Prinzip in der Ökologie der Methoden des Schlussfolgerns seine Nische bezieht.

Bei der bisher erläuterten Art der Durchführung einer vollständigen Induktion werden die mit den natürlichen Zahlen nummerierten Aussagen fortlaufend abgearbeitet. Natürlich kann man die natürlichen Zahlen auch anders durchlaufen; so ließe sich der Induktionsschritt etwa so gestalten, dass man statt von n auf n + 1 von n auf 2n schließt und die dabei unweigerlich auftretenden Lücken mit einem Rückwärtsschritt schließt, indem aus der Gültigkeit von n noch die Gültigkeit der Aussage für n - 1 bewiesen wird. Das ist die so genannte Vorwärts-Rückwärts-Induktion. Geht es hingegen lediglich darum, eine Aussage für die Zahlen 1, 2, ..., m zu beweisen, könnte man auch mit dem Schluss von n auf n - 1 den Induktionsschritt rückwärts vornehmen (rückschreitende Induktion). Der Induktionsanfang ist dann die Aussage für n = m.

Wir beginnen mit einem geometrischen Schulbeispiel für den Einsatz des Induktionsprinzips:

Aus dem Erfahrungsschatz des Schwarz-Weiß-Malers. Herr K. malt seine Gemälde nur schwarz-weiß, und zwar im postmodernen Stil; fern der gewöhnlichen Normalmalerei besteht jedes seiner Bilder lediglich aus Geraden, wobei die so entstehenden Flächen nur schwarz oder weiß gefärbt werden. Herr K. hat die Erfahrung gemacht, dass, ganz egal, wie viele Geraden er malt und wie er sie anordnet, er stets alle benachbarten (d. h. an einem Geradenstück aneinandergrenzenden) Flächen verschieden färben kann, z. B. für n = 4 Geraden in folgender Weise:

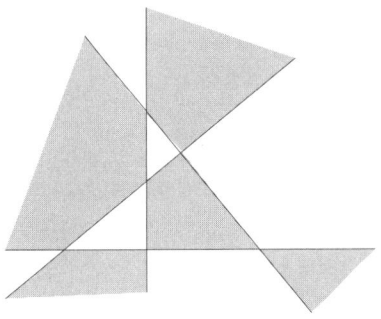

Abbildung 41: Opus des Schwarz-Weiß-Malers

Wir überlegen uns dies ganz allgemein, für eine beliebige Anzahl n von Geraden und die von ihnen erzeugten Flächen. Dazu stellen wir uns vor, die Geraden seien in irgendeiner Weise mit einem Richtungssinn ausgestattet, so dass «rechts» und «links» von einer Geraden sinnvolle Begriffe sind.

Beginnen wir im Stile vollständiger Induktion mit nur einer einzigen Geraden. Sie teilt die Ebene in 2 Teile. Diese können offensichtlich verschieden gefärbt werden. Das war leicht. Nehmen wir nun als Zweites an, dass für eine von n Geraden eingeteilte Ebene eine zulässige Färbung vorliege. Nun nehmen wir eine weitere Gerade G hinzu, die mit keiner der bereits vorhandenen Geraden zusammenfällt, aber ansonsten beliebig ist. Von dieser Geraden werden einige der bereits gefärbten Flächen zerlegt, und zwar, von der neuen Geraden aus gesehen, in einen linken und in einen rechten Teil. Alle Bereiche links von der Geraden G werden nun von uns umgefärbt. Diese Umfärbung betrifft nicht nur die von G begrenzten, sondern auch die links von G liegenden entfernten Flächen, die nicht an G angrenzen. Da nach dieser Umfärbung in der Halbebene rechts von G an jedem Geradenstück unterschiedliche Farben aneinandergrenzen, ist die neue Einfärbung aller Flächen auch zulässig. Und das ist der Beweis.

In unserem zweiten Beispiel zur vollständigen Induktion wollen wir uns einer auf den ersten Blick rein theoretischen Beziehung zwischen Binomialkoeffizienten und Zweierpotenzen widmen:

$$B(n, 1) + 2B(n, 2) + 3B(n, 3) + ... + nB(n, n) = n2^{n-1},$$
$$\text{für alle natürlichen Zahlen } n. \tag{18}$$

Dies wollen wir mit dem Induktionsprinzip beweisen.

Induktionsanfang:

$$n = 1: \ B(1, 1) = 1!/(1! \cdot 0!) = 1 = 1 \cdot 2^0$$

Induktionsschritt:

Wir setzen die Gültigkeit von (18) für ein beliebiges n = k voraus, also

$$B(k, 1) + 2B(k, 2) + 3B(k, 3) + ... + kB(k, k) = k2^{k-1},$$

und um eine griffige Bezeichnung zu besitzen, bezeichnen wir die gesamte linke Seite dieser Beziehung mit S(k). In dieser Bezeichnungsweise ist

$$S(k + 1) = B(k + 1, 1) + 2B(k + 1, 2) + 3B(k + 1, 3) + \ldots + (k + 1)B(k + 1, k + 1).$$

Die zentrale Idee besteht nun in der Anwendung der allgemeingültigen Aufspaltung

$$B(n, k) = B(n - 1, k) + B(n - 1, k - 1).$$

Ein einfacher Vergleich zweier Abzählungen belegt ihre Gültigkeit. Abermals sehen wir das Fubini-Prinzip in Aktion. Nach Definition gibt der Binomialkoeffizient die Anzahl verschiedener Möglichkeiten an, aus n Personen eine Gruppe von k Personen (eine «k-Gruppe») auszuwählen. Das ist die linke Seite. Die rechte Seite versteht sich folgendermaßen: Wähle eine beliebige Person P aus. Dann ist B(n – 1, k) die Anzahl verschiedener k-Gruppen ohne P, und B(n – 1, k – 1) ist die Anzahl verschiedener k-Gruppen mit P. Ihre Summe ist die Anzahl verschiedener k-Gruppen bei n Personen.

Nach dieser Zwischenüberlegung können wir nun schreiben:

$$\begin{aligned} S(k + 1) &= [B(k, 0) + B(k, 1)] + 2[B(k, 1) + B(k, 2)] + \ldots + k[B(k, k - 1) \\ &\quad + B(k, k)] + (k + 1)B(k, k) \\ &= B(k, 0) + 3B(k, 1) + 5B(k, 2) + \ldots + (2k + 1)B(k, k) \\ &= [B(k, 0) + B(k, 1) + B(k, 2) + \ldots + B(k, k)] + 2S(k) \\ &= 2^k + 2k \cdot 2^{k-1} \\ &= (k + 1) \cdot 2^k. \end{aligned}$$

Im vorletzten Schritt wurde für den Ausdruck in eckigen Klammern die Beziehung (10) auf Seite 101 verwendet.

Das ist ein vollständiger Beweis. Doch wir verharren an dieser Stelle noch ein wenig. Motiviert durch den Erfolg des Fubini-Prinzips bei unserer Zwischenüberlegung fühlen wir uns angespornt, nach einem ähnlichen Beweis auch für die weitaus kompliziertere Gleichung (18) zu suchen: nach einer kreativen Alternative zur vollständigen Induktion.

Dazu stellen wir uns folgende Frage: Wie viele verschiedene Möglichkeiten gibt es, aus n Personen eine k-Gruppe mit einem aus der Gruppe stammenden Vorsitzenden zu bilden? Die k-Gruppe kann beliebig von 1 bis n Mitglieder haben, den Vorsitz kann jedes Mitglied der k-Gruppe innehaben. Antwort: Es gibt B(n, k) verschiedene k-Gruppen, und für jede gibt es k verschiedene Möglichkeiten, den Vorsitzenden zu wählen. Das macht nach der Produktregel kB(n, k) verschiedene Möglichkeiten. Nun kann k beliebig von 1 bis n variieren. Das führt zur Summenbildung des Ausdrucks kB(n, k) von 1 bis n. Also ergibt sich als Antwort auf unsere Frage die linke Seite der Gleichung (18). Das ist sehr vielversprechend. Wie bekommen wir die rechte Seite? Ganz einfach. Man kann auch noch anders zählen, indem man nämlich zuerst den Vorsitzenden aus den n Personen wählt. Dafür gibt es n Möglichkeiten. Danach kann man die k-Gruppe aus den verbleibenden n – 1 Personen vervollständigen. Jede dieser n – 1 Personen kann entweder Mitglied der k-Gruppe werden oder nicht. Das sind pro Person 2 Möglichkeiten. Für n – 1 Personen sind es nach der Produktregel 2^{n-1} Möglichkeiten. Also, abermals nach der Produktregel, insgesamt $n2^{n-1}$ verschiedene Möglichkeiten. Sehr schön ist das und unser zweiter Beweis der Formel (18).

Es gibt noch einen anderen ebenso geistreichen und in mancher Hinsicht sogar ästhetischeren Zugang zur Formel (18), und zwar über den Ausdruck $S(n)/2^n$. Dieser Quotient in Worten ausgedrückt ist die durchschnittliche Größe aller Teilmengen der n-elementigen Menge {1, 2, 3, ..., n}. Das ist so, weil es exakt B(n, k) Teilmengen mit k Elementen gibt. Und 2^n ist die Gesamtzahl aller möglichen Teilmengen. Wieso eigentlich? Weil es auch hier für jedes der n Elemente stets 2 Möglichkeiten gibt: Element einer Teilmenge zu sein oder nicht Element einer Teilmenge zu sein.

Man kann nun jede beliebige Teilmenge mit ihrem Komplement paaren. Dieses Paar hat dann in der Summe n Elemente, also durchschnittlich n/2 Elemente. Diesen Durchschnitt von n/2 haben alle Paare. Also ist

$$S(n)/2^n = n/2,$$

was inhaltlich dasselbe ist wie Gleichung (18). Mighty special!

8. Verallgemeinerungsprinzip

Mach es leichter, indem du es allgemeiner machst

«You are my one and only Valentine» cards!
Now available in multipacks.
Aus der Werbung einer Handelskette in den USA

> Verallgemeinerungsprinzip: Kann man das durch Beseitigung von Voraussetzungen oder Änderung von Nebenbedingungen entstehende allgemeinere Problem leichter lösen und die Lösung dann auf den vorliegenden Spezialfall anwenden?

Manchmal zeigt sich das seltsame Phänomen, dass eine allgemeinere und damit stärkere Aussage leichter zu beweisen ist als eine weniger allgemeingültige. George Polya hat dies als Paradoxon des Erfinders bezeichnet, da es sich auf die Tatsache bezieht, dass die vermeintlich schwierigere Aufgabe, die vermeintlich mehr Erfindungsgeist erfordert, überraschenderweise leichter zu bewältigen ist.

> **Mathematik ist erlebnisoffen!**
>
> Es gibt Dinge, die den meisten Menschen unglaublich erscheinen, die nicht Mathematik studiert haben.
>
> **Archimedes**

Wir betrachten dazu einmal folgende Situation: Eine der führenden Universitäten der Welt, das im amerikanischen Cambridge gelegene Massachusetts Institute of Technology, hat 2004 ein neues Informatikgebäude eingeweiht. Es wurde von dem internationalen Stararchitekten Frank O. Gehry entworfen.

Ein Zwischenstadium der Planung beinhaltete den Entwurf, vor diesem sogenannten Stata Center einen großen quadratischen Platz der Maße $2^n \times 2^n$ anzulegen:

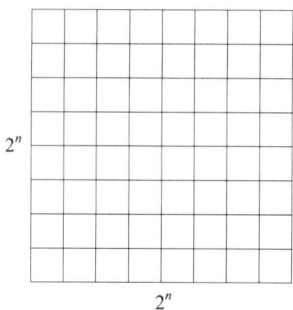

Abbildung 42: Quadratischer Platz der Maße $2^n \times 2^n$

Eines der vier zentralen Felder dieses Platzes sollte von einer Statue der beiden reichen Sponsoren Ray und Maria Stata geziert werden. Außerdem verlangte der für seinen unorthodoxen Stil bekannte Architekt, dass nur speziell geformte Steinplatten zur Pflasterung verwendet werden durften, die allesamt in L-Form geschnitten sein mussten:

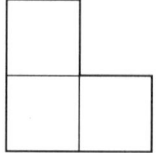

Abbildung 43: Die für die Parkettierung zu verwendenden Platten

Die Frage nach der Möglichkeit der Pflasterung trat auf. Für n = 1 ist das trivialerweise möglich:

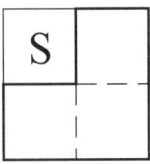

Abbildung 44: Parkettierung des 2 × 2-Platzes

Bei S steht die Statue. Für n = 2 würde eine mögliche Parkettierung des aus 16 Feldern bestehenden Platzes dann so aussehen:

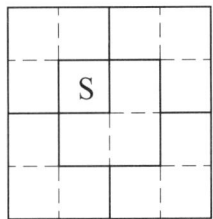

Abbildung 45: Parkettierung des $2^2 × 2^2$-Platzes

Es werden 5 L-förmige, jeweils 3 Felder überdeckende Platten benötigt.

Nun beginnt die zweite Phase: Beweis sein wollen. Eine naheliegende Frage ist es, ob sich für alle natürlichen Zahlen n = 1, 2, 3, ... eine derartige Parkettierung mit L-Platten und einer Statue auf einem der zentralen Felder realisieren lässt.

Befassen Sie sich doch möglichst selbst einmal ein paar Augenblicke mit dieser Frage. Wo denken Sie hin? Vollständige Induktion höre ich Sie sagen. Richtig! Das ist naheliegend. Meist kommt eine Idee eher von ungefähr daher. Die Problemstellung ruft aber geradezu nach vollständiger Induktion als Untersuchungsprinzip. Die obigen Fälle n = 1, n = 2 stellen dabei bereits den Induktionsanfang dar. Bleibt als Anliegen der Induktionsschritt. Angenommen, für einen Platz der Größe $2^n × 2^n$ gebe es die beschriebene Art der Pflasterung. Gibt es eine derartige Pflasterung dann zwingend auch für einen Platz der Größe $2^{n+1} \times 2^{n+1}$? Unüberwindbare Schwierigkeiten werden spürbar. Diese Ahnung wird schließlich zur Gewissheit. Das vorausgesetzte Wissen, dass der $2^n \times 2^n$-Platz entsprechend parkettiert werden kann, hilft uns nicht im geringsten dabei, eine Möglichkeit der Parkettierung des größeren $2^{n+1} \times 2^{n+1}$-Platzes zu finden. Das liegt an der L-Form der Platten. Wir scheinen also in eine Sackgasse geraten zu sein mit dem Prinzip der vollständigen Induktion, gestrandet auf den Gestaden des Problems. Kann es sein, dass wir einer falschen Spur gefolgt sind? Einer Schimäre, würde Gottfried Benn gesagt haben. Wie diesen Schwierigkeiten beim Induktionsschritt adäquat begegnen? Wenn uns eine Idee noch helfen sollte, dann müsste sie umgehend zur Verfügung stehen.

Enttäuschungsfest geben wir nicht so schnell auf. Wir werden beim Induktionsprinzip noch verharren, und wäre es nur seiner noch unausgeschöpften Einsatzmöglichkeiten wegen. In Ermangelung anderer Denkansätze probieren wir es zunächst mit der Strategie, die Induktionshypothese zu verschärfen, also scheinbar unser Leben noch zu erschweren, indem wir eine stärkere Aussage zu beweisen trachten als ursprünglich geplant, eine Aussage, aus der die ursprüngliche uns interessierende Aussage leicht folgt. Ganz so wie ein Hochspringer, der eine Höhe gerissen hat und nicht übermäßig gemütsgetrübt die Latte im zweiten Versuch noch etwas höher legen lässt, in der Hoffnung, sie nun leichter zu überqueren. Entsprechend versuchen wir zu beweisen, dass für *jede* Platzierung (nicht nur für jede Platzierung im Zentrum) der Statue S auf dem $2^n \times 2^n$-Platz eine Parkettierung der verbleibenden Felder mit L-förmigen Platten möglich ist.

Damit wenden wir die Verallgemeinerungsheuristik an. Gekonntes kontern. Manchmal ist es leichter oder überhaupt erst möglich, gleich eine stärkere, also allgemeinere Aussage in Angriff zu nehmen und erfolgreich zu beweisen, als eine schwächere, speziellere Aussage zu klären versuchen. Besonders bei Induktionsbeweisen im Induktionsschritt kann dieser Ausweg sich auftun, denn es erleichtert die Arbeit, eine stärkere, also nützlichere Induktionshypothese für den Schluss der Gültigkeit der Aussage vom Fall n auf den Fall n + 1 zur Verfügung zu haben. Dies ist eine Variante des bereits erwähnten

Paradoxons des Erfinders. Das Leitmotiv: «Wenn du irgendetwas nicht beweisen, durchführen, realisieren kannst, dann versuche doch einmal etwas noch Großartigeres zu beweisen, durchzuführen, zu realisieren. Es könnte leichter sein.»

Also gut: Nehmen wir nun im Sinne des Empfohlenen an, eine Parkettierung des $2^n \times 2^n$-Platzes sei möglich für jede beliebige Platzierung der Statue S auf einem dieser 2^{2n} Felder. Für n = 1 ist die Aussage auch in dieser stärkeren Form nach wie vor richtig.

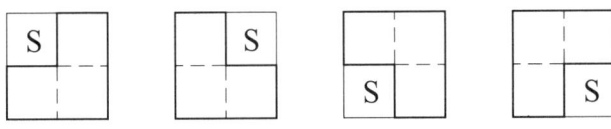

Abbildung 46: Geglückter Induktionsanfang

Und nun der kritische Augenblick: Der Induktionsschritt. Wird er unter den neuen Bedingungen stärkerer verfügbarer Kraftreserven gelingen? Der Trick besteht darin, und es ist eine herrliche Idee, den $2^{n+1} \times 2^{n+1}$-Platz zunächst in 4 Sektoren der Größe $2^n \times 2^n$ einzuteilen, nach Art der Abbildung 47. Eine feine Überlegung, die aber selbst dem wachesten Bewusstsein ohne weiteres entgehen kann.

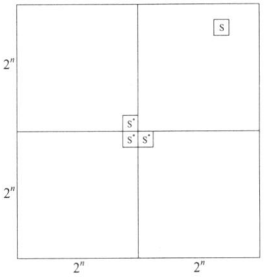

Abbildung 47: Zerlegung des zu parkettierenden Platzes in Sektoren

Zusätzlich zur Platzierung der Statue auf dem Feld S bringen wir vorübergehend 3 weitere Statuen auf den Feldern S* unter. Ein Kunstgriff, der die Angelegenheit unversehens illuminiert.

Die Induktionsvoraussetzung erlaubt uns nun direktemang, jeden der 4 Sektoren ohne S bzw. ohne S* mit L-förmigen Platten auszulegen. Und es ist eine wundersame Fügung, dass wir überdies die 3 Felder S* mit einer einzigen L-förmigen Platte überdecken können. Damit ist schon alles erledigt. Beweis erbracht. Und da wir etwas Weitreichenderes bewiesen haben, als wir benötigen, ist unsere ursprüngliche Aussage, bei der die Statue auf eine Position im Zentrum beschränkt bleibt, natürlich auch richtig. Happy End. Beweisbestaunung.

Das vorstehende Beispiel erteilt eine aufschlussreiche Lektion. Die Art und Weise der Umschiffung der beim Induktionsbeweis sich plötzlich auftuenden Klippe ist außerordentlich lehrreich. Es ist ein Musterexemplar der gutartigen Wirkung einer vorgenommenen Verallgemeinerung. Der Induktionsbeweis in prototypischer Ausprägung versucht, eine Menge $\{A(n)\}$ von Aussagen dadurch zu beweisen, dass zunächst die Richtigkeit der Aussage $A(1)$ verifiziert wird und anschließend die Gültigkeit der Implikation: Aus $A(n)$ folgt $A(n+1)$, für beliebiges n, kurz als $A(n) \to A(n+1)$ geschrieben. Doch im obigen Beispiel ergaben sich beim Beweis der Implikation $A(n) \to A(n+1)$ unbezwingbare Schwierigkeiten. Wir gerieten an das Ende unserer Kompetenz, konnten unsere Inkompetenz aber kompensieren. Der Philosoph Odo Marquard nennt diese Fähigkeit Inkompetenzkompensationskompetenz. Um voranzukommen, erwies es sich als vorteilhaft, $A(n)$ durch eine stärkere Aussage $B(n)$ zu ersetzen, was letztlich bedeutet, dass wir antreten, eine stärkere, allgemeinere, ja ambitioniertere Aussage zu beweisen. Der Grund besteht darin, dass bei einem Vergleich der Implikationen $A(n) \to A(n+1)$ und $B(n) \to B(n+1)$ die zweite möglicherweise einfacher einzusehen ist, oder noch krasser ausgedrückt: die erste gar nicht, die zweite aber doch bewiesen werden kann. So war es oben. Die Schlussfolgerung $B(n+1)$ ist eine stärkere Aussage als $A(n+1)$ und man könnte annehmen, dass sie deshalb schwerer zu beweisen ist. Doch im Wege des Beweises können wir von der Gültigkeit von $B(n)$ ausgehen, was uns mehr Munition bereitstellt, als $A(n)$ bietet, und uns deshalb mehr Optionen einräumt. Credo und Quintessenz: Mach es leichter, indem du es anspruchsvoller machst!

Und in der Tat: Rein logisch betrachtet ist es offen, ob die allgemeinere Aussage, also das ambitioniertere Unterfangen, müheloser oder schwerer oder überhaupt nicht zu realisieren ist, denn die Ideenfindung ist selten ein schrittweiser Prozess zunehmender Schwierigkeitsstufen, der vom Speziellen zum Allgemeinen linear fortschreitet. Es ist logisch durch nichts gedeckt, dass man speziellen Problemen mit speziellen Lösungen stets am besten begegnet. Es kann der Fall sein, dass eine allgemeinere Lösung, einfacher, kürzer und bündiger zu erhalten ist als eine spezielle. Eine Tatsache, die auch vielen Programmierern von Software vertraut ist.

Aus dem Gesagten können wir die folgende Denkheuristik ableiten: Versuchen Sie, sich Ihre Aufgabe zu erleichtern, indem Sie eine anspruchsvollere Aufgabe oder einen ambitionierteren Plan in Angriff nehmen. Doch man muss die geeignete anspruchsvollere, aber einfachere Aufgabe zunächst einmal aufspüren. Dieses Unterfangen sowie auch der Spezialfall des Findens einer geeigneten schärferen Induktionshypothese – wie B(n) in obiger Diskussion – ist eine Kunstform für sich.

Wir geben nun einige weitere illustrative Beispiele dieses Genres.

Erstes Beispiel (Größer? Kleiner? Gleich?): Welche Zahl ist größer, $60^{1/3}$ oder $2 + 7^{1/3}$?

Da es sich um einen Vergleich zwischen zwei leicht zu berechnenden Zahlen handelt, könnte man zur Beantwortung dieser Frage schlicht zum Taschenrechner greifen, doch wir wollen das ohne Hilfsmittel beantworten. Im Übrigen könnte man das Problem so modifizieren, dass auch ein Taschenrechner hilflos ist: Welche Zahl ist größer, $7999999999996^{1/3}$ oder $10\,000 + 999999999999^{1/3}$?

Wir bleiben aber bei den kleineren Zahlen und lassen den Taschenrechner in der Tasche. Mathematik unplugged und unassisted gewissermaßen.

Es ist nicht ersichtlich, wie man das Problem durch direkte Rechnung angehen soll. Naheliegend, aber unbequem ist der Versuch, beide Zahlen zur dritten Potenz zu erheben, weil dann plötzlich noch eine unerfreuliche 2/3-Potenz ins Spiel kommt. So endet dieser Versuch in einer Sackgasse.

Wir können aber einen anderen Weg mit Aussicht auf Erfolg einschlagen. Immerhin hat die zweite Zahl $2 + 7^{1/3}$ die Gestalt $8^{1/3} + 7^{1/3}$ und die erste Zahl, ausgedrückt mit diesen Ziffern, die Gestalt $[4(8 + 7)]^{1/3}$. Ausgehend von dieser Einsicht und im Sinne unseres aktuellen Themas können wir uns nun eine viel allgemeinere Frage stellen, nämlich: Was ist größer, $[4(x + y)]^{1/3}$ oder $x^{1/3} + y^{1/3}$ für beliebige nichtnegative Zahlen x, y?

Damit haben wir unser Problem dahingehend verkompliziert, dass jetzt nicht mehr nur ein Zahlenpaar verglichen werden muss, sondern unendlich viele. Nimmt man noch die Ersetzungen $x = a^3$ und $y = b^3$ vor, so wird aber der Entwicklungsschub offenkundig, den diese Idee verschafft hat. Man muss jetzt vergleichen: $[4(a^3 + b^3)]^{1/3}$ und $a + b$ bzw. nach Bildung der dritten Potenz bei beiden Ausdrücken: $4(a^3 + b^3)$ und $(a + b)^3$ bzw. nach Ausmultiplizieren $4a^3 + 4b^3$ und $a^3 + 3a^2b + 3ab^2 + b^3$.

Nachdem wir durch diese Folge von Zuständen gegangen sind, braucht man für die Problemüberreste keine besondere Geschicklichkeit mehr, auch ein kleiner Rechenmeister beseitigt sie mühelos: Es ist offenbar für alle positiven Zahlen a, b immer $(a + b)(a - b)^2 \geq 0$, was gleichbedeutend ist mit $a^3 + b^3 \geq ab(a + b)$, was man wiederum sofort in $3a^3 + 3b^3 \geq 3a^2b + 3ab^2$ umformt, woraus sich das benötigte $4a^3 + 4b^3 \geq a^3 + 3a^2b + 3ab^2 + b^3$ ergibt. Zudem besteht Gleichheit zwischen linker und rechter Seite der Ungleichungen genau dann, wenn $a = b$ ist. Die Darlegung gipfelt nun in einer Umkehrung der Argumentationsrichtung und dadurch wird erkennbar, dass $60^{1/3}$ größer ist als $2 + 7^{1/3}$.

Eine scharfsinnige und aufschlussreiche Bearbeitung unseres Themas.

Zweites Beispiel (Verschärfung einer Ungleichung): Überzeugen Sie sich, dass für alle natürlichen Zahlen n stets

$$1/1^2 + 1/2^2 + 1/3^2 + \ldots + 1/n^2 \leq 2. \qquad (19)$$

ist.

Vor dem Hintergrund unserer bisherigen Diskussion gehen auch hier unsere Gedanken in Richtung vollständige Induktion. Um diese in die Tat umzusetzen, schreiben wir abkürzend a(n) für die linke Seite von (19). Es ist dann speziell a(1) = 1 ≤ 2, und damit ist der Induktionsanfang gesichert.

Nun nehmen wir die Richtigkeit von a(n) ≤ 2 für n = k an. Für n = k + 1 haben wir dann

$$a(k + 1) = a(k) + 1/(k + 1)^2, \tag{20}$$

und wir stehen vor der Aufgabe zu beweisen, dass die rechte Seite nicht größer als 2 ist. Doch dies scheint nicht machbar. Man hat ja rein gar nichts von dem Wissen, dass a(n) ≤ 2 ist, wenn man zeigen will, dass a(n + 1) ≤ 2 ist. Wir stecken fest in bislang nicht überbrückbarer Entfernung vom Ziel. Das Induktionsprinzip bleibt ganz resonanzlos auf seinen Möglichkeiten sitzen. Der Grund liegt bei genauerem Hinsehen darin, dass zwar a(n) in dem Sinne dynamisch ist, als es von n abhängt, aber die rechte Seite der Ungleichung (19) im Gegensatz dazu ganz statisch ist. Ein Erfolgsrezept könnte darin bestehen, dies zu ändern. Um dem Induktionsprinzip eine Angriffsfläche zu verschaffen, ändern wir also die rechte Seite von (19) in kontrollierter Weise. Wir können die rechte Seite dieser Gleichung auf verschiedene Weise dynamisch gestalten. Eine einfache Dynamisierung stellt sich ein, wenn wir die Konstante 2 durch die von n abhängige Funktion 2 - 1/n ersetzen. Damit haben wir die Ungleichung sogar noch verschärft und unsere Aufgabe in diesem Sinne inhaltlich eindeutig erschwert, jedenfalls sehen wir uns einer größeren Herausforderung gegenüber. Doch für den Induktionsschritt haben wir auch eine stärkere Hypothese zur Verfügung, die uns mehr Handlungsspielraum einräumt, und das kann der Schlüssel zum Erfolg sein. Also ans Werk!

Wir versuchen uns nun für alle natürlichen Zahlen n an einer Bestätigung der Aussage:

$$a(n) \leq 2 - 1/n. \tag{21}$$

Der erste Schritt auf dieses Ziel hin: Es ist a(1) = 1 ≤ 2 − 1/1 = 1 zum Glück immer noch zutreffend. Das ist gut.

Der zweite Schritt: Angenommen, es gilt a(k) ≤ 2 − 1/k. Damit rechnen wir wie folgt:

$$a(k+1) = a(k) + 1/(k+1)^2$$
$$\leq (2 - 1/k) + 1/(k+1)^2$$
$$\leq 2 - 1/k + 1/k(k+1)$$
$$= 2 - (1/k) \cdot (1 - 1/(k+1))$$
$$= 2 - (1/k) \cdot (k/(k+1))$$
$$= 2 - 1/(k+1),$$

und die Beweisaktion verschafft uns die Aussage (21) für n = k + 1. Und siehe da, es ist geschafft!

Mit unserem Neuansatz ist jetzt (21) für alle natürlichen n bewiesen. Und aus dieser Aussage mit vergrößerter Tragweite folgt umgehend natürlich auch die schwächere Aussage (20). Auch dies eine Illustration von Vereinfachung durch Verschärfung. Und von Verschärfung durch Verallgemeinerung. Ein Lehrbeispiel für die geballte Kraft gekonnter Generalisierung. Und weil es so besonders schön ist, hier noch ein

Drittes Beispiel (*Zurück zu den Wurzeln oder Wurzelziehen als Weg*):

Beweisen Sie, dass für alle natürlichen Zahlen m stets die Ungleichung

$$\sqrt{2 \cdot \sqrt{3 \cdot \sqrt{4 \cdot \ldots \sqrt{(m-1) \cdot \sqrt{m}}}}} < 3$$

erfüllt ist.

Diese Aussage ist leicht zu verallgemeinern. Wir betten sie in eine ganze Klasse von ähnlichen Aussagen ein, indem wir die Konstante 2 durch die Variable n ersetzen, die eine beliebige Zahl von 2 bis m bezeichnen soll. Können wir dann beweisen, dass

$$\sqrt{n \cdot \sqrt{(n+1) \cdot \sqrt{\dots \cdot \sqrt{m}}}} < \sqrt{n \cdot (n+2)} < n+1 \qquad (22)$$

ist, so erhalten wir durch Spezialisierung auf den Wert n = 2 unser gewünschtes Resultat. Als Technik unserer Wahl fungiert hier die rückschreitende Induktion. Das heißt, unser Tätigkeitsschwerpunkt besteht darin, die Aussage (22) zunächst für n = m in Angriff zu nehmen. Für n = m geht erfreulicherweise (22) in die simple Ungleichung √m < m + 1 über und das ist für alle natürlichen Zahlen m offensichtlich richtig.

Gelte nun die Aussage (22) für ein n = k + 1 ≤ m, also sei

$$\sqrt{(k+1) \cdot \sqrt{(k+2) \cdot \sqrt{\dots \cdot \sqrt{m}}}} < k+2$$

als gültig vorausgesetzt. Dann ist

$$\sqrt{k \cdot \sqrt{(k+1) \cdot \sqrt{\dots \cdot \sqrt{m}}}} < k+1$$

wegen der Kurzüberlegung k(k + 2) < (k + 1)² bzw. k² + 2k < k² + 2k + 1. Doch obige Ungleichung ist schon die Aussage (22), spezialisiert auf n = k. Damit ist der rückschreitende Induktionsschritt vollzogen. Dieser Beweis liefert ein Übersoll. Er bezieht sich auf das Verhalten der Ungleichung (22) für die Werte n = 2, 3, …, m, und für alle diese verschiedenen n ist die Aussage nach unseren Darbietungen bewiesen.

9. Spezialisierungsprinzip

Spezialfall gut, alles gut

Nur Friseure können, was Friseure können.
Einstiger Werbeslogan der Friseur-Innung

> Spezialisierungsprinzip: Kann ich ein Problem lösen, indem ich Spezialfälle betrachte und aus diesen Erkenntnisse für die Lösung des allgemeinen Falles ableite?

Kleine Philosophie der Passionen: Puzzeln. Vor rund 2200 Jahren schrieb der griechische Mathematiker, Physiker und Ingenieur Archimedes von Syrakus ein Essay mit dem Titel *Stomachion*. Im Gegensatz zu vielen seiner anderen Schriften verschwand es bald und geriet in Vergessenheit. Erst zu Beginn des 20. Jahrhunderts tauchte es als Überraschungsfund des Mathematikers Johan Ludvig Heiberg in der Bibliothek eines Klosters in Istanbul wieder auf.

Abbildung 48: Das Essay *Stomachion* des Archimedes

Der Inhalt erstaunte die Fachwelt. Er schien zunächst aus kaum mehr zu bestehen als aus der Beschreibung eines Legepuzzles nach Art eines chinesischen Tangrams, das auch ein Kinderspielzeug gewesen sein konnte. Die Fachwelt fragte sich, warum Archimedes, dessen andere Arbeiten allesamt so wegweisend waren, seine Zeit mit etwas scheinbar so Trivialem verbracht haben mochte.

Das Manuskript beschäftigt sich konkret mit einem Quadrat, das in 14 Teile unterteilt ist, und zwar in folgender Weise:

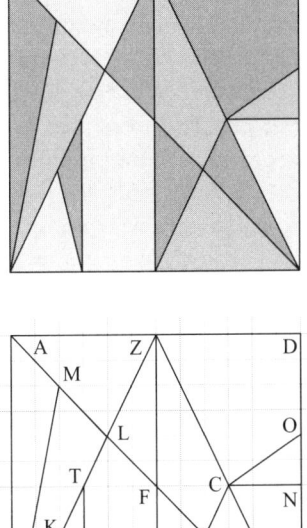

Abbildung 49: Legepuzzle Stomachion nebst Herstellungsanleitung

In einem anderen alten Text finden wir auch eine Bauanleitung: «Wir zeichnen ein [Quadrat], es sei dies ABGD, halbieren BG in E, errichten EZ senkrecht auf BG, ziehen die Diagonale AG, BZ und ZG, halbieren ebenfalls BE in H und errichten HT senkrecht auf BE; dann legen wir das Lineal an den Punkt H und visieren nach dem Punkt A und ziehen HK, halbieren AL in M und ziehen BM. So ist das Rechteck ABEZ in sieben Teile geteilt. Hierauf halbieren wir GD in N, ebenso ZG in C, ziehen EC, legen das Lineal an die Punkte B und C an und ziehen CO, ziehen noch CN, so ist auch das Rechteck ZEGD in sieben Teile, aber auf andere Weise als das erste Teil, geteilt, mithin das Quadrat in vierzehn Teile.»

Das ist das Legepuzzle, von dem die Fachwelt lange nicht wusste, in welches Verhältnis man sich dazu in Bezug auf Archimedes setzen sollte: Spielerisches, Künstlerisches, Wissenschaftliches. Das Puzzle hat seine versteckte Faszination. Nur eine der faszinierenden Eigenschaften der Figur und ihrer Teile ist es, dass die abgebildete Anordnung nicht die einzige Möglichkeit ist, mit den 14 unregelmäßigen Stücken – 11 Dreiecken, 2 Vierecken, 1 Fünfeck – ein Quadrat auszulegen. Erst kürzlich gelang es Wissenschaftlern in Kalifornien, die genaue Anzahl der Möglichkeiten zu ermitteln. Das Problem ist nicht leicht zu bewältigen und die Leistung der kalifornischen Wissenschaftler war der New York Times am 14. Dezember 2003 eine Titelnachricht wert. Sieht man von Rotationen und Vertauschungen gleich großer Einzelteile ab, so gibt es genau 268 verschiedene Anordnungen der 14 Einzelstücke zu einem Quadrat.

Man nimmt heute an, dass sich Archimedes mit der Frage der Anzahl möglicher Anordnungen beschäftigt hat. Ob er sie gelöst hat, muss offenbleiben, doch die Anzahl 268 ist klein genug, um mit Scharfsinn noch von Hand ermittelt werden zu können, obschon dies eine nicht uneingeschränkt vergnügliche Beschäftigung ist. Insofern geht man heute davon aus, dass dieses Puzzle, nach dem Titel des Manuskripts ebenfalls als Stomachion oder auch Syntemachion oder Loculus des Archimedes bezeichnet, nicht nur das älteste bekannte Rätsel der Welt ist, sondern der zugehörige Text als erste Schrift über ein Gebiet der Mathematik aufgefasst werden kann, das heute Kombinatorik heißt, eine Teildisziplin der Mathematik, die sich mit der Zahl möglicher Anordnungen oder Auswahlen von Objekten beschäftigt und erst im 20. Jahrhundert als Wissensgebiet entstanden ist.

Versuchen Sie doch selbst einmal einige der möglichen Auslegungen des Quadrates zu erzeugen und so über eine Distanz von mehr als zwei Jahrtausenden zeitlich zurückgreifend eine Berührung mit Archimedes herzustellen, ähnliche Schwierigkeiten in Angriff zu nehmen wie dieser geniale Mann der Antike.

Hommage an Archimedes. An Archimedes wird man sich noch erinnern, wenn Aischylos vergessen ist, weil zwar die Sprachen sterben, nicht aber die mathematischen Ideen.

G. H. Hardy

Die Vielzahl möglicher Quadrat-Auslegungen ist jedoch nicht das einzig Bemerkenswerte am Stomachion. Ebenso denkwürdig ist die Tatsache, dass die Flächeninhalte der einzelnen Teilstücke in einem rationalen Verhältnis zum Flächeninhalt des Quadrates stehen. Unterlegt man das Stomachion mit einem quadratischen Gitter mit 12×12 quadratischen Kästchen, so liegen alle Ecken der Teilstücke auf diesen Gitterpunkten und können elementar ermittelt werden. Mit der Fläche des Gitterkästchens als Einheit aufgefasst, hat das große 12×12-Quadrat eine Fläche von 144 Einheiten und die einzelnen Teilstücke besitzen allesamt ganzzahlige Flächeninhalte, wie in der nächsten Figur dokumentiert.

Man kann diese Flächeninhalte natürlich mit herkömmlichen Formeln berechnen, z. B. damit, dass der Flächeninhalt eines Dreiecks als die Hälfte des Produktes aus Grundseite und Höhe erhältlich ist. Doch wir wollen uns hier die Rasterfigur zunutze machen und einen noch elementareren Zugang wählen, indem wir uns eine ähnliche Frage stellen wie der österreichische Mathematiker Georg Alexander Pick (1859–1942) gegen Ende des 19. Jahrhunderts: Kann man durch simples Abzählen von Gitterpunkten, die ein Vieleck abdecken, den Flächeninhalt des Vielecks ermitteln? Pick konnte diese Frage auf elegante Weise für Gittervielecke beantworten, also für Vielecke, deren Eckpunkte alle auf den Gitterpunkten eines Rasters liegen. Zwar tauchen im Stomachion nur 3- bis 5-Ecke auf, doch wir behandeln gleich den allgemeinen Fall, wie auch Pick es seinerzeit tat. So wird Rechnen oder Messen ersetzt durch den noch fundamentaleren Vorgang des Zählens. Auf dieses Ziel hin kommt nun eine längere Überlegung in Gang. Sie hat den Nachteil, dass sie langatmig ist, aber den Vorteil, dass sie funktioniert. Auch ist sie hinsichtlich ihrer Schrittfolge sehr simpel und leicht nachvollziehbar.

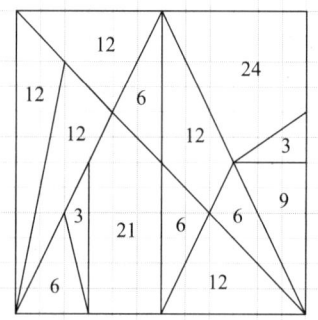

Abbildung 50: Flächeninhalte der Teilstücke des Stomachion

Unsere kleine Fallstudie befasst sich also konkret mit der Fragestellung, ob und wie es im Kontext von Quadratgittern möglich ist, für Gittervielecke durch einfaches Auszählen der von ihnen abgedeckten Gitterpunkte auf den Flächeninhalt zu schließen. Damit liefe die Berechnung von Flächeninhalten auf das einfache Abzählen von Punkten hinaus. Ein Gittervieleck ist dabei nichts anderes als ein Vieleck, das aus Streckenzügen gebildet wird, die allesamt durch Strecken (also Luftlinie) verbundene Gitterpunkte sind. Besonders wichtig für unsere Zwecke sind jene Gittervielecke, welche die Zeichenebene in zwei nicht überlappende Gebiete zerlegen, das Innere und das Äußere des jeweiligen Vielecks. Um diesen Sachverhalt begrifflich zu fassen, nennen wir derartige Gittervielecke *einfach*. Einfache Gittervielecke können in Dreiecke zerlegt werden. Der Rand eines Vielecks wird von der Gesamtheit der schon angesprochenen Streckenzüge gebildet. Das kleinste Gitterquadrat soll das Flächenmaß 1 haben. Damit ist alles Nötige festgelegt.

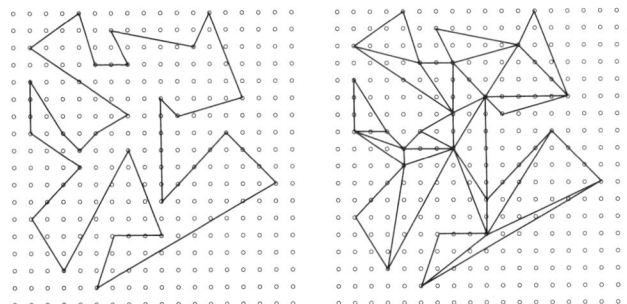

Abbildung 51: Gittervieleck und dessen Einteilung in Dreiecke

Zunächst ist a priori vollkommen ungewiss, ob die vom Vieleck überdeckten Gitterpunkte, also jene in seinem Inneren und jene auf seinem Rand, den Flächeninhalt eindeutig festlegen und ob nicht doch die teilweise angeschnittenen Gitterquadrate noch einzeln auszuwerten und in die Überlegungen einzubeziehen sind. Deshalb wollen wir uns durch Spezialisierung auf die einfachsten konkreten Beispiele zunächst bemühen, eine Intuition für die Problemsituation zu entwickeln. Wir schreiben i für die Anzahl innerer Punkte, r für die Anzahl der Randpunkte und F für den Flächeninhalt.

Rein intuitiv und auch auf der Basis der eben inspizierten einfachsten Fälle ist es naheliegend, dass F umso größer wird, je größer die Anzahl i der inneren Punkte ist. Denn damit ein Punkt des Gitters vom Vieleck ganz umschlossen ist, wird Platz benötigt. Es stellt sich der Eindruck ein, als wachse der Flächeninhalt linear mit i. Der Flächeninhalt F scheint auch umso größer zu sein, je größer die Anzahl der Randpunkte r ist. Wenn man ein Vieleck vergrößert und weitere Randpunkte hinzufügt, kommen oft auch neue innere Punkte hinzu, und der Flächeninhalt nimmt zu. Auch hier scheint die Zunahme von F linear mit r vor sich zu gehen, doch ein zusätzlicher Randpunkt scheint nicht so stark zu wirken wie ein innerer Punkt. Man muss dieses gefühlte Wissen nun in einen Plan umsetzen. Das bedeutet explizit, einen Zusammenhang zwischen F auf der einen und i, r auf der anderen Seite abzuleiten und diesen dann lupenrein zu beweisen. Im Idealfall gibt es also einen Ausdruck F(r, i) für den Flächeninhalt eines Gittervielecks, der nur von den Anzahlen i und r der Gitterpunkte im Inneren und auf dem Rand abhängt. Das ist unser Wunschziel.

Nach dem Gesagten lässt sich vermuten, dass F(r, i) eine in beiden Argumenten r und i monoton – und zwar linear – wachsende Funktion ist: Das könnte man durch den Ansatz: F(r, i) = ai + br + c ausdrücken, für noch zu bestimmende Konstanten a, b, c.

Wertvolle Auskünfte geben die bisher untersuchten Spezialfälle:

$$F(4, 0) = 1$$
$$F(3, 0) = 1/2$$
$$F(8, 1) = 4$$
$$F(6, 0) = 2$$
$$F(8, 2) = 5.$$

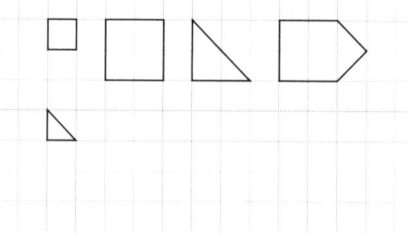

Abbildung 52: Die einfachsten Gittervielecke

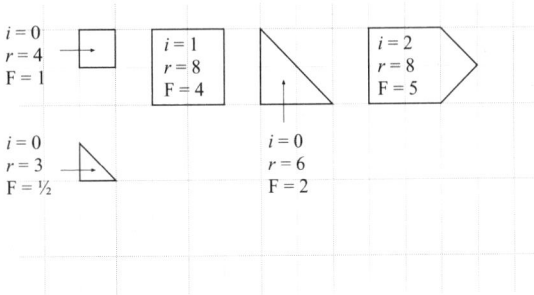

Beides, Ansatz und Spezialfälle, kann man zu einem Gleichungssystem zusammenfügen:

$$4b + c = 1$$
$$3b + c = 1/2$$
$$6b + c = 2$$
$$a + 8b + c = 4$$
$$2a + 8b + c = 5.$$

Ein allgemeines Gesetz kündigt sich an: Aus den Gleichungen 1 und 2 erhält man b = 1/2 und aus den Gleichungen 4 und 5 ergibt sich a = 1. Durch Einsetzen dieser Werte in eine beliebige Gleichung ergibt sich sofort c = –1. Somit erhalten wir die leicht verdauliche Formel

$$F(r, i) = i + r/2 - 1 \tag{23}$$

als unsere Hypothese des Zusammenhangs zwischen r, i und F. Sie wird allen bisher gesehenen Beispielen gerecht. Ein gutes Omen. Doch es ist zunächst noch nicht mehr als ein Anlauf.

Wir wollen nun die Formel (23) zunächst auf etwas kompliziertere Spezialfälle erweitern. Der Sinn dieses Vorgehens ist einleuchtend: In einem weiteren Schritt werden wir dann versuchen, entweder aus den Spezialfällen auf den allgemeinen Fall zu schließen oder aus den

Spezialfällen eine Gesamtlösung zusammenzusetzen. Als weitere Spezialfälle bieten sich nach unserer bisherigen Vorlaufphase zum einen Rechtecke mit Eckpunkten auf den Gitterpunkten und zum anderen Dreiecke an. Wir wissen bereits, dass sich jedes Vieleck in Dreiecke zerlegen lässt. Aus einem Rechteck ergeben sich schon durch einfache Halbierung entlang der Diagonalen zwei Dreiecke. Deshalb ist die fundamentale Struktur ein allgemeines Dreieck, dessen Eckpunkte beliebig auf dem Gitter liegen. Diesen Spezialfall wollen wir nun in logisch übersichtlicher Weise genauer studieren. Um den Weg navigabel zu machen, arbeiten wir uns schrittweise voran, unter beständigem Absprengen von Problematischem.

Schritt 1: Kleinstes Gitterquadrat

Wir wissen bereits, dass für diesen Fall unsere Formel gültig ist.

Schritt 2: Ein nxm-Rechteck mit Seiten parallel zu den Koordinatenachsen

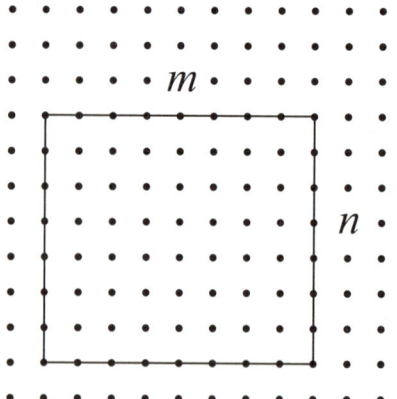

Abbildung 54: Ein nxm-Gitterrechteck

Es gibt in diesen Rechtecken i = (n – 1)(m – 1) innere Punkte. Auf den Seiten der Länge n bzw. m gibt es n + 1 bzw. m + 1 Randpunkte. Addiert man diese, so werden die 4 Eckpunkte doppelt gezählt. Also gibt es r = 2(n + 1) + 2(m + 1) – 4 = 2n + 2m Randpunkte. Außerdem ist natürlich der Flächeninhalt das Produkt F = n · m. Wegen

$$F(r, i) = F(2n + 2m, (n – 1)(m – 1)) = (n – 1)(m – 1) + (2n + 2m)/2 – 1$$
$$= n · m – n – m + 1 + n + m – 1$$
$$= n · m$$

ist die Formel (23) auch hier gültig.

Der darin enthaltene Gedanke lässt sich leicht zur Anwendung auf Dreiecke ausbauen.

Schritt 3: Rechtwinkliges Dreieck, das durch Halbierung eines nxm-Rechtecks aus Schritt 2 entsteht

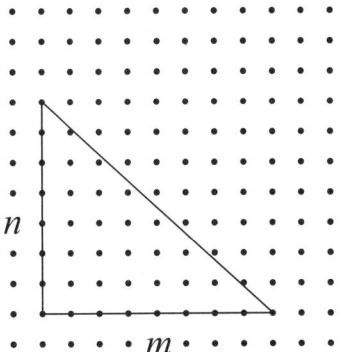

Abbildung 55: Ein spezielles Gitterdreieck

Wir denken uns ein rechtwinkliges Dreieck mit Katheten der Länge n und m. Der Flächeninhalt dieses Dreiecks ist F = n · m/2. Wie viele Randpunkte und wie viele innere Punkte hat es? Die Lage scheint dadurch verkompliziert zu werden, dass die Hypotenuse manchmal nur wenige, manchmal mehrere Gitterpunkte schneidet. Wie viele es genau sind, dieser Frage weichen wir weiträumig aus. Ohne dass wir den Zusammenhang zu n und m ermitteln, schreiben wir einfach h für die Anzahl der Gitterpunkte auf der Hypotenuse, und zwar ohne Berücksichtigung der beiden Eckpunkte. Vielleicht begünstigt uns das Schicksal und h muss nicht explizit ermittelt werden. Mit dieser Festsetzung bereitet es keine Schwierigkeiten, die Anzahl der Randpunkte des Dreiecks als $r = n + m + 1 + h$ anzugeben.

Wie steht es um die inneren Punkte? Die Antwort folgt direkt aus einer enthüllenden Neuinszenierung von Schritt 2. Das Rechteck, aus dem unser Dreieck durch Halbierung hervorgegangen ist, hat nämlich $(n - 1)(m - 1)$ innere Punkte. Wenn man davon die h Punkte auf der Diagonalen subtrahiert, ist der Rest aus Symmetriegründen auf die beiden identischen Dreiecke oberhalb und unterhalb der Diagonalen aufzuteilen. Also umschließt jedes dieser beiden Dreiecke

$$i = [(n - 1)(m - 1) - h]/2$$

innere Punkte. Wegen

$$
\begin{aligned}
F(r, i) &= F(n + m + 1 + h, [(n - 1)(m - 1) - h]/2) \\
&= [(n - 1)(m - 1) - h]/2 + (n + m + 1 + h)/2 - 1 \\
&= (n \cdot m - n - m + 1 - h)/2 + (n + m + 1 + h)/2 - 2/2 \\
&= n \cdot m/2
\end{aligned}
$$

ist (23) auch hier erfüllt. Glück gehabt in Bezug auf das unbekannte h: Es hebt sich heraus und tritt nicht in Erscheinung. Das sind Augenblicke, in denen Mathematiker ganz fugenlos glücklich sind.

Unsere laufenden Ermittlungen gehen weiter mit

Schritt 4: Beliebiges Gitterdreieck

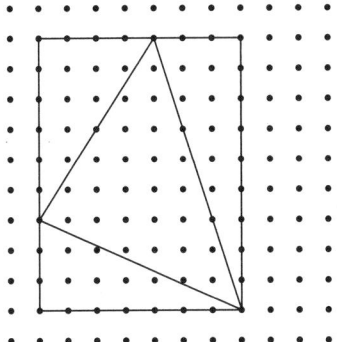

Abbildung 56: Ein beliebiges Gitterdreieck

Mit unserem bisherigen Wissen, dass Formel (23) für beliebige Rechtecke und beliebige rechtwinklige Dreiecke den richtigen Flächeninhalt liefert, können wir die Formel auch für beliebige Dreiecke beweisen. Zwar muss man einige Fälle bedenken, doch sehen diese, von unbedeutenden Feinheiten abgesehen, allesamt aus wie Diagramm 57, in welchem unser beliebiges Dreieck T durch Hinzunahme dreier rechtwinkliger Dreiecke A, B, C zu einem Rechteck R ergänzt wurde.

Wir schreiben i_A, r_A für die Anzahl der inneren Punkte und Randpunkte, F_A für den Flächeninhalt von Dreieck A sowie Entsprechendes für die übrigen Dreiecke und das Rechteck R. Da die Pick'sche Formel (23) für rechtwinklige Dreiecke und Rechtecke bereits zur Verfügung steht, haben wir:

$$F_A = i_A + r_A/2 - 1$$
$$F_B = i_B + r_B/2 - 1$$
$$F_C = i_C + r_C/2 - 1$$
$$F_R = i_R + r_R/2 - 1.$$

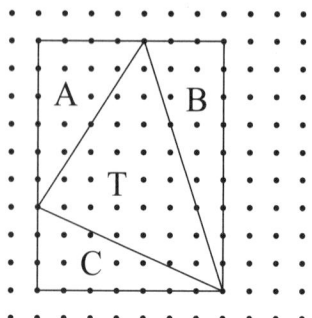

Abbildung 57: Gitterdreieck ergänzt zu einem Rechteck

Unser Elan ist nun gerichtet auf den Nachweis der Beziehung

$$F_T = i_T + r_T/2 - 1,$$

wobei wir unser Wissen benutzen können, dass

$$F_T = F_R - F_A - F_B - F_C$$
$$= i_R - i_A - i_B - i_C + (r_R - r_A - r_B - r_C)/2 + 2. \qquad (24)$$

Wenn nun das Rechteck R vom Typ nxm ist, dann gilt $F_R = n \cdot m$ sowie $i_R = (n-1)(m-1)$, $r_R = 2n + 2m$. Eine Bilanz der Randpunkte ergibt

$$r_A + r_B + r_C = r_R + r_T$$

bzw.

$$r_R = r_A + r_B + r_C - r_T. \qquad (25)$$

Bei sorgfältiger Buchhaltung der inneren Punkte stellt sich die Gleichung

$$i_R = i_A + i_B + i_C + i_T + (r_A + r_B + r_C - r_R) - 3 \qquad (26)$$

ein, wobei der Summand –3 auf der rechten Seite darauf zurückzuführen ist, dass ohne ihn die 3 Ecken des Dreiecks T fälschlich als innere Punkte des Rechtecks R gezählt würden. Setzt man nun (25) in (26) ein, so gelangt man zu:

$$i_R = i_A + i_B + i_C + i_T + r_T - 3. \qquad (27)$$

Verwerten wir nun abermals (25) sowie auch (27) und setzen daraus die Formeln für r_R und i_R in die obige Gleichung (24) ein:

$$
\begin{aligned}
F_T &= i_R - i_A - i_B - i_C + (r_R - r_A - r_B - r_C)/2 + 2 \\
&= (i_A + i_B + i_C + i_T + r_T - 3) - i_A - i_B - i_C + [(r_A + r_B + r_C - r_T) - r_A - \\
&\quad r_B - r_C]/2 + 2 \\
&= i_T + r_T - 3 - r_T/2 + 2 \\
&= i_T + r_T/2 - 1.
\end{aligned}
$$

Was Formel (23) anbelangt, ist auch für diesen Fall alles bewiesen. Er umfasst schon ein gutes Stück dessen, was man Pick-Theorem nennt. Nach dem Sammeln all dieser Tatsachen ist die Zeit gekommen, mit der Endredaktion zu beginnen. Bleibt nur noch ein letzter Dreh, den wir der Beweisschraube versetzen müssen.

Die Frage, die dafür unsere Aufmerksamkeit erfordert, ist diese: Wie können wir nun von der Gültigkeit der uns inzwischen schon ans Herz gewachsenen Formel (23) für den Spezialfall beliebiger Dreiecke auf den Allgemeinfall beliebiger einfacher Gittervielecke schließen? Das ist nicht schwer. Ausreichend für diesen Übergang ist bereits die Zusatzüberlegung, dass sich die Formel beim Zusammenlegen von Vielecken vererbt, denn wir wissen ja, dass sich jedes Vieleck in Dreiecke, also auch jedes Gittervieleck in Dreiecke mit Eckpunkten auf dem Gitter zerlegen lässt. Zu diesem Zweck widmen wir uns nun mit einiger Sorgfalt dem Thema, wie sich Flächeninhalt und Punkte beim Zusammenlegen von Vielecken verhalten. Betrachten wir also zwei einfache Vielecke V_1 und V_2, für welche die Formel (23) gilt. Wir nehmen ferner an, dass V_1 und V_2 eine gemeinsame Kante besitzen mit k Gitterpunkten auf dieser Kante. Werden nun die beiden Vielecke zu einem großen, ebenfalls als einfach vorausgesetzten Vieleck V vereinigt, und zwar durch Beseitigung der gemeinsamen Kante, so hat V in selbsterklärender Bezeichnungsweise natürlich den Flächeninhalt

$$F = F_1 + F_2 = (i_1 + r_1/2 - 1) + (i_2 + r_2/2 - 1).$$

Wir wünschen zu beweisen, dass Letzteres gleich $i + r/2 - 1$ ist, wobei sich i und r auf V beziehen. Ein Wunsch, der sich als erfüllbar erweisen wird. Um diese Tatsache anzusteuern, ist der Gedanke hilfreich, dass zu den inneren Punkten von V jene von V_1 und jene von V_2 gehören sowie auch noch die $k - 2$ Gitterpunkte auf der beseitigten gemeinsamen Kante. Die Endpunkte dieser Kante sind nicht mitzurechnen. So kann man

$$i = i_1 + i_2 + (k - 2)$$

für die Zahl innerer Punkte in V notieren.

Was kann man über die Zahl der Randpunkte r von V mitteilen? Die erste Eingebung, die man im Zuge ihrer Bestimmung hat, geht in Richtung Summenbildung. Die einfache Summenbildung $r_1 + r_2$ würde aber die k Gitterpunkte der gemeinsamen Kante ebenfalls verbuchen. Zieht man von der Summe jedoch zweimal die Zahl der Gitterpunkte auf der Kante ab, so wird die Feinheit nicht berücksichtigt, dass die beiden Endpunkte der Kante Randpunkte des neuen Vielecks bleiben. Diese müssen wieder hinzuaddiert werden. Das mündet in den Ausdruck

$$r = r_1 + r_2 - 2k + 2$$

für die Anzahl r der Randpunkte von V. Hat man sich auf diese Weise mit der Punktbilanz vertraut gemacht, kommt man zusammenfassend zu der Auswertung:

$$
\begin{aligned}
i + r/2 - 1 &= i_1 + i_2 + (k - 2) + (r_1 + r_2 - 2k + 2)/2 - 1 \\
&= (i_1 + r_1/2 - 1) + (i_2 + r_2/2 - 1) \\
&= F,
\end{aligned}
$$

wie es sein sollte. Die erhoffte Idealsynthese der beiden Vielecke hat stattgefunden.

Damit ist alles bedacht. Nach den Mühen des langen Marsches ist der Beweis der Formel (23), der so genannten Pick'schen Formel, nun auch für das einfache zusammengesetzte Vieleck und somit nach den vorausgegangenen Vorarbeiten für beliebige einfache Vielecke gesichert. Ein Gedankengang, in dem recht viel passierte, also anfing, weiterging, aufhörte. Seine Quintessenz: Will man Flächenmessung auf einfaches Zählen reduzieren, wende man bei Gitterpolygonen das Pick'sche Zählverfahren an. Ein elementares und schönes Mathematik-Produkt. Hier in Zusammenfassung nochmals kurz die Produktinformation: Zähle die Anzahl innerer Punkte i und die Anzahl der Randpunkte r ab. Berechne $F(r, i) = i + r/2 - 1$. Fertig.

Kurzes Innehalten und Auskosten der Freude am Gelungenen scheint verdient.

Unsere Fallstudie hat gezeigt: Die Beweisführung kann gelingen, indem man zunächst Spezialfälle der zu beweisenden Aussagen untersucht und dann den allgemeinen Fall auf den Spezialfall zurückführt. Nicht nur so, aber auch, und hier wesentlich. Daraus lässt sich als Denkheuristik die folgende Handlungsanweisung ableiten: Prüfe zunächst geeignete Spezialfälle und versuche dann den allgemeinen Fall oder weitere Spezialfälle mittels der schon bewiesenen Spezialfälle zu klären. Das ist ein weit über den behandelten Kontext hinaus verwertbarer Ansatz, in dessen Erfolgskurve auch unsere Überlegungen zur Pick'schen Formel ihren Platz einnehmen.

Diese Heuristik wollen wir nun an zwei weiteren pädagogisch wertvollen Beispielen erproben. Beim Ersten handelt es sich um einen erneuten Vorstoß ins Geometrische.

Eine Dreiecksbeziehung. Gegeben sei ein beliebiges gleichseitiges Dreieck. Für einen beliebigen Dreieckspunkt P betrachte man die rechtwinkligen Abstände x, y, z von P zu den Dreiecksseiten. Was lässt sich über die Summe $x + y + z$ dieser Abstände aussagen?

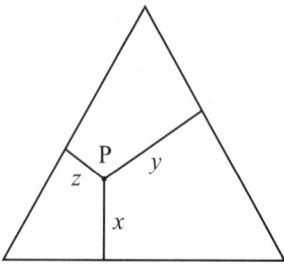

Abbildung 58: Abstände eines Dreieckspunktes zu den Dreiecksseiten

Um eine Hypothese zu gewinnen und, wenn möglich, auf eine Idee zu stoßen, wollen wir zunächst einige Spezialfälle genauer unter die Lupe nehmen. Der einfachste Spezialfall stellt sich dann ein, wenn wir den Punkt P in eine Ecke des Dreiecks verlegen. Dann sind die Abstände zu den die Ecke bildenden Seiten gleich null, während der Abstand zur gegenüberliegenden Seite gleich der Höhe h des Dreiecks ist.

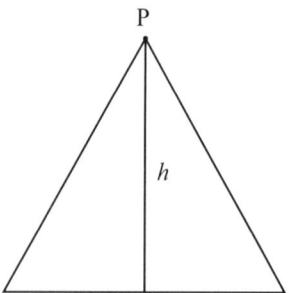

Abbildung 59: Dreieck mit Punkt P als Eckpunkt

Daraus bilden wir unsere Hypothese. Wir behaupten: Die Summe der Abstände x, y, z ist gleich der Höhe h des Dreiecks. In Zeichen: x + y + z = h. And we are in business.

So weit, so gut, aber das Erreichte ist noch nicht wirklich bewegend. Denn den Punkt in eine Ecke zu legen ist eine erhebliche Konzession.

Was weiter tun? Zur Ideenfindung tasten wir uns voran und nehmen den nächstallgemeineren Spezialfall in Augenschein, nämlich dass der gewählte Punkt P auf einer der Dreiecksseiten liegt. Etwa wie folgt:

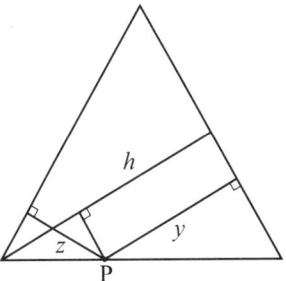

Abbildung 60: Dreieck mit Punkt P als Seitenpunkt

Die in Diagramm 60 links liegenden rechtwinkligen Dreiecke sind kongruent. Mit diesem Begriff wird zum Ausdruck gebracht, dass sie durch Verschiebung, Rotation oder Spiegelung in Übereinstimmung gebracht werden können. Der Tatbestand der Kongruenz ist erfüllt, denn die Dreiecke stimmen in der Hypotenuse überein sowie in den beiden ihr anliegenden Winkeln, die jeweils 30° und 60° betragen. Es ist somit $y + z = h$. Wegen $x = 0$ für diesen Fall haben wir wiederum $x + y + z = h$ wie zuvor. Langsam beginnt es, beachtlich zu werden.

In der nächsten Runde treffen wir auf den Ernstfall, doch unser Ansatz hat eine plausible Chance. Und in der Tat: Wenn nun P ganz beliebig im Dreieck platziert wird, so kann man das in der vorhergehenden Situation gewonnene Verständnis leicht übertragen. Das gelingt mit Hilfe des folgenden Diagramms:

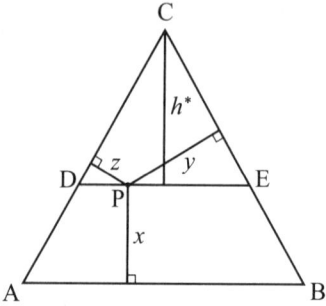

Abbildung 61: Dreieck mit beliebigem Punkt P

Die Strecke DE ist parallel zu AB und geht durch den Punkt P. Auch das Dreieck DCE ist wie das große Dreieck gleichseitig, denn es besitzt die dazu äquivalente Eigenschaft, dass alle seine Winkel gleich $60°$ sind. Und in diesem kleineren Dreieck liegt der Punkt P auf einer Dreiecksseite. Damit können wir den vorhergehenden Spezialfall geltend machen; eine erlaubte Schlussfolgerung daraus ist die Gleichung $h^* = z + y$. Zieht man noch das Offensichtliche $h = h^* + x$ hinzu, stellt sich sofort wiederum $h = x + y + z$ ein, und wir haben unser allgemeines Resultat bewiesen. Nach Vincenzo Viviani (1622–1703) heißt diese Tatsache der Elementargeometrie Satz von Viviani. Auch ein Mondkrater ist nach ihm benannt.

Eine schöne Anwendung des Satzes ist, dass Mischungsverhältnisse $a : b : c$ von 3 Anteilen mit fester Summe $a + b + c = $ konstant in einem Dreieck durch einen Punkt darstellbar sind. Man spricht von Dreieckskoordinaten.

Teilbarkeitstheorie. Wann ist eine in der Basis b geschriebene Zahl m teilbar durch b – 1?

Eine Frage, die einige Schwierigkeiten mit sich bringt. Im Sinne unserer aktuellen Heuristik versuchen wir auch hier mittels eines Spezialfalles einen besseren Einblick in die Problematik zu bekommen. Der Spezialfall, den wir – auch aus der Schule – am besten verstehen, ist die Basis b = 10. Dann haben wir unser vertrautes Dezimalsystem vor uns, und es geht um die Teilbarkeit einer Zahl m durch 9. Sei also m eine n-stellige Zahl im 10er-System, mit den Ziffern in umgekehrter Reihenfolge gegeben durch $d_0, d_1, ..., d_{n-1}$. Das heißt also

$$m = d_{n-1}d_{n-2}...d_1d_0$$

bzw. in detaillierterer Darstellung

$$m = d_0 + 10d_1 + 100d_2 + ... + 10^{n-1}d_{n-1}$$

oder gleichbedeutend

$$m = (d_0 + d_1 + d_2 + ... + d_{n-1}) + [9d_1 + 99d_2 + ... + (9...9)d_{n-1}]$$
$$= (\text{Summe der Ziffern von m}) + 9[d_1 + 11d_2 + ... + (1...1)d_{n-1}].$$

Bereits hier ist eine überschaubare Situation entstanden – was uns bewegt, bündelt sich in der Frage: Können wir aus dieser Darstellung der Zahl m etwas über ihre Teilbarkeit ablesen? Nun, offensichtlich dies: Wenn die Zahl m durch 9 teilbar ist, so ist die Summe der Ziffern von m, also die Quersumme von m, durch 9 teilbar. Und umgekehrt: Ist die Quersumme von m durch 9 teilbar, dann auch m selbst. Damit haben wir die eventuell noch aus der Schulzeit bekannte Aussage gewonnen: Eine im 10er-System dargestellte Zahl ist genau dann durch 9 teilbar, wenn es ihre Quersumme ist.

Schauen wir uns mit etwas höherer Feineinstellung noch an, woran die Gültigkeit dieser Aussage hängt. Offenbar doch wohl daran, dass jede um 1 verminderte Potenz von 10, also jede der Zahlen 9 oder 99 oder 999 usw., im 10er-System eine Kette von Neunern und demzufolge durch 9 teilbar ist. Die schöne Teilbarkeitseigenschaft und unser Beweistrick scheinen eine Spezialität des Zahlensystems zu sein, das wir benutzen.

Versuchen wir nun, über unseren Spezialfall hinaus ins Allgemeine zu arbeiten. Wie würde sich das Ganze einem vielfingerigen Alien darstellen, der in der Basis 17 rechnet, oder einem Computerprogrammierer, der im Oktalsystem mit Basis 8 arbeitet, oder einem Computer, der auf Basis 2 eingestellt ist?

Versuchen wir jetzt, unsere Vorgehensweise im 10er-System für den allgemeinen Fall zu analysieren. Sei also nun im zweiten Anlauf m eine n-stellige Zahl im Zahlsystem zur Basis b mit Ziffern in umgekehrter Reihenfolge gegeben durch $d_0, d_1, ..., d_{n-1}$. Demzufolge ist

$$m = d_{n-1}d_{n-2}...d_1d_0$$
$$= d_0 + b \cdot d_1 + b^2 \cdot d_2 + ... + b^{n-1} \cdot d_{n-1}$$
$$= (d_0 + d_1 + ... + d_{n-1}) + [(b-1)d_1 + (b^2-1)d_2 + ... + (b^{n-1}-1)d_{n-1}].$$

So weit alles klar. Doch was nun, und wie? Im 10er-System waren die um 1 verminderten Potenzen der Basis leicht zu handhabende Zahlen, doch bei beliebiger Basis b ist unklar, wie diese Zahlen nun aussehen. Doch alles, was wir letztlich brauchen, ist, dass $b^k - 1$ teilbar ist durch b – 1, für alle natürlichen Zahlen b und k. Stünde dies zur Verfügung, könnten wir ein zum 10er-System ganz analoges Ergebnis notieren und hätten unsere früheren Gedanken zu einer makellosen Verallgemeinerung ausgebaut. Die Angelegenheit der Teilbarkeit von $b^k - 1$ durch b – 1 ist prädestiniert für einen Induktionsbeweis, noch dazu einen mit trivialem Auftakt:

Induktionsanfang: $b^1 - 1 = b - 1$ ist offensichtlich durch b – 1 teilbar.

Der zweite Teil des Induktionsvorhabens liegt auch im Bereich des leicht Machbaren.

Induktionsschritt: Angenommen, $b^k - 1$ ist teilbar durch b – 1. Das bedeutet nichts anderes, als dass es eine natürliche Zahl z gibt mit $b^k - 1 = (b-1)z$. Wie ist es nun um $b^{k+1} - 1$ bestellt? Ein paar einfache Manipulationen führen uns zum Ziel:

$$b^{k+1} - 1 = b(b^k) - 1$$
$$= b(b^k - 1) + b - 1$$
$$= b[(b-1)z] + (b-1)$$
$$= (b-1)(zb+1),$$

was selbstverständlich ein Vielfaches von (b – 1) ist. Also: Wenn $b^k - 1$ durch b 1 teilbar ist, dann auch $b^{k+1} - 1$, für jede natürliche Basis b und jede natürliche Zahl k. Das ist ein lupenreiner Induktionsschritt. Und der Beweis ist erbracht.

Diese Tatsache hilft uns enorm weiter. Knüpfen wir an unsere frühere Darstellung an:

m = Quersumme von $m + [(b-1)d_1 + (b^2-1)d_2 + ... + (b^{n-1}-1)d_{n-1}]$.

Ausgerüstet mit dem Wissen, dass alle Terme $b-1$, b^2-1, b^3-1, ... durch $b-1$ teilbar sind, sind wir aus dem Schneider. Unter Verwendung einer natürlichen Zahl x sind wir deshalb berechtigt zu schreiben:

m = Quersumme von $m + (b-1)x$.

Daraus ist sofort ein für jede natürliche Basis b gültiges Resultat ablesbar:

Eine Zahl m in der Basis b ist durch b – 1 teilbar genau dann, wenn es ihre Quersumme ist.

10. Variationsprinzip

Be merry, vary!

Golf ist nur eine teure Variante des Murmelspiels.

G. K. Chesterton, englischer Schriftsteller

Ein Kamel ist ein Rennpferd, das von
einer Kommission entworfen wurde.

B. Schleppey, US-amerikanischer Journalist

> Variationsprinzip: Kann ich das Problem lösen, indem ich es durch kontrollierte Änderung einiger Aspekte auf neue Weise betrachte und so auch Einsichten über das Ausgangsproblem erhalte?

Als Richard «Dick» Fosbury 1968 bei den Olympischen Spielen im Hochsprung über die Latte schwebte, da traten die Kampfrichter zunächst zusammen, um zu beraten, ob das, was sie gesehen hatten, überhaupt erlaubt war. Was war geschehen? Bis zu diesem Ereignis war das vorherrschende Bewegungsmuster beim Sprung gewesen, langsam anzulaufen und sich vorwärts-seitlich über die Latte zu wälzen. Doch Dick Fosbury verblüffte die Welt, indem er außerordentlich schnell anlief, seinen linken Fuß als Stütze einsetzte, sich an der Latte überraschenderweise umdrehte und sich rückwärts über sie hinwegkatapultierte. Man hielt diesen vorher im Hochsprung nicht in Erscheinung getretenen, nach eigener Aussage zweitklassigen Athleten anfangs für einen Spaßvogel und belächelte ihn. Doch spätestens als Dick Fosbury im olympischen Hochsprungfinale von Mexico City am 20. Oktober 1968 nach vierstündigem Wettkampf die Latte auf die Rekordhöhe von 2,24 m legen ließ, lachte niemand mehr. Er meisterte sie und wurde Olympiasieger. Seine neue Sprungtechnik, der Fosbury Flop, setzte sich innerhalb kürzester Zeit weltweit durch.

Abbildung 62:
Der Fosbury Flop
von Dick Fosbury
am 20. Oktober 1968
in Mexico City

In diesem Kapitel wollen wir uns mit dem Prinzip Variation befassen. Dick Fosbury hatte die Bewegungsweise über die Latte fundamental variiert und war damit außerordentlich erfolgreich gewesen: ein neuartiger Zugang zur Lösung des «Hochsprungproblems». Hier und in vielen anderen Fällen können gezielte Abwandlungsstrategien nützlich sein. Sie sind intellektuell grundiert in der Möglichkeit, zu so gut wie jedem Problem und in beliebigem Abstand von diesem Problem neue, aber ähnliche Fragen aufzuwerfen, deren Lösungen auch neue Einblicke in das Ausgangsproblem geben können.

> If I do enough different things in enough different ways, I may eventually do something right.
>
> **Ashleigh Brilliant, Straßenphilosoph von Berkeley**

Man denke etwa an die Untersuchungen von Simon Stevin (1548–1620) zur Kraftverteilung an einer schiefen Ebene, die als Meilenstein auf dem Weg zu den Hebelgesetzen gelten. Stevin fragte sich zum Beispiel, was in folgender Situation wohl passieren würde und wann die beiden mit einem Faden über zwei verschieden steile Ebenen mit gleicher Höhe verbundenen Gewichte sich die Waage halten.

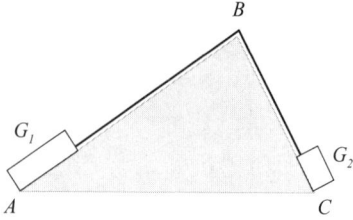

Abbildung 63: Gewichte an schiefen Ebenen

Ganz im Sinne der Abwandlungsstrategie dachte er sich dazu ein geniales Gedankenexperiment aus. In einem ersten Schritt ersetzte er Gewichte und Faden durch eine Kette aus leicht beweglichen Kugeln, die über die beiden Dreiecksseiten hängt.

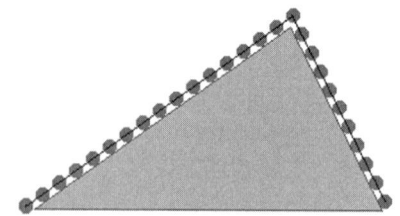

Abbildung 64: Kettenstück über schiefen Ebenen

Dann ergänzte er in einem zweiten Schritt das Kettenstück zu einer geschlossenen Kette, deren Gewicht je Längeneinheit g sei.

Nun kann zweierlei der Fall sein. Entweder die Kette setzt sich in Bewegung oder sie ruht. Bewegt sie sich, so würde sich an den Verhältnissen der Kette nichts ändern: Sind die Kugeln beliebig klein, sieht das Bild auch nach einer kleinen Bewegung wieder wie die obige Fi-

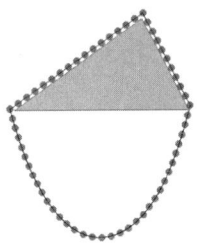

Abbildung 65: Geschlossene Kette über schiefen Ebenen

gur aus. Die Kette würde sich also bei Abwesenheit von Reibung ewig in Bewegung befinden und damit ein Perpetuum mobile darstellen, also eine Bewegung, die sich aus eigenem Schwung ständig aufrechterhält und dabei Arbeit verrichtet, ohne dass von außen Energie zugeführt wird. Das aber ist unmöglich, wie bereits Stevin wusste. Also (reductio ad absurdum!) muss die Kette in Ruhe bleiben.

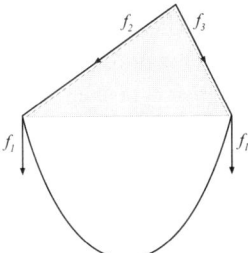

Abbildung 66: Kräfte an schiefen Ebenen

Aus Symmetrieerwägungen konnte Stevin nun schließen, dass links und rechts dieselbe Kraft f_1 angreift. Zur Analyse der Ruhelage der Kette ist deshalb der untere, bogenförmige Teil der Kette verzichtbar und kann wieder entfernt werden, so dass das Kräftegefüge der Figur 65 jenem der Figur 64 entspricht. Sind nun G_1, G_2 die auf die Dreiecksseiten der Längen c und b fallenden Gewichte der Kette, so ist

$$G_1 = c \cdot g$$
$$G_2 = b \cdot g.$$

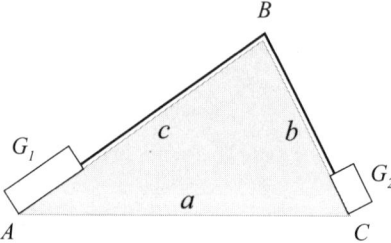

Abbildung 67: Gleichgewicht der Kräfte an schiefen Ebenen

Daraus resultiert das bekannte Hebelgesetz:

$$G_1/G_2 = c \cdot g/b \cdot g = c/b.$$

In Worten: Wir haben eine Gleichgewichtslage, wenn die Gewichte G_1, G_2 im Verhältnis der Längen ihrer Dreiecksseiten stehen. Oder anders gewendet: Auf schiefen Ebenen von gleicher Höhe wirken gleiche Gewichte im umgekehrten Verhältnis der Längen der schiefen Ebenen. Ein Satz über die Welt, in der wir leben – nicht experimentell erworben, sondern mit kontemplativer Intelligenz, die hier auf ausgesprochen entzückende Weise in Anspruch genommen wurde. Eine wunderbar geistreiche Variationsstrategie aus einer Zeit von vor über 500 Jahren ist es. Auch heute noch kann man es Simon Stevin nachempfinden, dass er vor Begeisterung darüber in seiner flämischen Muttersprache ausrief: «Wonder en is gheen Wonder» (Hier ist ein Wunder und doch kein Wunder) und die zugehörige Grafik stolz auf dem Deckblatt seines Buches *De Beghinselen der Weeghconst* (Anfänge der Wägekunst) wie ein Wappen präsentierte.

DE
BEGHINSELEN
DER WEEGHCONST
BESCHREVEN DVER
SIMON STEVIN
van Brugghe.

TOT LEYDEN,
Inde Druckerye van Chriftoffel Plantijn,
By François van Raphelinghen.
cIɔ. Iɔ. LXXXVI.

Abbildung 68: Deckblatt des Buches *De Beghinselen der Weeghconst* von Simon Stevin

Wir zeigen weitere Beispiele des Variationsprinzips im Einsatz:

Bergauf und bergab. Ein Bergsteiger beginnt um 7 Uhr mit dem Aufstieg zu einem Berg und erreicht den Gipfel um 17 Uhr. Er übernachtet in einer Hütte und beginnt am Morgen abermals um 7 Uhr den Abstieg auf dem gleichen Weg. Beim Herunterschlendern sinniert er darüber, ob es einen Ort gibt, an dem er sich bei Aufstieg und Abstieg zur genau gleichen Tageszeit befindet.

Man könnte nun Gedanken darüber anstellen, ob die Gehgeschwindigkeiten bei Auf- und Abstieg eine Rolle spielen, ob die Wegführung relevant ist oder zu welcher Zeit ein Ort mit der erwähnten Eigenschaft erreicht werden könnte. Doch diese Gedanken sind der Lösungsfindung eher abträglich und mit ihnen gelingt die Auflösung des gordischen Problemknotens, wenn überhaupt, dann nur schwerlich. Einfacher ist es, Einblicke dadurch zu gewinnen, dass man das Problem variiert, ohne aber dabei die Essenz zu verändern.

Als Erstes wandeln wir die Problemstellung dahingehend ab, dass wir Aufstieg und Abstieg auf zwei verschiedene Personen verteilen. Nimm zwei! Es ist klar, dass diese Variation hinsichtlich des Kerns der gestellten Frage unerheblich ist. Als Zweites lassen wir nun diese beiden Personen in abermaliger Variation nicht an aufeinanderfolgenden Tagen, sondern am selben Tag gleichzeitig um 7 Uhr ihren Weg beginnen. Nimm zwei gleichzeitig! Der eine beginnt im Tal und geht Richtung Gipfel, der andere beginnt am Gipfel und geht Richtung Tal. Nimm zwei gleichzeitig, aber aufeinanderzulaufend! In dieser Lesart ist der angesprochene Ort einfach der Punkt des Zusammentreffens der beiden Personen. Und einen solchen Punkt gibt es zwangsläufig, da sie sich auf derselben Route entgegengehen. Die beiden vorgenommenen Modifikationen durchdringen auf wunderbare Weise den diffusen Nebel aller Unklarheiten und lassen die Antwort so gut wie trivial erscheinen.

Militärische Variation. An der Harvard University werden einmal im Jahr die so genannten IgNobelpreise verliehen für an sich ernst gemeinte Forschungsarbeiten und andere Aktivitäten, die sich durch ultimative Skurrilität auszeichnen. Preisträger für Frieden im Jahr 2000 war die Britische Marine für eine nachahmenswerte Modifikation von militärischen Einsätzen. Bei Manövern ließ die Royal Navy, um Geld zu sparen, die Variante testen, statt die Kanoniere mit Platzpatronen und Platzgranaten schießen zu lassen, sie nach dem Zielen einfach nur vollmundig «Peng» brüllen zu lassen. Die Maßnahme spart mehr als 1 Million Pfund im Jahr. Doch zeigten sich in Interviews viele Matrosen deprimiert, da ihr Dienst so zur Lachnummer werde.

Jeder Geistesblitz verdient eine Belohnung oder zumindest ein virtuelles Schulterklopfen von eigener Hand. Gönnen Sie sich etwas für einen gewonnenen Einblick, um sich die Freude am Nachdenken zu erhalten. Oder machen Sie es wie Archimedes und brechen in Jubel aus, vorzugsweise ohne – wie dieser – mit Heureka-Rufen nackt durch die Landschaft zu laufen. Was war dieser bekannten Begebenheit vorausgegangen? Hieron II. war neuer Herrscher von

Syrakus geworden. Um diese Gunst der Götter gebührend zu würdigen, wollte er ihnen zum Dank eine Krone aus purem Gold weihen. Dazu gab er seinen Schmieden einen seiner ansehnlichen Goldbarren, aus dem sie die Krone fertigten. Hieron hatte aber den Verdacht, dass die Schmiede einen gewissen Anteil des Goldes unterschlagen und nicht seinen ganzen Barren für die Krone verwendet haben könnten. Es stellte sich beim Nachwiegen zwar heraus, dass die Krone dasselbe Gewicht hatte wie der Barren, doch es war immerhin möglich, dass die Schmiede einen Teil des Goldes durch ein Metall von geringerem Wert ersetzt hatten, nicht so viel, um die Farbe des Goldes zu verändern, aber doch genug, um einen Reibach zu machen.

Vor diesem Hintergrund bat Hieron den schon damals berühmten Archimedes, die Sache doch einmal zu untersuchen.

Archimedes (285–212 v. Chr.) war es natürlich bekannt, dass andere Metalle nicht dieselbe Dichte wie Gold aufweisen. Wenn also die Goldschmiede einen Teil des Goldes durch einen gleich schweren Teil eines Metalls mit größerer oder kleinerer Dichte ersetzt hatten, dann wäre das Volumen der Krone kleiner oder größer als das Volumen eines Goldbarrens. Doch wie das Volumen der Krone bestimmen? Nahezu unmöglich mit konventionellen Mitteln, denn eine Krone hat eine recht unregelmäßige Form.

Archimedes dachte lange über eine mögliche Verfahrensweise nach - auch als einmal er in die öffentlichen Bäder ging. Dort kam ihm der entscheidende Geistesblitz. Er setzte sich in ein volles Becken und bemerkte, dass Wasser überlief. Daraus zog er den Schluss, dass das Volumen seines Körpers der ausfließenden Wassermenge entsprach. Anschließend sprang er aus dem Becken und lief nach Hause, laut Heureka rufend, was ja bekanntlich «Ich hab's gefunden!» bedeutet. Archimedes konnte mit einer ähnlichen Prozedur (Analogieprinzip!) das Volumen der Krone bestimmen, indem er sie in ein randvolles Gefäß tauchte und das überlaufende Wasser auffing. Anschließend wurde die Wassermenge mit der entsprechenden Menge bei einem eingetauchten Goldbarren verglichen. So konnte Archimedes - laut Legende - dem Herrscher beweisen, dass er hintergangen worden war.

Nun wollen wir uns einigen konkreten mathematischen Problemen zuwenden und dabei den Einsatz des Variationsprinzips studieren.

Straßenbau mit Hindernis. Zwischen den Orten A und B soll eine Straße gebaut werden. Sie soll möglichst kurz sein. Die beiden Orte sind durch einen Fluss der Breite d getrennt, ansonsten gibt es keine weiteren Hindernisse für den Straßenbau. An welcher Stelle muss die (natürlich wie immer senkrecht zur Strömung zu bauende) Brücke über den Fluss errichtet werden?

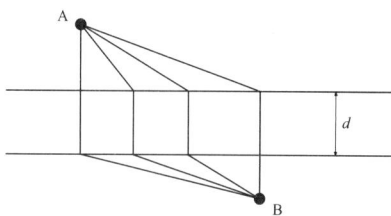

Abbildung 69: Mögliche Straßenführungen zwischen den Orten A und B

Unser erster Vorschlag: Problem erleichtern! Das Lightmotiv als Leitmotiv. Wir wandeln das Problem dahingehend ab, dass wir uns den Fluss zu einem Rinnsal der Breite Null geschrumpft denken. Dazu müssen wir nur das Südufer des Flusses sowie auch die Stadt B gedanklich um d Einheiten nach Norden verschieben. Dann wandert das Südufer zum Nordufer und B nach B* und wir haben das neue Setting:

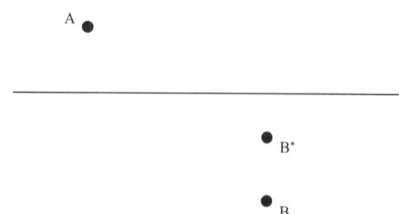

Abbildung 70: Gedankliche Problemvariation: Fluss als Rinnsal der Breite Null

Nach diesem kleinen schönheitschirurgischen Eingriff stellt auch das Gewässer kein Hindernis mehr dar. Das aber bedeutet: Die gerade Verbindung zwischen A und B* ist die kürzeste und damit die Lösung des variierten Problems.

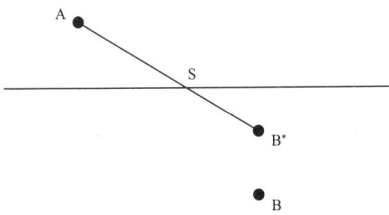

Abbildung 71: Lösung des variierten Problems

Was können wir daraus für unser Ausgangsproblem lernen? Das sehen wir am deutlichsten, wenn wir eine abermalige Modifikation der Situation von Abbildung 71 vornehmen und darin das Südufer, die Stadt B* und einen Teil der Verbindungsstrecke wieder um d Einheiten nach Süden zurückverlegen. Dann erhalten wir

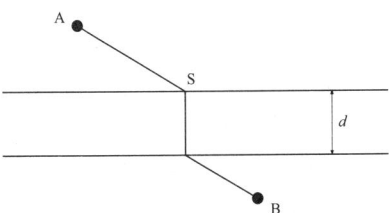

Abbildung 72: Lösung des Ausgangsproblems

Damit ist nun klar, wie die Straßenführung von A nach B bei Berücksichtigung des Hindernisses verlaufen muss: Sie wird durch die zerschnittene und teils um d Einheiten verschobene Verbindungsstrecke zwischen A und dem Hilfspunkt B* gegeben, mit einer

Brücke bei S über den Fluss zur Befriedigung des Überquerungs-interesses.

Sternstunden der Spieltheorie. Herr K. und seine Frau spielen fol-gendes Spiel: Frau K. mischt ein übliches Kartenblatt mit 52 Karten, legt es auf den Tisch und deckt dann fortwährend die jeweils oberste Karte auf. Herr K. kann seine Frau jederzeit unterbrechen und 1 Euro darauf wetten (mit selbigem Gewinn im Gewinnfalle und selbigem Verlust im Verlustfalle), dass die nächste Karte Rot sein werde, also Herz oder Karo erscheint. Er darf nur einmal wetten. Wenn er nie un-terbricht, muss er auf die letzte Karte wetten. Welche Strategie sollte Herr K. verfolgen?

Auch für einen durch täglich' Training geübten Grübler ist das keine Kleinigkeit. Man könnte vermuten, dass Herr K. sich einen Vorteil verschaffen kann, wenn er bis zu einem Moment wartet, bei dem es im verbleibenden Deck mehr rote als schwarze Karten gibt, und dann seine Wettmöglichkeit ausübt. Dann entsprechen seine Gewinn-chancen dem Anteil der noch verbleibenden roten Karten und sind größer als 50 %. Das ist unser erster Versuch eines Brückenschla-ges zwischen Unverständnis und Klärung. Doch er zielt ins Leere. Unerfreulicherweise kann es nämlich passieren, dass ein solcher in diesem Sinne günstiger Moment nie eintritt. Und wenn er nicht eintritt, dann ist es wahrscheinlicher, dass Herr K. mit seiner Strategie auf die Verlustseite gerät. A priori ist deshalb unge-wiss, wie die Gesamteinschätzung anzusetzen ist. Um eine solche dennoch vornehmen zu können, nehmen wir an, dass Herr K. eine gewisse, aber beliebige Stoppstrategie S verfolgt. Die Stra-tegie könnte darin bestehen, gleich bei der ersten Karte zu wet-ten oder zunächst die Hälfte des Decks, ohne zu wetten, ver-streichen zu lassen oder – wie angesprochen – dann zu stoppen, wenn erstmals der Anteil der verbleibenden roten Karten größer als 50 % ist, bzw. falls das nie eintritt, mit der letzten Karte vorliebzuneh-men.

Eine neue Idee muss jetzt her. Wir richten unsere Denkweise an der Möglichkeit aus, die Spielregeln des Spiels zu variieren, ohne dabei die Chancen von Herrn K. zu verandern. In der neuen Version des Spiels unterbricht Herr K. seine Frau zwar wie bisher, doch diesmal wettet er dann nicht auf die *nächste* Karte des Stapels, sondern auf die *letzte* Karte des Stapels.

Welche Auswirkungen hat eine derartige Variation der Spielregeln und welche Auswirkungen hat sie nicht? Fest steht: Natürlich ist es ein ganz neues Spiel, aber es bleibt immerhin dahingehend unverändert, dass Herr K. nach wie vor dieselbe Gewinnwahrscheinlichkeit hat. Es lässt sich leicht einsehen, dass an jeder beliebigen Stoppposition die *letzte* Karte exakt dieselbe Wahrscheinlichkeit hat, Rot zu sein, wie die *nächste* Karte. Also hat die obige Stoppstrategie S im neuen Spiel dieselbe Gewinnwahrscheinlichkeit wie im alten Spiel. Nach dieser Offenbarung ist es leicht, die Quintessenz herauszuarbeiten. Das neue Spiel ist nämlich genau besehen ein ganz kümmerliches und uninteressantes Spiel: Herr K. gewinnt, wenn die letzte Karte des Kartenstapels Rot ist, andernfalls verliert er. Und zwar ganz unabhängig von der von ihm gewählten Strategie. Diese Einsicht ist weiterführend und bringt uns zur Antwort. Der erwartete Gewinn von Herrn K. beträgt bei jeder gewählten Strategie

$$(+1) \cdot P(\text{letzte Karte ist Rot}) + (-1) \cdot P(\text{letzte Karte ist nicht Rot}) =$$
$$(+1) \cdot 1/2 + (-1) \cdot 1/2 = 0.$$

Fazit demzufolge: Das Spiel ist fair in dem Sinne, dass zwar Herr K. manchmal gewinnt und manchmal verliert, dass er aber im Mittel weder gewinnt noch verliert. Und mehr noch: Das Spiel bleibt fair unter beliebiger Strategiewahl von Herrn K. Nicht nur existiert keine Strategie, mit der er sich einen Vorteil verschaffen, es gibt auch keine Strategie, mit der er im Mittel in Nachteil geraten kann.

11. Invarianzprinzip

Die Suche nach Unveränderlichem

Wir servieren 5-Uhr-Tee zu jeder Stunde.

**Hinweisschild im Restaurant des Artistes,
Montmartre, Frankreich**

Wir machen Photokopien in allen Sprachen.

Bekanntmachung eines Kopierladens in Indien

> Invarianzprinzip: Liegen in einem System Eigenschaften vor, die bei zulässigen Veränderungen des Systems selbst unverändert bleiben, und lassen sich aus diesen Eigenschaften Schlüsse über mögliche Systementwicklungen ziehen?

Invarianz bedeutet so viel wie Unveränderlichkeit. Enthält ein System, das verschiedenen Operationen oder Veränderungen unterworfen wird, Teile, die dabei unverändert bleiben, so nennt man diese Teile Invarianten.

Das Konzept der Invarianten tritt in vielen Bereichen auf und ist in den Naturwissenschaften besonders ergiebig. Die wohl wichtigste Invariante im gesamten Universum ist die Lichtgeschwindigkeit. Das Prinzip der Invarianz der Lichtgeschwindigkeit ist der Grundpfeiler der speziellen Relativitätstheorie Albert Einsteins. Darauf wollen wir kurz etwas genauer eingehen.

Alles begann mit einem inzwischen legendären Experiment. Albert Michelson und Edward Morley waren 1887 in Cleveland (USA) angetreten, um einen ganz mysteriösen Stoff namens Äther nachzuweisen. Die führenden Physiker der damaligen Zeit waren der Meinung, dass der Äther das gesamte Universum durchziehe und als Medium fungiere, in dem sich das Licht ausbreitet – so wie Schallwellen das in der Luft tun. Die Erde auf ihrer Bahn um die Sonne müsste den Äther gleichsam durchkämmen, so dass ein Lichtstrahl, der gegen den Ätherwind anläuft, sich messbar langsamer fortbewegen würde als einer, der sich senkrecht dazu bewegt.

Eine Serie von Versuchen mit außerordentlicher Bedeutung begann im Juli 1887. Während der aufwendigen Messungen wurde der gesamte Straßenverkehr in Cleveland angehalten, um Störungen der empfindlichen Apparatur auszuschließen. Dennoch bezeichneten Michelson und Morley ihr Experiment nach Analyse der Messdaten schließlich als Fehlschlag. Jedenfalls hatten sie zur immensen Überraschung der Physiker keinen Unterschied in der Ausbreitungsgeschwindigkeit des Lichts gemessen.

Warum war aber das gerade sensationell? Nun, in unserer normalen physikalischen Alltagswelt sind wir es gewohnt, dass sich alle Geschwindigkeiten addieren bzw. subtrahieren. Bewegt sich ein Reisender in einem Zug in Fahrtrichtung – und geht dabei etwa vom letzten Waggon nach vorne in den Speisewagen –, so addieren sich aus Sicht eines ruhenden Beobachters außerhalb des Zuges die Geschwindigkeiten von Zug und Fahrgast. Analog würde man deshalb erwarten, dass im Falle eines Lichtstrahls, der von einem sich bewegenden Objekt ausgeht, die Geschwindigkeiten sich für einen ruhenden Beobachter ebenfalls addieren würden. Michelson und Morley hatten aber etwas anderes gemessen, nämlich dass gerade dies nicht der Fall war. Und da das Resultat ihrer Messungen so unvorstellbar war, hatten sie ihre Messungen selbst angezweifelt und den Ergebnissen nicht getraut.

Doch zu Anfang des 20. Jahrhunderts gab es einen Mann, der genau das nicht tat. Ein Mann, der davon ausging, dass das Michelson-Morley-Experiment korrekte Daten geliefert hatte. Der annahm, dass sich beim Licht Geschwindigkeiten nicht addieren oder subtrahieren, wie sie es sonst tun. Der also von der Invarianz der Lichtgeschwindigkeit ausging. Als er diesen Gedanken fasste, war er ein technischer Experte dritter Klasse am Patentamt in Bern. Sein Name war Albert Einstein.

Einstein setzte die Lichtgeschwindigkeit als absolute und konstante Geschwindigkeit unabhängig vom Bezugssystem, unabhängig davon, ob sich die Lichtquelle oder ihr Betrachter oder beide bewegen oder nicht. Einstein hat diesen Gedanken in Form eines Gedanken-

Abbildung 73:
Die Entdeckung
einer berühmten
Formel. Cartoon
von Sidney Harris

experimentes konsequent weitergedacht und ausgebaut. Unter anderem stieß er dabei auf die Frage nach dem Ablauf der Zeit. Er hat gedanklich geklärt, was mit Uhren geschieht, die sich mehr oder weniger schnell bewegen. Generell beruht jede Zeitmessung auf einem periodischen Vorgang wie etwa den Schwingungen eines Pendels, eines Kristalls oder eines Atoms. Dadurch wird der Zeitfluss in gleich lange Intervalle eingeteilt, die anschließend gezählt werden.

Befassen wir uns beispielhaft mit einer so genannten Lichtuhr. Sie besteht ganz schlicht aus einem Zylinder, an dessen oberem Ende sich eine Blitzlampe befindet, die ein Lichtsignal mit Geschwindigkeit $c = 300\,000$ km/s zum Zylinderboden aussendet. Am Boden ist ein Spiegel angebracht, der das Signal zur Decke des Zylinders zurückwirft. Dort wird ein Zähler um eine Einheit vorgestellt und sofort ein weiterer Blitz gesendet. Falls der Zylinder eine Länge von $l = 15$ cm hat, so ist die Zeittaktung der Uhr gerade

$$\Delta t = 2 \cdot l/c = 2 \cdot 0{,}15 \ \mathrm{m}/(3 \cdot 10^8 \ \mathrm{m/s}) = 1 \cdot 10^{-9} \ \mathrm{s} = 1 \mathrm{ns},$$

also 1 Nanosekunde.

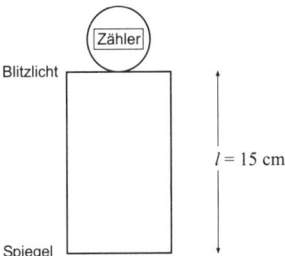

Abbildung 74: Prinzip der Lichtuhr

Anders gesagt, eine Lichtuhr ist lediglich eine Vorrichtung gegebener Länge, in der ein Photon ständig hin- und herpendelt, etwa indem es oben und unten stets von Spiegeln reflektiert wird.

Diagramm 74 zeigt die Lichtuhr vom Standpunkt eines ihr gegenüber ruhenden Beobachters – also vom Standpunkt ihres Ruhsystems, wie die Physiker sagen. Was passiert nun, wenn sich die Lichtuhr bewegt, und zwar mit Geschwindigkeit v senkrecht zur Laufrichtung des Photons im Zylinder? Wenn Photonen vom Blitzlicht ausgesendet werden, beginnt die Zeitrechnung oder, um es mit den Worten der Gebrauchsanweisung meiner Digitaluhr zu sagen: «Die Zeit nun geht los.»

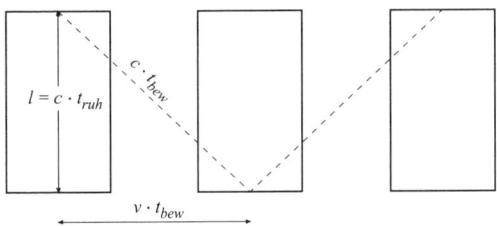

Abbildung 75: Eine bewegte Lichtuhr

Im bewegten System verlaufen die Photonen für einen ruhenden Beobachter außerhalb der Uhr entlang schräger Bahnen. Nach der Newton'schen Physik müsste sich das Photon in der Lichtuhr aufgrund der Addition der Geschwindigkeiten schneller als mit Geschwindigkeit c bewegen. Doch Einstein bringt das Prinzip der Konstanz der Lichtgeschwindigkeit in Anschlag. Auch das in der bewegten Lichtuhr schräg hin- und herpendelnde Photon bewegt sich mit Geschwindigkeit c für einen ruhenden Beobachter. Aber es muss von der Decke bis zum Boden nun einen längeren Weg zurücklegen, so dass für das Photon selbst eine größere Zeitspanne vergeht, bis es von der Decke den Boden des Zylinders erreicht. Das ist die simple Konsequenz der Konstanz der Lichtgeschwindigkeit. Die bewegte Lichtuhr hat also eine längere Periodendauer als die ruhende Lichtuhr. In ihr vergeht die Zeit langsamer. Bewegte Uhren gehen langsamer. Das ist eines der fantastischen und spektakulären Resultate der Relativitätstheorie. Es ist das Phänomen der Zeitdilatation. Diesem Phänomen unterliegen nicht nur Lichtuhren, sondern jeder beliebige Vorgang und somit die Zeit selbst.

Um dieses Phänomen zu quantifizieren, betrachten wir einmal die Zeit, die ein Photon in der ruhenden Lichtuhr benötigt, um von der Decke zum Boden des Zylinders zu gelangen. Wir nennen diese Zeitspanne t_{ruh}. Der Abstand zwischen Decke und Boden ist also $c \cdot t_{ruh}$. In der bewegten Lichtuhr vergeht währenddessen eine Zeitspanne, die wir noch nicht genau kennen und zunächst mit t_{bew} bezeichnen. Der vom Photon in der bewegten Lichtuhr zurückgelegte Weg hat nach dieser Festsetzung die Länge $c \cdot t_{bew}$. Und die Lichtuhr als Ganzes ist um die Strecke $v \cdot t_{bew}$ vorgerückt. Hinsichtlich des Abstands zwischen Zylinderboden und -decke übernehmen wir den für die ruhende Lichtuhr ermittelten Wert von $c \cdot t_{ruh}$. Da wir es außerdem mit einem rechtwinkeligen Dreieck zu tun haben, können wir den Satz des Pythagoras anwenden. Das ergibt

$$(c \cdot t_{ruh})^2 + (v \cdot t_{bew})^2 = (c \cdot t_{bew})^2$$

bzw.

$$(c \cdot t_{ruh})^2 = t^2_{bew}(c^2 - v^2)$$

oder

$$t^2_{\text{ruh}} = t^2_{\text{bew}} \left(1 - v^2/c^2\right)$$

oder

$$t_{\text{bew}} = t_{\text{ruh}}/\sqrt{1 - v^2/c^2}.$$

Das ist sie: die berühmte Einstein'sche Formel für die Zeitdilatation. Bewegt man sich mit Geschwindigkeit v, so vergeht für einen selbst die Zeit um den Faktor

$$\sqrt{1 - v^2/c^2}$$

langsamer als im Ruhezustand.

«You mean now?»

US-Baseballspieler und Kultfigur Yogi Berra auf die Frage: «What time is it?»

Für alle im Alltag auftretenden Geschwindigkeiten ist dieser Effekt aber so gering, dass er nicht spürbar ist. Doch der Effekt ist real, nicht etwa nur scheinbar oder eine Täuschung. Es handelt sich um tatsächliche Zeitdifferenzen zum Ruhezustand, die sich mit hinreichend genauen Uhren auch bestimmen lassen.

Die Zeit hat durch Einstein ihren absoluten Charakter, der sie in der Newton'schen Physik und unserer gesamten Alltagserfahrung auszeichnet, eingebüßt. Das ist ein faszinierendes und verblüffendes Ergebnis der Relativitätstheorie. Geniale Alltagswirklichkeitsüberbietung. Mit diesen und anderen Ergebnissen und mit seiner Persönlichkeit erreichte Einstein bald popkulturellen Kultstatus, fast wie später die Stars des Rock 'n' Roll.

Stars of the Blue Planet (2): Albert Einstein – Leben 'n' Werk

Einstein war 1905 ein Angestellter im Schweizer Patentamt, als er eines Morgens mit einem Gefühl höchster Erregung erwachte. Die ersten Gedanken seiner speziellen Relativitätstheorie waren ihm durch den Kopf gegangen, nachdem er und sein Freund Michele Besso am Tag zuvor anregende Gespräche über Raum und Zeit geführt hatten. Nur etwa sechs Wochen später reichte er den fertig ausgearbeiteten Artikel bei den Herausgebern der Zeitschrift *Annalen der Physik* zur Veröffentlichung ein. Einige Wochen später erkannte er, dass er noch etwas unberücksichtigt gelassen hatte, und schickte einen dreiseitigen Nachtrag. Gegenüber einem Bekannten erwähnte er, dass er sich hinsichtlich der Exaktheit dieses Ergebnisses nicht ganz sicher sei. Doch die Publikation beginnt er ganz selbstbewusst mit den Worten: «Die Ergebnisse einer vor kurzem in dieser Zeitschrift von mir veröffentlichten elektrodynamischen Untersuchung führen zu einer sehr interessanten Schlussfolgerung, die hier abgeleitet werden soll.» Sechs Zeilen vor Schluss des Artikels schrieb er sie schließlich nieder. Die Formel, die die Welt verändern sollte: $E = mc^2$.

Eine der Hauptaussagen der Relativitätstheorie ist es, dass die Masse der Sonne die Bahn des vorbeilaufenden Lichtes krümmt. Das Licht eines weit entfernten Sternes auf dem Weg zur Erde sollte also in der Nähe der Sonne durch diese abgelenkt werden, wenn auch nur minimal. Im Jahr 1919 machten sich zwei wissenschaftliche Expeditionen auf, um bei der am 29. Mai in den Tropen sichtbaren Sonnenfinsternis diese Lichtablenkung im Gravitationsfeld der Sonne gegebenenfalls auszumessen. Eine begab sich unter Leitung des englischen Astronomen Arthur Stanley Eddington auf den Weg zur Vulkaninsel Principe im Golf von Guinea in Westafrika. Eine zweite beobachtete die Sonnenfinsternis von Sobral in Brasilien aus. Einstein hatte aufgrund seiner Theorie die Vorhersage gemacht: «Ein an der Sonne vorbeifliegender Lichtstrahl erfährt eine Biegung von 1,75 Bogensekunden.»

Am 22. September, als die äußerst zeitraubende Auswertung der Beobachtungsergebnisse teilweise abgeschlossen war, telegraphierte der niederländische Nobelpreisträger Hendrik Antoon Lorentz an Einstein: «eddington fand sternverschiebung am sonnenrand vorläu-

fige größe zwischen neun zehntel sekunde und doppeltem.» Als Einstein das Telegramm erhielt, saß er am Sterbebett seiner Mutter.

Das offizielle Ergebnis beider Sonnenfinsternis-Expeditionen wurde am 6. November 1919 auf einer Sitzung der Royal Society in London bekannt gegeben. Einsteins Theorie war bestätigt worden. Der Präsident der Royal Society erklärte: «Dieses Resultat ist eine der größten Errungenschaften des menschlichen Denkens.» Denken, wie man gedacht zu haben sich wünschen möchte. Über Nacht wurde Einstein weltberühmt. Es gab kaum eine Zeitung, die nicht in den allerhöchsten Tönen von ihm berichtete. «Eine neue Größe der Weltgeschichte», steht am 14. Dezember 1919 unter dem Titelbild Einsteins auf dem Cover der *Berliner Illustrirten Zeitung.*

Ein interessantes Experiment zur direkten Messung der relativistischen Zeitdilatation wurde 1971 von den Physikern Hafele und Keating durchgeführt. Die beiden Wissenschaftler transportierten auf

Linienflügen jeweils 4 Cäsium-Atomuhren einmal in westliche und einmal in östliche Richtung um die Erde und zeichneten die Zeitverläufe genau auf. Die Ergebnisse der Flüge bestätigten die von der Einstein'schen Theorie vorhergesagten Zeitdilatationseffekte recht genau. Nach dem Ostflug gingen die 4 mitreisenden Cäsium-Uhren um 57, 74, 55 und 51 Nanosekunden nach, was in guter Übereinstimmung mit dem theoretischen Wert von 40 +/- 23 Nanosekunden ist. Nach dem Westflug gingen die Uhren 277, 284, 266 und 266 Nanosekunden vor. Auch hier eine gute Übereinstimmung mit dem theoretischen Wert von 274 +/- 21 Nanosekunden. Verkomplizierend wirkte sich bei dem Experiment aus, dass die Flugbewegungen relativ zur Erdoberfläche gemessen wurden und die Erde kein System ist, das sich gleichförmig und gradlinig bewegt. Dadurch kommen die Fehlergrenzen bei den theoretischen Werten zustande. So weit unser Ausflug an den gegenwärtigen Rand der Dinge.

Als Einstein nach Amerika emigrierte und zum Institute of Advanced Study kam, war er schon weltberühmt. Eine riesige Menschenmenge kam zu seiner ersten Vorlesung. Einstein sagte: «Ich hätte nie gedacht, dass in Amerika ein so großes Interesse an Tensor-Analysis besteht.»

Nach Howard Eves: Mathematical Reminiscences

Das Invarianzprinzip ist ein äußerst vielfältig einsetzbares und außerordentlich effektives heuristisches Werkzeug, denn in vielen Bereichen und Problemsituationen lassen sich Invarianten aufspüren – auch und speziell in der Mathematik ist es beliebt. Hier sind Invarianten ganz allgemein gesprochen bestimmte Größen, die man einem gegebenen mathematischen Objekt zuordnen kann und die sich bei einer Klasse von Modifikationen des mathematischen Objekts nicht ändern. Eine prototypische Anwendung ist folgende: Eine vorgegebene Situation soll studiert werden. Sie lässt sich bestimmten Änderungen unterwerfen. Bei all diesen Änderungen gibt es eine Eigenschaft, die unverändert bleibt – das ist die Invariante. Wir bezeichnen sie mit der Funktion f und nehmen ferner an, dass noch ein tatsächlicher Anfangszustand A und ein angestrebter Endzustand E gegeben seien. Ist für die Invariante

$$f(A) \neq f(B),$$

dann ist es nicht möglich, mittels der infrage kommenden Veränderungen der Situation den Anfangszustand in den angestrebten Endzustand zu überführen.

Wir illustrieren den Einsatz des Invarianzprinzips an folgendem Beispiel:

Insgesamt 2n Schüsseln sind kreisförmig angeordnet. In jeder befindet sich eine Kugel. In jedem Zug wird in eine rein zufällig ausgewählte Schüssel je eine Kugel aus den beiden benachbarten Schüsseln gelegt, sofern beide noch Kugeln enthalten. Andernfalls passiert nichts. Ist es möglich, dass nach einer Folge von Zügen alle Kugeln in einer einzigen Schüssel zu liegen kommen?

Als ersten Schritt zur Bearbeitung der Fragestellung schreiben wir m = 2n und nummerieren unsere Schüsseln von 0, 1, ..., m – 1. Außerdem definieren wir die Größe

$$s = 0 \cdot a_0 + 1 \cdot a_1 + 2 \cdot a_2 + ... + (m - 1)a_{m-1},$$

wobei a_k die Anzahl der Kugeln in der Schüssel mit der Nummer k bezeichnet. Nun untersuchen wir das Verhalten der Zustandssumme s bei einem Zug. Angenommen, wir geben in die Schüssel mit der Nummer k je eine Kugel aus den Nachbarschüsseln, dann ist die neue Zustandssumme S wegen der Übergänge $a_k \rightarrow a_k + 2$ und ferner $a_{k-1} \rightarrow a_{k-1} - 1$ und $a_{k+1} \rightarrow a_{k+1} - 1$ im Vergleich zum alten s ganz einfach

$$S = s - (k - 1) - (k + 1) + 2k = s.$$

Mit anderen Worten, die Zustandsgröße ist eine Invariante. Außerdem sehen wir, dass die Zustandssumme am Anfang gleich

$$S_A = 0 + 1 + 2 + ... + (m - 1) = m(m - 1)/2$$

ist und nicht durch m teilbar sein kann, denn $(m - 1)/2$ ist keine natürliche Zahl. Andererseits hat der angestrebte Endzustand die Zustandssumme $S_B = k \cdot m$, die offenkundig durch m teilbar ist. Deshalb müssen S_A und S_B verschieden sein. Schlussfolgerung: Der angestrebte Endzustand lässt sich aus dem Anfangszustand nicht erreichen.

Die Suche nach und der Einsatz von Invarianten gehören zur mentalen Körpersprache aller gewieften Problemlöser. Die erfolgreiche Identifizierung von Invarianten stellt sich oft als ein sehr mächtiges Hilfsmittel heraus, da man mit ihnen gemeinsame Eigenschaften von Situationen aufspüren kann, die in anderer Hinsicht sehr verschieden sein können.

Und auf Invarianten stößt man in allen Lebenslagen. Ein elementares Beispiel trifft man beim Mischen von Spielkarten an. Handelt es sich etwa um ein Skatblatt mit 32 Karten, dann bleiben beim Mischen natürlich die Anzahl der Spielkarten und die Anzahl etwa der Buben invariant, aber die Abstände zwischen je zwei Karten im Stapel können sich ändern. Das alles ist offensichtlich und kaum der Rede wert. Werden als Mischvorgang ausschließlich Abhebevorgänge zugelassen, kommt noch eine interessante Invariante hinzu: die relative Position zweier beliebiger Spielkarten. Wenn zum Beispiel vor dem Abheben der ♣-Bube 5 Karten unterhalb der ♦-Dame liegt, so ist dies auch nach einem beliebigen Abhebevorgang noch so, bei dem etwa n Karten ohne Veränderung ihrer Reihenfolge vom oberen Teil des Stapels als Ganzes entfernt und auf den Tisch gelegt werden und dann der verbleibende Teilstapel von 32 − n Karten als Ganzes zuoberst des Teilstapels der n Karten gelegt wird. Auch nach diesem Abheben kommt der ♣-Bube 5 Karten «später» als die ♦-Dame, wenn «später» so aufgefasst wird, dass es nach der letzten Karte des Stapels ganz unten anschließend ganz oben weitergeht. Dieser Fall tritt ein, wenn beim Abheben alle Karten bis zur und einschließlich der ♦-Dame abgehoben werden.

Zum Abschluss zeigen wir noch ein zweites Anwendungsbeispiel ge-
glückten Operierens mit unserem neuen Werkzeug.

Expeditionen ins Tierreich oder «What color is my chameleon?» Auf einer
Insel leben 13 graue, 15 braune und 17 rosa Chamäleons. Wenn sich
zwei Chamäleons unterschiedlicher Farbe begegnen, dann ändern
beide simultan ihre Farbe in die dritte. Begegnen sich gleichfarbige
Chamäleons, so geschieht gar nichts. Ist es möglich, dass schließlich
alle Chamäleons auf der Insel dieselbe Farbe besitzen?

Das Invarianzprinzip wird die Frage entscheiden. Man muss aber zunächst geeignete Rahmenbedingungen für seinen Einsatz schaffen.
Dividiert man die Anzahlen 13, 15 und 17 der Chamäleons verschiedener Farbe durch 3, so sind die dabei entstehenden Reste der Anzahlen der grauen bzw. braunen bzw. rosa Chamäleons 1 bzw. 0 bzw.
2. Nach dieser kurzen Denkvorbereitung wird nun das Invarianzprinzip in so erheblichem Ausmaß wirksam, dass anschließend die
Lösung nahezu ins Auge springt. Jedes Aufeinandertreffen zweier beliebiger Chamäleons hält an diesen Resten bei Division der je aktuellen Anzahlen durch 3 fest (nicht notwendigerweise in dieser Reihenfolge). Nach dem ersten Treffen sind die Divisionsreste der
Anzahlen 0 bzw. 2 bzw. 1, ganz gleich, welche verschiedenfarbigen
Chamäleons sich treffen. Nach den nächsten farbverändernden Treffen sind die Reste 2 bzw. 1 bzw. 0 und dann 1 bzw. 0 bzw. 2, was wiederum die Anfangssituation der Reste ist. Welchen Schluss kann
man aus der Konstanz der Menge der Reste ziehen? Ganz einfach

diesen: In der Chamäleon-Bevölkerung sind stets mindestens 2 Farben präsent und nicht alle 45 Chamäleons können dieselbe Farbe haben, was die Reste 0, 0, 0 erzeugen würde.

Eine weitere Erkenntnis, die man mit dem Invarianzprinzip dem Weltengang abgetrotzt hat.

12. Monovarianzprinzip

Magie und Macht der Monovarianten

Das ist schön bei uns Deutschen, keiner ist
so verrückt, dass er nicht einen noch
Verrückteren fände, der ihn versteht.
Heinrich Heine, deutscher Dichter, 1797–1865

Wer aufhört, besser zu werden, hat aufgehört,
gut zu sein.
Philip Rosenthal, Unternehmer, geb. 1916

> Monovarianzprinzip: Liegen im System Eigenschaften vor, die bei zulässigen Veränderungen des Systems sich nur in einer ganz bestimmten Weise ändern können und aus deren Verhalten sich Schlüsse über die mögliche Systementwicklung ableiten lassen?

Im Kapitel über Invarianz haben wir über Unveränderliches nachgedacht – über Systemeigenschaften, die im zeitlichen Verlauf der Entwicklung des Systems ohne Änderung erhalten bleiben. Als wichtigste Invariante in unserem Universum hatten wir die Lichtgeschwindigkeit bezeichnet. Weit über den Kontext der Lichtgeschwindigkeit hinaus ist das Konzept der Erhaltungsgröße in der gesamten Physik generell sehr fruchtbar und nützlich. Wenn man eine Invariante eines Systems kennt, lassen sich in Umkehrung der Schlussrichtung bestimmte unerlaubte Systemänderungen oft ganz einfach identifizieren, und zwar dadurch, dass durch sie auch die Invariante verändert würde.

Neben dem Prinzip der Invarianz der Lichtgeschwindigkeit ist der Energieerhaltungssatz einer der wichtigsten Erhaltungssätze der gesamten Physik. Er konstatiert, dass in einem abgeschlossenen System die Gesamtenergie unverändert bleibt. Zwar kann durch Vorgänge, die innerhalb des Systems ablaufen, die Energie zwischen verschiedenen Energieformen umgewandelt werden, etwa Bewegungsenergie aufgrund von Reibung in Wärmeenergie. Doch der Saldo bleibt unverändert. In einem abgeschlossenen System kann Energie weder vernichtet noch erzeugt werden. Umgekehrt formuliert, kann man alle hypothetischen Vorgänge in einem abgeschlossenen System, welche die Gesamtenergie des Systems verändern, als physikalisch unmöglich erklären. Ein auf dem Boden in Ruhe befindlicher Ball fliegt nicht plötzlich nach oben auf den Tisch. Er bräuchte dafür Energie, die dem ruhenden Ball als System zugeführt werden müsste.

Der Energieerhaltungssatz lässt sich folglich als Ausschlussprinzip einsetzen, sagt er doch ganz unumwunden, dass alle Prozesse, bei denen die Gesamtenergie nicht konstant bleibt, in der Natur ausgeschlossen sind. Andererseits finden nicht alle Prozesse, die den Energieerhaltungssatz erfüllen, tatsächlich auch statt. Stellen Sie sich vor, Sie sitzen am Tisch, vor Ihnen eine Tasse Kaffee. Wenn Sie diese ungeschickt behandeln, fällt sie vielleicht zu Boden, zerbricht und der Kaffee ergießt sich über Ihren Perserteppich. Nicht schön, aber im Bereich des Möglichen und sicherlich in unserer Welt schon mehr als einmal passiert. Haben Sie hingegen schon einmal Folgendes beobachtet? Der auf dem Perser verteilte Kaffee kühlt sich unversehens ab. Dadurch wird Energie frei, und mit Hilfe dieser Energie fließt der Kaffee in Richtung Tasse, die sich aus den sich ebenfalls abkühlenden Bruchstücken zusammengesetzt hat, den Kaffee aufnimmt und zurück auf den Tisch hüpft. Also exakt der umgekehrte Vorgang und bis auf die Abkühlungsprozesse das, was man sehen würde, wenn man einen Film des ersten Vorgangs rückwärts ablaufen ließe. Das haben Sie sicher noch nicht beobachtet. Und Sie werden sagen, es ist unmöglich. Aber warum? Der Energieerhaltungssatz verbietet es jedenfalls nicht. In der Tat sind fast alle Naturgesetze zeitsymmetrisch, man muss sie bei Zeitumkehr nicht umschreiben. Die zugehörigen Prozesse könnten also, ginge es nur nach diesem Naturgesetz, auch zeitlich rückwärts ablaufen. Unsere Lebenserfahrung, dass die Zeit vorwärts läuft und gerade nicht rückwärts, dass wir uns zwar im Raum vorwärts und rückwärts bewegen können, nicht aber im Zeitlichen – Zukunft wird irgendwann zur Vergangenheit, aber nicht umgekehrt –, ist in den meisten Gesetzen der Natur nicht widergespiegelt.

Das Universum ist voller magischer Dinge, die geduldig darauf warten, dass unser Scharfsinn schärfer wird, damit sie von uns erkannt werden können.

Eden Phillipotts, englischer Schriftsteller (1862–1960)

Credo. «Lernt eure Mathematik, Kinder. Es ist der Schlüssel zum Universum.»

Christopher Walken als Erzengel Gabriel in dem Film *The Prophecy* zu einer Gruppe von Schülern auf den Stufen ihrer Schule

Neben dem Energieerhaltungssatz muss es demnach noch eine andere Systemgröße geben, die den Ablauf von Vorgängen bestimmt. Und das ist in der Tat der Fall! Diese Größe ist die *Entropie*. Die Entropie hat eine präzise formal-technische Definition, doch für unsere Zwecke hier ist es vollkommen ausreichend, wenn wir sie uns als eine Zahl vorstellen, welche die Unordnung eines Systems misst. Je kleiner die Entropie, desto größer die Ordnung und desto weniger Unordnung, und je größer die Entropie, desto größer die Unordnung und desto weniger Ordnung. Der in der Folge schnell zu einer Art Imponiervokabel ausgewuchtete Begriff der Entropie wurde von Rudolf Clausius im 19. Jahrhundert in Anlehnung an das griechische Verb entrepein = umkehren geprägt. Die Entropie teilt uns etwas darüber mit, welche Prozesse potenziell umkehrbar sind und welche nicht. Die Entropie-Größe ist philosophisch insofern interessanter als viele andere Systemeigenschaften, als sie im Unterschied zu anderen physikalischen Größen und Gesetzen eine Bedingung für die Richtung des Ablaufs der Zeit beinhaltet.

Schopenhauers Lehrsatz der Entropie. Gibst du einen Löffel voll Wein in ein Fass Jauche, bekommst du Jauche. Gibst du einen Löffel voll Jauche in ein Fass Wein, bekommst du Jauche.

In einer fundamentalen Arbeit von Clausius heißt es ganz am Ende: «Die Energie der Welt ist konstant.» Und: «Die Entropie der Welt strebt einem Maximum zu.»

Der erste Satz bringt den Energieerhaltungssatz zum Ausdruck. Mit dem zweiten formuliert Clausius den Satz von der Zunahme der Entropie. Die Gesamtentropie kann in einem abgeschlossenen System nicht abnehmen. Dieses fundamentale Gesetz ist das einzige Naturprinzip, das eine Vorzugsrichtung für den Ablauf physikalischer Prozesse festlegt und damit auch für die Zeitrichtung verantwortlich ist. Vorgänge, die mit einer Zunahme der Entropie verbunden sind, laufen ganz von selbst ab und lassen sich, ohne dass von anderswo Energie zugeführt wird, nicht umkehren. Und auch dies ist richtig: Bei Vorgängen, die umkehrbar sind (reversibel ist der Fachausdruck), muss die Entropie gleich bleiben. Vorgänge hingegen, bei denen die Entropie abnimmt, sind nur mit äußerer Energiezufuhr möglich. Bleibt eine solche aus, dann finden sie nicht statt.

Nur aufgrund des Entropiesatzes gibt es einen fundamentalen Unterschied zwischen Vergangenheit und Zukunft. Grob gesprochen ist die Zukunft dort, wo die Entropie größer ist. Eine erhebliche Wirkung der Entropie als Zustandsgröße ist das, mit vielen Fernwirkungen außerordentlicher Art. Ein fertig gepuzzeltes Puzzle raubt einem Puzzleteilehaufen seine Haufenhaftigkeit und somit seine Ungeordnetheit. Puzzeln ist ein Entropie verringernder Vorgang, der das aktive Engagement eines Puzzlers erfordert. Das fertige Puzzle ist Teil der Zukunft des Puzzleteilehaufens nur dann, wenn von einem Puzzler Energie aufgebracht wird. In der Natur nimmt die Entropie nach einem Diktum Arnold Sommerfelds also gewissermaßen die Rolle des Direktors ein, der sagt, wohin die Reise geht, die Energie aber nur die eines Buchhalters.

Wir nennen die Entropie eine Monovariante. Nach einem längeren Vorspann sind wir damit nun beim Thema dieses Kapitels angekommen. Monovarianten sind Systemeigenschaften, die sich nur in eine Richtung verändern können. Das Lebensalter zum Beispiel ist eine (nicht abnehmende) Monovariante. Auch sportliche Rekorde wie etwa die Weltrekordzeiten, -weiten und -höhen bei Lauf-, Wurf- oder Sprungwettbewerben gehören dazu. Eine andere (abnehmende) Monovariante ist die Temperatur von heißem Kaffee bei Zimmertemperatur oder die Auslenkung eines schwingenden Pendels aus der Ruhelage bei Wirkung von Reibung.

Monovarianten sind auch im formalen Denken ausgesprochen nützliche Instrumente. Das Monovarianz- steht in einer gewissen Beziehung zum Invarianzprinzip. Es gibt Problemsituationen, in denen es keine brauchbaren Invarianten gibt, aber immerhin noch Größen, die bei Durchführung gewisser Operationen stets zunehmen oder abnehmen, also Monovarianten. Auch im Alltagsleben und in den Wissenschaften treten viele Monovarianten auf. Wie lassen sich Monovarianten als Hilfsmittel zur Problemlösung einsetzen?

Zwei Standardsituationen ihres gewinnbringenden Einsatzes sind die folgenden: Man stelle sich ein System vor (egal, ob eine Gleichung, eine Gruppe von Menschen, ein geometrisches Objekt), in dem bestimmte Operationen stattfinden können (etwa die Division durch eine bestimmte Zahl, das Händeschütteln zweier Menschen in der Gruppe, die Spiegelung an einer gegebenen Gerade). Es bestehe ein Interesse am weiteren Verhalten von bestimmten Systemgrößen. Etwa: Welche Werte können die Systemgrößen annehmen, in welchen Zuständen kann sich das System befinden, welche Zustände kann es garantiert nicht annehmen? Das sind sehr allgemeine Fragestellungen, die sich häufig durch geschickten Einsatz von Monovarianten lösen lassen.

Bisweilen will man zeigen, dass zu irgendeinem Zeitpunkt im weiteren Systemverlauf ein Ereignis E mit Sicherheit eintreten wird. In diesem Setting führen Überlegungen wie diese zum Ziel. Man kann versuchen, eine Monovariante zu finden, die sich bei Änderungen des Systemzustands ebenfalls ändert, aber nur endlich viele Zustände hat und sich deshalb nur endlich oft ändern kann. Gelingt es dann noch zu zeigen, dass die Monovariante nur genau dann aufhören kann, sich zu ändern, wenn das Ereignis E eingetreten ist, so hat man das zwingende schließliche Eintreten von E nachgewiesen.

Will man andererseits und zweitens begründen, dass im weiteren Systemverlauf niemals ein Ereignis E eintreten wird, so reicht es, eine Monovariante aufzuspüren, die sich nur in eine bestimmte Richtung ändern kann, während das Eintreten des Ereignisses E eine Änderung der Monovarianten in eine andere Richtung notwendig machen würde. Die Prüfung der Nichterreichbarkeit eines Systemzustands oder der prinzipiellen Unmöglichkeit eines Ereignisses E im Systemablauf erfordert also weitaus schwächere Eigenschaften der Monovarianten im Vergleich zur ersten Standardanwendung, bei der es um den Nachweis des schließlichen Eintretens eines Ereignisses ging. Bei Nichterreichbarkeits- oder Unmöglichkeitsbeweisen muss die Monovariante nicht unbedingt nur endlich viele Zustände annehmen und sie kann unter manchen Systemübergängen auch unverändert bleiben.

Wir führen nun das Monovarianzprinzip in einigen konkreten Anwendungen vor.

Feindfrei feiern. Insgesamt 2n Botschafter sind zu einer Feier eingeladen. Jeder Einzelne hat in der Gruppe höchstens n – 1 Feinde. Beweisen Sie, dass es an einem runden Tisch eine Sitzordnung für die Botschafter gibt, bei der niemand neben einem seiner Feinde sitzen muss. *Feindschaft* kann als symmetrische Beziehung zwischen den Botschaftern angenommen werden: Bist du mein Feind, bin ich dein Feind.

Zur Lösung: Wir beginnen mit einer ganz beliebigen Sitzordnung der 2n Botschafter. Dabei sei f die Anzahl der nebeneinandersitzenden feindseligen Paare. Wir suchen nach einer Operation, die wir auf die Menge aller Sitzordnungen anwenden können, welche die Anzahl f stets verkleinert. Dazu nehmen wir uns ein konkretes feindseliges Botschafterpaar A, B vor, wobei B zur Rechten von A sitzt.

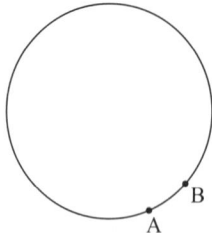

Abbildung 77: Feindseliges Botschafterpaar A, B

Diese beiden Botschafter A und B müssen irgendwie getrennt werden, und zwar möglichst so, dass an anderer Stelle des Tisches keine neuen feindseligen Paare erzeugt werden. Eine Trennung von A und B, die in diesem Sinne störungsfrei verläuft, kann folgendermaßen erreicht werden. Angenommen, C sei ein Freund von A, dessen rechter (im Gegenuhrzeigersinn) Nachbar D ein Freund von B ist:

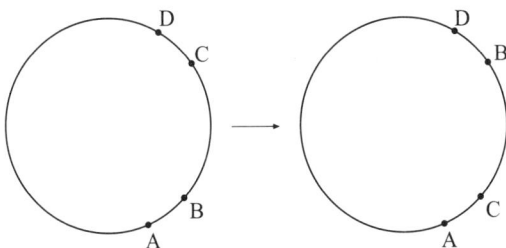

Abbildung 78: Beseitigung des feindseligen Botschafterpaares A, B

Wir kehren dann einfach die Sitzordnung entlang eines Bogens beginnend mit Botschafter B und endend mit Botschafter C von Anfang bis Ende um. Die Bilanz f der feindseligen Paare wird durch diese Umkehrung reduziert, weil sowohl A und C als auch D und B nun wohlgesinnte Paare sind.

Gibt es denn immer ein solches Paar C, D?

Ja! Aber warum? Um das einzusehen, beginnen wir in A und inspizieren im Gegenuhrzeigersinn die Sitzordnung. Wir begegnen dabei mindestens n Freunden von A. Die mindestens n Sitzplätze rechts von diesen können nicht alle mit Feinden von B besetzt sein, denn B hat, wie alle anderen, höchstens n − 1 Feinde. Man kann somit einen Freund C von A finden, dessen rechter Nachbar D ein Freund von B ist. Damit ist das Gewünschte erreicht.

Feindselige Paare können also durch die beschriebene Operation immer getrennt werden und deren Gesamtzahl f wird dabei reduziert, von einem gewissen Wert in der Anfangssitzordnung bis schließlich auf 0.

Das Theorem des Tanzlehrers. Von 4n Personen einer Tanzschule sind 2n weiblich und 2n männlich. Zu Beginn einer Stunde stellt man sich in beliebiger Reihenfolge auf. Nach kurzer Inspektion wählt der Tanzlehrer, bei einer geeigneten Person beginnend, 2n aufeinanderfolgende Personen aus, und es ergibt sich, dass sich aus diesen genau n Tanzpaare bilden lassen (d. h., dass unter diesen genau n Männer und n Frauen sind). Der Tanzlehrer behauptet, dass er dies immer so machen könne. Richtig? Was sagt der Satz-Sachverständige?

Lösung: Die Personen seien von links nach rechts von 1 bis 4n durchnummeriert. Schreibe m_k für die Anzahl männlicher Personen von einschließlich k bis einschließlich 2n – 1 + k. Sollte m_1 = n sein, so ist die Behauptung des Tanzlehrers schon richtig. Ansonsten können wir m_1 > n annehmen, notfalls indem wir mit m die Frauen statt der Männer zählen. Außerdem gilt dann m_{2n+1} = 2n – m_1 < n. Wir betrachten nun m_k = i. Dann muss m_{k+1} entweder den Wert i oder einen der beiden Werte i ± 1 haben. Der m-Wert, wenn er sich denn überhaupt ändert, ändert sich von einer Stelle zur nächsten immer nur um 1. Da sich aber m_k im Bereich der Indizes von k = 1 bis k = 2n + 1 von einem Wert größer als n zu einem Wert kleiner als n verändert, muss für mindestens eine Stelle s genau m_s = n sein. Im Abschnitt von s bis 2n – 1 + s befinden sich dann genau n Frauen und n Männer. Also hat der Tanzlehrer recht.

Herr K.s Party. Herr K. feiert in seinem geräumigen Haus eine Party. Anfangs sind seine Gäste in irgendeiner Weise über alle Zimmer des Hauses verteilt. Und die Gäste tun das, was Gäste tun können. Sie bewegen sich, «mal hierhin», «mal dorthin», «mal woandershin». Solange nicht alle Personen in nur einem Zimmer sind, wandert ab und an jemand in ein anderes Zimmer, bleibt aber dort nur dann, wenn sich darin mindestens genauso viele Personen befinden wie in dem Zimmer, aus dem er kam. Beweisen Sie, dass sich schließlich alle Gäste in einem einzigen Zimmer aufhalten werden.

Intuitiv scheint die Sache ganz einleuchtend, da eine langsame Driftbewegung von den weniger stark bevölkerten Zimmern zu den stärker bevölkerten Zimmern stattfindet. Doch dieses gefühlte Wissen muss man in einen Beweis umwandeln.

Die hauptsächliche Idee besteht auch hier in der geschickten Indienstnahme einer Monovarianten. Wir definieren Q als die Summe der Quadrate der Personenzahlen aller Zimmer. Die Größe Q ist eine Monovariante und jeder Transfer einer Person, etwa von einem Zimmer mit i Personen in ein Zimmer mit $j \geq i$ Personen, vergrößert Q. Das sieht man so: Die Quadrate der Personenzahlen ändern sich in den beiden beteiligten Zimmern von i^2 und j^2 zu $(i-1)^2$ und $(j+1)^2$. Effektiv ändert sich die Summe Q damit um den Wert

$$[(i-1)^2 + (j+1)^2] - [i^2 + j^2] = i^2 - 2i + 1 + j^2 + 2j + 1 - i^2 - j^2 = 2(j-i) + 2.$$

Da aber $(j-i)$ nicht negativ sein kann, ist obiger Wert stets positiv. Solange nicht alle Personen sich in einem Zimmer aufhalten, kann ein Transfer stattfinden und jeder Transfer vergrößert also Q. Nur Transfers, bei denen Q echt vergrößert wird, können stattfinden. Das geht so lange, bis alle Personen in einem Zimmer sind, dann ist Q maximal. Dieser Zustand ändert sich nicht mehr.

13. Prinzip Unendlicher Abstieg

Immer tiefer stapeln

Die Welt wird immer kleiner.
Volksmund

> Prinzip Unendlicher Abstieg: Kann ich mich von der Unmöglichkeit eines bestimmten Gebildes dadurch überzeugen, dass es bei angenommenem Beispiel für das Gebilde stets auch noch ein kleineres Beispiel geben müsste, was aber de facto nicht unendlich oft der Fall sein kann?

Die mathematische Methode des unendlichen Abstiegs ist breitgestreut einsetzbar. Eine ihrer vorherrschenden Anwendungen besteht darin zu klären, dass es keine natürlichen Zahlen gibt, die bestimmte Eigenschaften besitzen, Beziehungen erfüllen oder Besonderheiten aufweisen. Insofern finden sich zahllose Musterbeispiele in der als Zahlentheorie bezeichneten mathematischen Provinz. Die Vorgehensweise beginnt damit, dass zunächst versuchsweise angenommen wird, dass es doch eine natürliche Zahl mit den in Rede stehenden Charakteristiken gibt. Dann bemüht man sich, aus dieser Annahme die Existenz einer weiteren, aber kleineren natürlichen Zahl mit denselben Charakteristiken abzuleiten. Gelingt dies, so kann man durch abermalige Berufung auf dasselbe Argument die Existenz einer nochmals kleineren natürlichen Zahl mit denselben Eigenschaften folgern. Und so geht es weiter, wobei die auftretenden natürlichen Zahlen schrittweise kleiner werden. Eine leichte Funktionsverwandtschaft mit dem Monovarianzprinzip klingt an.

Das Argument, das zur Existenz einer stets kleineren natürlichen Zahl mit den gegebenen Eigenschaften führt, lässt sich prinzipiell unendlich oft anwenden. Doch seine ungehemmte Anwendung etabliert einen Widerspruch, da eine Folge kleiner werdender natürlicher

Zahlen nicht unendlich oft kleiner werden kann. Spätestens wenn die Zahl 0 erreicht ist, geht es nicht weiter bergab. Die Ausgangsannahme der Existenz einer natürlichen Zahl mit den vorausgesetzten Eigenschaften kann deshalb nur falsch sein. Nur durch die Annahme der Existenz einer solchen natürlichen Zahl kann der Widerspruch entstanden sein, wenn alle anderen logischen Manöver einwandfrei waren (reductio ad absurdum!). Also kann eine natürliche Zahl mit den vorausgesetzten Eigenschaften nicht existieren. Das ist im Kern die Wirkungsweise dieser Technik.

Pierre de Fermat hat diese Technik im 17. Jahrhundert erfunden und mit wahrer Könnerschaft eingesetzt: In einem langen Brief kurz vor seinem Tod, in dem er seine mathematischen Arbeiten Revue passieren lässt, erwähnt er, dass er das von ihm so genannte Prinzip des unendlichen Abstiegs in allen seinen wichtigen mathematischen Ergebnissen verwendet habe. Es gibt auch Indizien dafür, dass Fermat glaubte, mit dieser Methode eine Aussage der Zahlentheorie bewiesen zu haben, die heute als Großer Fermat'scher Satz bekannt ist. Es ist dies die außerordentlich berühmte Aussage, dass es keine ganzzahligen Lösungen x, y, z der Gleichung

$$x^n + y^n = z^n$$

gibt, sofern n eine natürliche Zahl größer als 2 ist.

Hierbei handelt es sich um keine Feststellung wie jede andere. Versetzen wir uns in die Mitte der 1980er Jahre. Das Problem ist ungelöst. Dreieinhalb Jahrhunderte gescheiterter Versuche, eine Lösung zu finden, haben eine beachtliche Drohkulisse aufgetürmt. Klar war: Die dafür benötigte Intelligenz kann nicht nur künstlich sein. Vielleicht brauchte man sogar ein oder zwei Wunder.

Im Fall n = 2 gibt es unendlich viele Lösungstripel. Das ist seit Langem bekannt und nicht weiter weltbewegend. In der Spezialsprache der Mathematik bezeichnet man jedes dieser Tripel natürlicher Zahlen (x, y, z) als pythagoreisches Zahlentripel. Sie erfüllen den Satz des Pythagoras, nämlich

$$x^2 + y^2 = z^2.$$

Bei diesen Tripeln wollen wir etwas verweilen, um uns anschließend zur Fermat-Fachkraft weiterzubilden.

Ein einfaches pythagoreisches Tripel ist (3, 4, 5), ein komplizierteres ist (4961, 6480, 8161). Hat man ein Tripel (x, y, z) gefunden, so ist wegen $(kx)^2 + (ky)^2 = k^2(x^2 + y^2) = k^2 z^2 = (kz)^2$ auch (kx, ky, kz) ein pythagoreisches Tripel. Es gibt also unendlich viele dieser Tripel, und man kann aus den beteiligten Zahlen gemeinsame Faktoren kürzen. Das ist schon einmal gut so. Wenn x, y, z gekürzt sind, wenn sie also keine gemeinsamen Teiler haben, nennt man das Tripel *primitiv*. Das war bisher nicht schwer.

Doch weiter: Wie erzeugt man primitive Tripel?

Aus der Gleichung $x^2 + y^2 = z^2$ nebst Primitivität kann man schließen, dass jeder gemeinsame Teiler von x und y bzw. von x und z bzw. von y und z sogar gemeinsamer Teiler aller drei Zahlen x, y, z ist. Also kann man voraussetzen, dass auch schon je zwei dieser drei Zahlen teilerfremd sind; speziell können bei einem primitiven Tripel keine zwei der drei Zahlen gerade sein. Nimmt man nun an, x und y seien beide ungerade, z. B. $x = 2n + 1$ und $y = 2m + 1$ für natürliche Zahlen n, m, dann ist

$$x^2 + y^2 = (2n + 1)^2 + (2m + 1)^2 = 4n^2 + 4n + 1 + 4m^2 + 4m + 1 = 4(n^2 + m^2 + n + m) + 2 = z^2.$$

Ergo : z^2 ließe bei Division durch 4 den Rest 2. Doch das kann nicht sein: Ist z nämlich gerade, so ist z^2 ganz ohne Rest durch 4 teilbar. Ist z ungerade ($= 2k + 1$), so lässt $z^2 = (2k + 1)^2 = 4k^2 + 4k + 1$ bei Division durch 4 nur den Rest 1. Also können wir sagen (reductio ad absurdum!), dass nur x oder nur y ungerade ist. Da z und x bzw. z und y teilerfremd sind, muss auch z ungerade sein. Die Situation ist bezüglich x und y symmetrisch. Nehmen wir also an, x sei gerade. Dann ist y ungerade und $z + y$ und $z - y$ sind gerade natürliche Zahlen. Ferner ist

$$x^2 = z^2 - y^2 = (z + y)(z - y) = 4[(z + y)/2] \cdot [(z - y)/2] = 4ab$$

mit natürlichen Zahlen $a = (z + y)/2$ und $b = (z - y)/2$. Wie oben kann man ableiten, dass auch a und b teilerfremd sind. Denn jeder gemeinsame Teiler von a und b wäre auch gemeinsamer Teiler von z = a + b und y = a – b, was wegen Teilerfremdheit von z und y nicht sein kann. Also ist jeder Primfaktor von $x^2/4$ entweder nur Primfaktor von a oder nur Primfaktor von b.

Folglich müssen a und b selbst Quadratzahlen sein: Für geeignete natürliche Zahlen v, w können wir also schreiben a = v^2 und b = w^2. Und auch v, w sind teilerfremd.

Ein gut ausgereifter und nützlicher Gedankengang war das, wie sich bald erweisen wird. Wir notieren für spätere Zwecke, dass jedes primitive pythagoreische Zahlentripel (x, y, z) von der Bauart

$$x = 2vw$$
$$y = v^2 - w^2$$
$$z = v^2 + w^2$$

sein muss, mit teilerfremden natürlichen Zahlen v > w. Ferner lässt sich noch feststellen, dass exakt eine der beiden Zahlen v, w gerade sein muss, damit y und z ungerade sind. Außerdem erhält man jedes pythagoreische Tripel, wenn man die primitiven Tripel berechnet und mit einer beliebigen natürlichen Zahl k multipliziert. Mit all dem haben wir bereits nicht gerade wenig ermittelt, doch es ist nur ein Bruchteil der Gedanken, die man sich über pythagoreische Tripel machen kann.

Diese Rezeptur zur Erzeugung aller primitiven pythagoreischen Tripel war schon dem griechischen Mathematiker Diophantus bekannt. Über ihn als Person ist reichlich wenig bekannt, nicht einmal Geburts- und Sterbedatum. Meist wird heute aufgrund indirekter Informationen angenommen, dass er um 250 n. Chr. in Alexandria lebte. Sein Werk, die *Arithmetica*, besteht aus 13 Büchern und wurde erst im 16. Jahrhundert wieder aufgefunden. Der Fund war eine wissenschaftliche Sensation; bei dem Werk handelt es sich um einen der großen Beiträge des Altertums zur Mathematik. Die *Arithmetica* ist auf Griechisch geschrieben und wurde umgehend ins Lateinische übersetzt. Einiges, was Diophantus schon wusste, war den europäischen Mathematikern des 16. Jahrhunderts noch gar nicht bekannt.

Fermats Vermutung: Der große abgeschlossene Schicksalsroman. Auch ein Jurist der damaligen Zeit, der als Hobby Mathematik betrieb, war ein eifriger Leser der *Arithmetica.* Sein Name war Pierre de Fermat (1601– 1665). Obwohl nur Mathematik-Amateur, gilt er heute als einer der größten Mathematiker des 17. Jahrhunderts. Er stand in brieflichem Kontakt mit vielen bedeutenden Wissenschaftlern der damaligen Zeit. In seiner Korrespondenz lieferte er oft keine vollständigen Beweise seiner Aussagen, sondern eher Skizzen, Andeutungen und manchmal gar bewusste Verschleierungen, um seinem Briefpartner den Beweis vorzuenthalten oder um ihn herauszufordern. Mit der Zeit, teils erst lange nach Fermats Tod, konnten aber fast alle von Fermats Behauptungen bewiesen werden, nur ganz wenige stellten sich als nicht zutreffend heraus. Schließlich blieb nach mehr als 300 Jahren nur eine einzige seiner Behauptungen offen. Fermat hatte diese Behauptung in sein Exemplar der *Arithmetica* geschrieben, dorthin, wo Diophantus die pythagoreischen Tripel behandelt. Man schreibt das Jahr 1640. In diesem Jahr notiert Fermat den folgenden Kommentar an den Rand des 6. Bandes seines Exemplars der *Arithmetica,* der Ausgabe von 1621, übersetzt aus dem Griechischen ins Lateinische von Claude Gaspard Bachet de Meziriac:

Cubum autem in duos cubos, aut quadratoquadratum in duos quadratoquadratos et generaliter nullam in infinitum quadratum potestatem in duos eiusdem nominis fas est dividere. Cuius rei demonstrationem mirabilem sane detexi. Hanc marginis exiguitas non caperet.

Eine deutsche Übersetzung lautet:

Einen Kubus in zwei Kuben, eine vierte Potenz in zwei vierte Potenzen oder allgemein irgendeine höhere als die zweite Potenz in zwei von derselben Art zu zerlegen ist unmöglich. Ich habe hierfür einen wunderbaren Beweis gefunden. Der Rand ist zu schmal, um ihn zu fassen.

Diese Behauptung heißt heute Großer Fermat'scher Satz oder in der englischsprachigen Literatur Fermat's Last Theorem, Fermats letzter

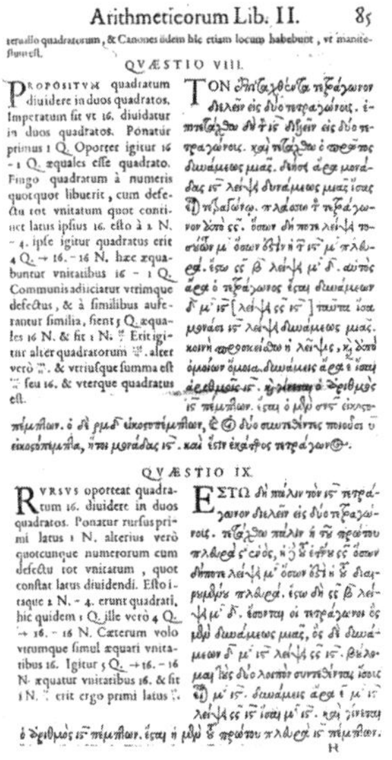

Arithmeticorum Lib. II. 85

teruallo quadratorum, & Canones iidem hic etiam locum habebunt, vt manifestum est.

QVÆSTIO VIII.

Propositvm quadratum diuidere in duos quadratos. Imperatum sit vt 16. diuidatur in duos quadratos. Ponatur primus 1 Q. Oportet igitur 16 - 1 Q. æquales esse quadrato. Fingo quadratum à numeris quotquot libuerit, cum defectu tot vnitatum quot continet latus ipsius 16. esto à 2 N. - 4. ipse igitur quadratus erit 4 Q. + 16. - 16 N. hæc æquabuntur vnitatibus 16 - 1 Q. Communis adiiciatur vtrimque defectus, & à similibus auferantur similia, fient 5 Q. æquales 16 N. & fit 1 N. 16/5. Erit igitur alter quadratorum 256/25. alter verò 144/25. & vtriusque summa est 400/25 seu 16. & vterque quadratus est.

QVÆSTIO IX.

Rvrsvs oporteat quadratum 16. diuidere in duos quadratos. Ponatur rursus primi latus 1 N. alterius verò quotcunque numerorum cum defectu tot vnitatum, quot constat latus diuidendi. Esto itaque 2 N. - 4. erunt quadrati, hic quidem 1 Q. ille verò 4 Q. + 16. - 16 N. Cæterum volo vtrumque simul æquari vnitatibus 16. Igitur 5 Q. + 16. - 16 N. æquatur vnitatibus 16. & fit 1 N. 16/5 erit ergo primi latus 16/5.

Abbildung 79: Problem II.8 in der 1621er Ausgabe der *Arithmetica* des Diophantus. An der rechten Seite der berühmte Rand, der nicht breit genug war, Fermats Beweis zu fassen.

Satz. Als nach Fermats Tod sein Exemplar der *Arithmetica* in der Fachwelt auftauchte, versuchten sich viele Mathematiker an einem Beweis der Fermat'schen Aussage. Und es ging viel Zeit ins Land.

Bis gegen Ende des Jahrtausends war es gelungen, die Fermat'sche Vermutung für alle Exponenten n bis etwa 4 Millionen zu beweisen. Eine potenzielle Lösung gibt es also höchstens für $n > 4 \cdot 10^6$ und man konnte überdies begründen, dass dann die beteiligten Zahlen größer als n^n sind, riesige Zahlen also, die man nie irgendwo würde notieren können.

Doch Mathematiker wollen mehr. Sie wollen das Endgültige. Und bei diesem hohen Standard der Wahrheitsfindung galt die Fermat'sche Vermutung immer noch als offen. Einige sehr bedeutende Köpfe versuchten sich vergeblich an einem Beweis. Etliche waren der Meinung, dass eine Bestätigung oder eine Widerlegung im 2. Jahrtausend nicht mehr gelingen werde. Viele haben daran ihre Stifte zerbrochen. Leonhard Euler war so frustriert von seinen erfolglosen Bemühungen, dass er einen Freund bat, Fermats Haus zu durchsuchen, in der Hoffnung, irgendwo ein verstecktes Papier mit dem Beweis zu finden. Andere wünschten sich, nicht nur auf Fermat, sondern auch auf Fermats Zeitgenossen, den spanischen Schriftsteller Balthasar Gracian (1601–1654), gehört zu haben, der in seinem *Handorakel und Kunst der Weltklugheit* 1653 mit einem Schmunzeln empfiehlt: «Nimm keine fremden Probleme an.»

Die Möglichkeit des Scheiterns ist als lebensweltliche Gegengröße zum Erfolg stets vorhanden. Je mehr Mathematiker bei diesem Problem aufgeben mussten, desto mehr wurde es zu einer im Wert unablässig steigenden Trophäe für ambitionierte Denker. Je stärk'rer Gegenpart, je größ'rer Sieg, meinte schon Shakespeare. Am Ende des 19. Jahrhunderts setzte Paul Wolfskehl, ein deutscher Industrieller und begeisterter Amateurmathematiker, einen beachtlichen Preis für einen Beweis aus. Die Geschichte des Preises hängt mit Wolfskehls Obsession für eine schöne Frau zusammen. Als sie ihn abwies, geriet er dermaßen in Verzweiflung, dass er Selbstmord begehen wollte. Auch die Stunde dafür hatte er schon festgelegt. In den Tagen davor beschäftigte Wolfskehl sich mit der Fermat'schen Vermutung. Plötzlich glaubte er, einen neuen Zugang zu einer Lösung gefunden zu haben, und begann leidenschaftlich daran zu arbeiten. Zwar war auch diese Idee schließlich zum Scheitern verurteilt, doch als Wolfskehl dies klar wurde, war die festgesetzte Stunde seines geplanten Selbstmordes bereits verstrichen. Auch sah er keinen Grund mehr, eine neue Stunde festzusetzen. Mit der Einrichtung des Preises erwies er dem Problem seine Referenz dafür, dass es sein Leben gerettet hatte.

So trieb das Problem auf dem Strom der Zeiten. Dann, gegen Ende des letzten Jahrtausends, gab es plötzlich eine neue und vielversprechende Entwicklung. Sie wurde eingeleitet von dem deutschen Mathematiker Gerhard Frey, derzeit Inhaber eines Lehrstuhls für Zahlentheorie an der Universität Duisburg-Essen.

Warum Gott höchstwahrscheinlich nie einen Lehrstuhl an einer Universität bekommt!

- Er hat nur eine einzige Publikation veröffentlicht.
- Einige bezweifeln gar, dass er sie selbst verfasst hat.
- Mag sein, dass er die Welt erschaffen hat, aber was hat er in der Zwischenzeit gemacht?
- Der Wissenschaft fällt es schwer, seine Ergebnisse zu reproduzieren.
- Er kommt kaum in seine Veranstaltungen, stattdessen lässt er seinen Studenten nur verkünden, sie sollen sein Buch lesen.
- Er hat die beiden ersten Studenten zur Strafe fürs Lernen exmatrikuliert.
- Seine Sprechstunden sind unregelmäßig und finden meist auf Berggipfeln statt.

Frey hatte einen Zusammenhang zwischen der Fermat'schen Vermutung und Kurven entdeckt, die elliptisch zu nennen man sich heutzutage angewöhnt hat. Es sind aber keine Ellipsen, sondern Kurven, die durch wesentlich kompliziertere Gleichungen eingeführt werden. Freys Ansatz bestand grob gesprochen aus Folgendem: Einmal angenommen, die Fermat'sche Gleichung hat eine Lösung, dann kann man aus dieser Lösung mit Geschick eine spezielle elliptische Kurve konstruieren, eine Frey-Kurve, wie sie heute heißt. Doch stünde dies im Gegensatz zu allem, was man über elliptische Kurven wusste oder ahnte. Insbesondere stünde es im Widerspruch zur so genannten Taniyama-Shimura-Vermutung über elliptische Kurven. Wenn nämlich die Taniyama-Shimura-Vermutung sich als wahr erwiese, dann konnte es Frey-Kurven überhaupt nicht geben – und ergo auch die Lösungen der Fermat-Gleichung nicht, mit deren Hilfe sie gebastelt worden waren.

Im Jahr 1986 präsentierte Frey seine Ideen auf einer internationalen Tagung von Zahlentheoretikern in Paris. Freys Präsentation erregte großes Aufsehen. Plötzlich erhob sich einer der Zuhörer und erklärte, der Weg über elliptische Kurven sei wohl der richtige zum Beweis der Fermat'schen Vermutung. Sein Name war Andrew Wiles. Wiles galt als großer Experte auf dem Gebiet der elliptischen Kurven und hatte auch seine Doktorarbeit darüber verfasst. Der Vortrag von

Frey hatte ihn so elektrisiert, dass er kurz darauf begann – einschlägig nach dem avanciertesten Stand der Kunst gerüstet –, das Fermat-Problem auf dem von Frey gewiesenen Weg über die Taniyama-Shimura-Vermutung anzugreifen. Er arbeitete an dieser Aufgabe rund sieben Jahre lang, doch sagte er niemandem, womit er sich beschäftigte. Auch die Mathematik hat ihre einsamen Protagonisten, ihre Hochleistungsathleten für Großtaten mit vorbildloser Intensität in besonders hartnäckigen Problemfällen. Der schnelle britische Brüter Wiles: ein Mann auf Mission.

Zwar gelang es ihm nicht, die Taniyama-Shimura-Vermutung in ihrer vollen Allgemeinheit zu bestätigen, doch konnte er einen wichtigen Spezialfall klären, der aber für die Frey-Kurven dieselbe Schlussfolgerung zuließ: Solche Kurven konnten nicht existieren und infolgedessen gab es auch keine Lösung der Fermat'schen Gleichung.

Wiles sagte später in einem Interview mit dem Sender BBC: «Von den ersten sieben Jahren, die ich an der Taniyama-Shimura-Vermutung arbeitete, mit der die Fermat'sche Vermutung schließlich bewiesen wurde, liebte ich jede einzelne Minute. Ganz gleich, wie schwer auch immer es stellenweise war – es gab Rückschläge und Hindernisse traten auf, die zunächst unüberwindbar schienen –, es war ein privater und sehr persönlicher Kampf, in den ich verwickelt war.»

You sexy thing! The history of Math is full of heroes who exhibit a purity of spirit and utter determination that make mathematics the sexiest discipline on the planet.

Simon Singh, *The Telegraph,* 17. 8. 2006

Sieben Jahre war Wiles nahezu bis zum Äußersten investiert in seinen Denkangriff gegen das größte ungelöste Problem des ausklingenden Jahrtausends. Beweisen als Grenzerfahrung. Wiles hat seine Arbeitsweise einmal mit der schrittweisen Erkundung eines Hauses verglichen: «Du betrittst das erste Zimmer des Hauses und es ist völlig dunkel. Man stochert in der Dunkelheit, läuft in die Möbel, und nach einer Weile weiß man, wo jedes Stück steht. Schließlich, nach sechs Monaten oder so, findet man den Lichtschalter. Du schaltest ihn ein und alles ist hell erleuchtet. Man sieht genau, wo man ist und wie alles ist. Dann gehst du in den nächsten Raum und bist wieder sechs Monate im Dunkel.»

So arbeitete er bis in den Sommer des Jahres 1993. Am 23. Juni 1993 kündigte Wiles bei einem Vortrag im Newton-Institut der Universität Cambridge dann überraschend die Lösung des Fermat-Problems an. Der Inhalt des Vortrags war ursprünglich geheim gehalten geworden. Hinter den Kulissen jagten sich aber die Gerüchte. Auch die Presse hatte davon Wind bekommen, doch zum Glück war kein Medienvertreter anwesend. Viele Menschen im Publikum machten Fotos, der Direktor des Instituts hatte vorsorglich eine Flasche Champagner mitgebracht. Während des Vortrags herrschte ehrfürchtiges Schweigen. Dann am Ende, nachdem er den letzten Beweisschritt dargestellt hatte, schrieb Wiles die Aussage der Fermat'schen Vermutung an die Tafel. Er hatte sie bewiesen. Anschließend die Worte: «I think, I stop here.» Schweigen. Stille. Dann donnernder Applaus.

Die Nachricht verbreitete sich weltweit in Windeseile, per E-Mail, im Internet. TV-Sender schickten ihre Übertragungswagen zum Newton-Institut. Die *New York Times* titelte am nächsten Tag auf ihrer ersten Seite: «At Last Shout of ‹Eureka› in Age-Old Math Mystery» und *Le Monde* schrieb an ähnlich prominenter Stelle: «Le théorème de Fermat enfin résolu». Über Nacht wurde Wiles der berühmteste Wissenschaftler der Welt. Das Magazin *People* listete ihn unter die 25 faszinierendsten Menschen des Jahres, zusammen mit Prinzessin Diana. Ein bekannter internationaler Designer bat ihn, für seine Produkte zu werben. Doch die sorgfältige Prüfung seines Beweises durch Fachkollegen stand noch bevor.

Odysseus wäre sicher ohne die Odyssee glücklicher, aber ohne die Odyssee wäre seine Biographie auch weitaus weniger interessant, ebenso wie die von Sisyphos ohne seinen Stein. Doch die Kalamitäten, in denen wir stecken, und die Widerfährnisse, die uns widerfahren, adeln uns und das umso mehr, je größer sie sind und je besser wir sie meistern. Das gilt auch für Andrew Wiles und das, was sich gegen Ende des Jahres 1993 in seinem Leben auftat. Eine Lücke im Beweis.

Bei der sorgfältigen Prüfung durch die Fachwelt wurde tatsächlich ein Fehler in der Argumentation von Wiles entdeckt, eine Lücke im Beweis noch dazu, die sich nicht ohne weiteres schließen ließ. Alles andere als nur ein Dramolett. Es war ein Fehler in einem wichtigen Teil der Kolyvagin-Flach-Methode, die Wiles verwendet hatte. Der Fehler war ausgesprochen subtil und äußerst versteckt. Unzurückweisbar. Auch ist er so abstrakt, dass er sich kaum in einfachen Sätzen beschreiben lässt. Selbst wenn man ihn einem Mathematiker erklären wollte, wäre es notwendig, dass dieser den Wiles'schen Beweis einige Monate sehr detailliert würde studieren müssen.

Ein Beweis wird gar keiner, wenn eine Lücke auftaucht und nicht geschlossen wird. Auf dem Weltkongress der Mathematiker in Zürich im Jahr 1994 musste Wiles anerkennen, dass sein Beweis lückenhaft war. Sieben Jahre Arbeit, und der Beweis war nicht gültig. Es war ein harter Schlag für Wiles, angesiedelt irgendwo zwischen Kardinalkatastrophe und intellektuellem Inferno. Das Problem bleibt einstweilen bei seiner bisherigen Art zu sein: ungelöst. Offenbar ein Problem, das einen immensen Abstand um sich selbst legt und aufrechtzuerhalten gewillt ist. Von Erfolg oder gar Erfolgserlebnis konnte zu Anfang des Jahres 1994 noch nicht die Rede sein. Eine weitere Episode in dieser nicht enden wollenden Geschichte musste beginnen.

Auch die Nachricht vom Fehler im Beweis verbreitete sich rasend schnell. Wiles stand unter zunehmendem Druck, den Fehler zu offenbaren, um anderen Mathematikern Gelegenheit zu geben, ihn zu beheben. Wiles lehnte das ab. Er wollte es selbst schaffen. Wiles machte sich also wieder alleine als Ich-AG daran, die Lücke zu schließen. Sechs Monate versuchte er es vergeblich mit einer Nachbesserung der Kolyvagin-Flach-Methode. Er kam nicht weiter. Er benötigte frische Ideen. Er lud seinen früheren Studenten Richard Taylor ein, mit ihm daran zu arbeiten. Er schwor ihn auf Geheimhaltung ein. Taylor war inzwischen Professor in Princeton und ein bekannter Experte für die Kolyvagin-Flach-Methode.

Es begann die gemeinschaftliche Suche nach einer Rettung für den auf einer Klippe aufgelaufenen Beweis. Taylor und Wiles wurde schnell klar, dass mehr vonnöten ist als eine Art von Erster Hilfe, andererseits aber auch weniger als ein ganz neuer Großentwurf. Doch die Lösung ziert sich immens. Große Verweigerung (Herbert Marcuse). Nach und nach und schleppend langsam gelingt es Wiles und Taylor tiefer zu schauen. Ihre Arbeit findet unter starker Beobachtung durch die Medien statt. Während des Sommers 1994 kämpfen Wiles und Taylor gegen den Beweisfehler, ohne durchschlagenden Fortschritt bei dessen Behebung zu verzeichnen. Nach insgesamt nun acht Jahren Arbeit will Wiles aufgeben. Er sagt dies Taylor. Vielleicht ist Fermats Vermutung doch *larger than life*. Taylor hat bereits geplant, bald nach Princeton zurückzukehren. Er schlägt Wiles aber vor, gemeinsam noch einen einzigen Monat weiterzuarbeiten. Noch einen Monat. Wiles willigt zögernd ein. Ein weiterer Monat also. Wieder gehen sie an die Arbeit, auf die Suche nach dem verlorenen Beweis. Dann!! Urplötzlich im September 1994 sind sie auf der Höhe des Geschehens und dringen zur Lösung durch.

Wiles hat später den entscheidenden Moment so beschrieben: «Am Montag, dem 19. September, saß ich an meinem Schreibtisch und untersuchte die Kolyvagin-Flach-Methode. Es war nicht so, dass ich glaubte, sie würde für meine Zwecke funktionieren, aber ich dachte, ich könnte wenigstens herausfinden, warum sie nicht funktionierte. Ich dachte, ich würde mich damit an einem Strohhalm festhalten, doch ich wollte mich überzeugen. Plötzlich, völlig unerwartet, hatte ich diese unglaubliche Offenbarung. Ich erkannte, dass, obwohl die Kolyvagin-Flach-Methode nicht vollständig funktionierte, sie doch gerade so viel lieferte, wie ich brauchte, um meine ursprüngliche Theorie zu retten. (...) Es war so unbeschreiblich schön; es war so einfach und so elegant. Ich konnte nicht verstehen, warum ich den Ansatz bisher übersehen hatte, und ich schaute ihn 20 Minuten lang ungläubig an. Während des Tages ging ich im Institut umher, doch kam ich immer wieder zu meinem Schreibtisch zurück, um zu sehen, ob mein Ansatz noch intakt war. Und er war noch intakt. Ich konnte mich nicht zurückhalten, es war so aufregend. Es war der allerwichtigste Augenblick meines Berufslebens. Nichts, was ich je tun würde, könnte diese Bedeutung haben.»

Habemus argumentum! Die Lücke ist geschlossen. Ein definierender Moment im Leben des Andrew Wiles. Ein Mathematiker im vollkommenen Beweisglück. Ein Gipfelerlebnis selbst für jeden Menschen, der auf herkömmliche Weise glücklich gemacht zu werden nicht mehr gewohnt ist.

Der nun vorliegende Beweis hielt jeder Prüfung stand, und am 27. Juni 1997 erhielt Andrew Wiles von der Göttinger Akademie der Wissenschaften den Wolfskehl-Preis, eine immer noch beachtliche Geldsumme von ursprünglich 100 000 Goldmark (umgerechnet wohl rund 1 Million Euro heute), aufgrund von Geldentwertung letztlich 80 000 DM. Überhaupt wurde er einer der meistbepreisten Mathematiker.

Fermats Vermutung ist also als richtig bestätigt. Ein Stück neuer Wirklichkeit geschaffen: der Große Fermat'sche Satz oder was besser, da treffender wäre: der Satz von Fermat-Wiles. Ein Vorzeigestück für die Walhalla und andere Ruhmeshallen des Geistes. An den Namen Andrew Wiles werden sich Menschen erinnern, solange Mathematik betrieben wird.

Mihi ipsi scripsi: Fermat und ich

Am 23. Juni 1993 hielt der Autor einen populärwissenschaftlich ausgerichteten Vortrag an der Universität Stuttgart mit dem Titel: Was ist und was soll Mathematik. Im Verlauf dieses Vortrags sagte ich zwei Sätze, die ich wie folgt überliefere: «Das größte derzeit ungelöste Problem der gesamten Mathematik ist die Fermat'sche Vermutung. Es wäre schön, wenn sie endlich jemand beweisen könnte.» Nur Stunden später begann im Internet unter den Netznutzern die Nachricht zu kursieren, dass Andrew Wiles die Fermat'sche Vermutung bewiesen habe.

Warum dasselbe nicht noch einmal probieren. Also: «Das größte derzeit ungelöste Problem der gesamten Mathematik ist die Riemann'sche Vermutung. Es wäre schön, wenn sie endlich jemand beweisen könnte.» Abrakadabra. Starter, die Fahne!

Theorem, extrem. Wie geradewegs unglaublich und positiv gehirnerschütternd die Aussage des Großen Fermat'schen Satzes ist, sieht man auch daran, wie knapp es bisweilen zugeht, dass eine Zahlenkombination gerade keine Lösung ist. Wir schlüpfen in die Rolle des Puppenspielers und lassen ein paar Puppen tanzen. So ist zum Beispiel:

$$280^{10} + 305^{10} = 0{,}999999997 \cdot 316^{10}$$

oder eine noch knappere Beinahekollision:

$$386\,692^7 + 411\,413^7 = 0,9999999999999999989 \cdot 441\,849^7$$

Haarscharf geht es auch zu bei

$$9^3 + 10^3 = 12^3 + 1,$$

woran man sieht, dass die Gleichung $x^3 + y^3 = z^3 + 1$ eine Lösung besitzt, sogar eine recht handliche.

In einer Episode der Zeichentrickserie *The Simpson's* ist in der Welt «Homer[3]» für kurze Zeit die Gleichung $1782^{12} + 1841^{12} = 1922^{12}$ sichtbar, als eine Dimension kollabiert. Der Witz besteht darin, dass die zwölfte Wurzel der Summe auf der linken Seite auf allen Taschenrechnern tatsächlich 1922 ergibt. Das liegt aber an Rundungseffekten. Tatsächlich sind linke bzw. rechte Seite gleich

2 541 210 258 614 589 176 288 669 958 142 428 526 657

bzw.

2 541 210 259 314 801 410 819 278 649 643 651 567 616,

was bis auf ein paar Billionstel gleich der linken Seite ist, bei einer absoluten Differenz von «nur» 700 Quadrilliarden zwischen beiden Seiten. Zu wenig für einen Taschenrechner, insgesamtheitlich.

Es ist heute unter Mathematikern umstritten, ob Fermat seine Vermutung wirklich bewiesen hat. Was bekannt ist: Fermat hat einen wunderschönen Beweis für den Fall n = 4 gefunden. Es ist eine verschlungene Choreographie von vorwärts, rückwärts, seitwärts, schräg, von Bewegen und Innehalten, von Tun und Lassen. Wahrscheinlich mit großem intellektuellem Energieaufwand generiert. Wir wollen auf den Pfaden Fermats wandeln und diesem Spezialfall des Großen Fermat'schen Satzes als Nächstes unsere volle Aufmerksamkeit widmen. Auch mit diesem Spezialfall kommen wir schon in die Sphäre des hochkulturellen Vernunftgebrauchs auf mathematischem Terrain.

Wir nehmen einmal versuchsweise an, dass es natürliche Zahlen x, y und z gibt, die in der Beziehung

$$x^4 + y^4 = z^4 \qquad (28)$$

miteinander stehen und deren größter gemeinsamer Teiler gleich 1 ist. Man sagt, x, y, z seien relativ prim. Tatsächlich nehmen wir an, dass schon keine zwei dieser Zahlen einen gemeinsamen Teiler größer als 1 haben. Denn hätten sie einen solchen Teiler, dann wäre dieser auch ein Teiler der verbleibenden Zahl. Wir haben ein primitives pythagoreisches Tripel x^2, y^2, z^2 vor uns, denn es ist $(x^2)^2 + (y^2)^2 = (z^2)^2$.

Nach unseren früheren Überlegungen zu pythagoreischen Tripeln können wir dann schreiben:

$$x^2 = 2vw, y^2 = v^2 - w^2, z^2 = v^2 + w^2,$$

wobei v und w relativ prim sind, eine dieser beiden Zahlen gerade und die andere ungerade ist sowie $0 < w < v$ gilt. Wir finden anschließend eine Lage vor, die abermals genauso zu handhaben ist, können wir doch schreiben $w^2 + y^2 = v^2$. Da v und w relativ prim sind, bilden y, v, w ebenfalls ein primitives pythagoreisches Tripel. Also ist v ungerade und damit w gerade. Wie oben können wir abermals schreiben

$$w = 2ab, y = a^2 - b^2, v = a^2 + b^2,$$

wobei hier a, b relativ prim sind mit unterschiedlicher Parität und $0 < b < a$.

Also,

$$x^2 = 2vw = 4ab(a^2 + b^2).$$

Demnach ist die Zahl $ab(a^2 + b^2)$ ein Quadrat, nämlich $(x/2)^2$. Jeder Faktor, der das Produkt ab teilt, muss a oder b teilen, aber nicht beide, da sie ja relativ prim sind. Also kann ein Teiler von ab auch $a^2 + b^2$ nicht teilen.

Demzufolge sind die beiden Ausdrücke ab und $a^2 + b^2$ relativ prim. Also müssen die beiden Faktoren ab und $a^2 + b^2$ ihrerseits Quadrate sein. Und da a und b relativ prim sind, müssen auch a und b selbst schon Quadrate sein, damit ihr Produkt, also ab, ein Quadrat sein kann. Sei also $a = X^2$ und $b = Y^2$ gesetzt. Dann ist $X^4 + Y^4 = a^2 + b^2$ auch ein Quadrat.

Nun kommt der Punkt, an dem Theorie in Magie umschlägt. Eine spätere Kybernetik des Gelingens von Fermats Beweis würde uns zeigen, dass wir es hier mit der zentralen Idee zu tun haben. Wir halten kurz inne und überlegen, dass wir von unserer Ausgangsannahme $x^4 + y^4 = z^4$ bislang nur von dem Umstand Gebrauch gemacht haben, dass z^4 eine Quadratzahl ist, nicht aber, dass z^4 eine vierte Potenz ist. Ein subtiler Unterschied. Damit können wir nun die Beweisidee des unendlichen Abstiegs beginnen: Wenn x und y natürliche Zahlen sind, so dass $x^4 + y^4$ eine Quadratzahl ist, dann können wir nach obiger Überlegung ein neues Paar natürlicher Zahlen X, Y bilden, so dass auch $X^4 + Y^4$ eine Quadratzahl ist. Ein Glückskreislauf setzt ein. Mit glücklichem Ausgang insofern, als auch noch gilt:

$$X^4 + Y^4 = a^2 + b^2 = v < v^2 + w^2 = z^2 < z^4 = x^4 + y^4.$$

Zwei bis drei Ausrufezeichen für diese Ungleichung. Mit welchen Zeichen soll man sie samt ihrer Interpretation sonst versehen? Mit ihr können wir aus einer angenommenen Lösung von $x^4 + y^4 = z^4$ eine ganze unendliche Folge natürlicher Zahlentripel konstruieren, die ebenfalls allesamt die Fermatgleichung erfüllen würden und deren dritte Komponente immer kleiner wird (wegen $X^4 + Y^4 < x^4 + y^4$). Das aber kann nicht sein, denn es ist unverträglich mit der unumstößlichen Tatsache, dass es eine kleinste natürliche Zahl gibt. Dieser Widerspruch zeigt, dass die Summe zweier vierter Potenzen keine Quadratzahl sein kann, eine vierte Potenz noch weniger. Das ist das Denkwerkzeug *Unendlicher Abstieg*. Zu den Überraschungseffekten der Methode des unendlichen Abstiegs gehört hier ihre Plötzlichkeit, mit der sie die Sachlage klärt. Ergo: Es kann keine ganzen Zahlen x, y, z als Lösungen von (28) geben, denn diese Annahme hat den Widerspruch hervorgerufen. Es ist ein wunderschönes und absolut feinsinniges Argument für diesen Spezialfall des Großen Fermat'schen

Satzes. Ein Wermutstropfen allerdings als Euphoriebremse beim Après-Beweis: An dieser Methode fällt bei genauem Studium auf, dass sie sich unerfreulicherweise nicht auf die anderen Exponenten n ≠ 4 ausdehnen lässt. Der Beweis von Andrew Wiles für den allgemeinen Fall ist leider nicht gleichermaßen kurz, sondern umfasst rund 200 Seiten sehr dichter, sehr komplizierter Argumentation: Ein Riesenbeweisrambazamba! Ein Beweis, so ehrfurchtgebietend, dass man ihn siezen möchte. Oder ihm ein Denkmal setzen. Warum nicht in Form eines Limericks?

Mensch, Mathematik, Vers. Ein Limerick zum Großen Satz von Fermat
A challenge for many long ages
Had baffled the savants and sages.
Yet at last came the light:
Seems old Fermat was right –
To the margin add 200 pages.

Paul Chernoff

Wie einfach auch komplizierte Dinge manchmal bei kleinen Modifikationen werden, zeigen wir, indem wir den «sehr kleinen» quasi-Fermat'schen Satz formulieren. Es ist dieser: Die Gleichung

$$n^x + n^y = n^z \qquad (29)$$

hat keine Lösung mit positiven ganzen Zahlen x, y, z, wenn n ≥ 3 ist.

Für diese Vergnügungsübung benötigt man glücklicherweise kein 200-seitiges Argument. Ein kleiner Denkzettel reicht vollkommen aus.

Wir beginnen die nötigen Überlegungen so: Da nach Voraussetzung x und y beide positiv sind und außerdem n ≥ 3 gelten soll, muss z > x und z > y sein, und wir können unsere Gleichung durch n^z teilen. Das liefert uns die neue und gutartige Beziehung

$$n^{x-z} + n^{y-z} = 1. \qquad (30)$$

Abbildung 80:
Fermats erster Satz.
Cartoon von
Sidney Harris

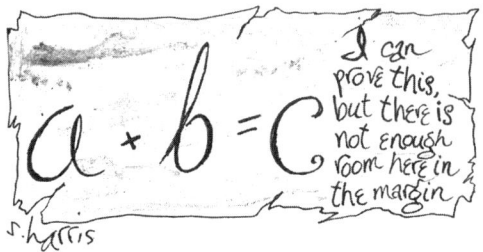

Nun überzeugen wir uns, dass die linke Seite von (30) für alle $n \geq 3$ immer kleiner als 1 ist, was eine Lösung dieser Gleichung unmöglich macht. Da sowohl x – z als auch y – z nach der obigen Eingangsüberlegung nicht größer als –1 sind und die Summe $n^{x-z} + n^{y-z}$ umso größer ist, je größer x – z und y – z sind, wird also der maximale Summenwert für x – z = y – z = –1 erreicht. Also haben wir $n^{x-z} + n^{y-z} \leq n^{-1} + n^{-1}$. Die rechte Seite dieser Ungleichung wiederum wird unter den Voraussetzungen an n dann maximal, wenn n = 3 gewählt wird. Wir sehen, dass $n^{x-z} + n^{y-z}$ deshalb nicht größer als 1/3 + 1/3 = 2/3 sein kann, also für alle erlaubten n, x, y, z immer kleiner als 1 bleibt. Damit ist der Beweis der Unmöglichkeit von Lösungen der Gleichung (29) erbracht.

Abschließend sei noch bemerkt, dass für n = 2 die Gleichung $n^x + n^y = n^z$ natürlich Lösungen mit positiven ganzen Zahlen besitzt, wegen $2^x + 2^x = 2^{x+1}$.

Wir wollen nun Fermats Patent, das Denkwerkzeug des unendlichen Abstiegs, an einer weiteren Anwendung erproben. Es handelt sich um eine geglückte Zusammenarbeit mit dem Paritätsprinzip.

Mannschaftsaufstellung. Insgesamt 23 Freizeitkicker wollen Fußball spielen, die üblichen 11 Spieler pro Mannschaft plus ein Schiedsrichter. Um die Sache ausgewogen zu gestalten, will man die Mannschaften so einteilen, dass das Gesamtgewicht beider Mannschaften gleich ist. Jeder Spieler hat ein ganzzahliges Gewicht. Es zeigt sich, dass, egal, welcher der 23 Spieler zum Schiedsrichter erkoren wird, es immer eine Einteilung der Mannschaften mit gleichen Gesamtgewichten gibt. Überzeugen Sie sich, dass das nur möglich ist, wenn alle 23 Körpergewichte identisch sind.

Wir bezeichnen die Gewichte mit g_1, g_2, ..., g_{23}. Um eine griffige Formulierung parat zu haben, nennen wir eine Ansammlung von 23 Zahlen *balanciert*, wenn sie die Eigenschaft besitzt, dass stets 22 von ihnen so in zwei Gruppen zu je 11 eingeteilt werden können, dass die Zahlensumme in beiden Gruppen identisch ist. Nach Voraussetzung sind die Körpergewichte der 23 Spieler also balanciert. Wenn eine Folge von Zahlen balanciert ist, kann ich zu jedem Element eine beliebige Zahl a addieren oder subtrahieren sowie auch jedes Element mit einer beliebigen Zahl b multiplizieren oder dividieren, und die dann entstehenden Zahlen sind ebenfalls balanciert. Das ist eine erste und einfache Schlussfolgerung.

Gerade erst hat unsere Lösungsfindung begonnen, doch es gibt schon handfeste Wahrheiten. Eine weitere: Angenommen, die Folge g_1, g_2, ..., g_{23} ist balanciert, und sei $S = g_1 + g_2 + ... + g_{23}$ die Summe aller Gewichte. Wenn g_1 das Gewicht des Schiedsrichters bezeichnet, dann muss $S - g_1$ eine gerade Zahl sein, da ja die verbleibenden Gewichte in zwei gleich große Mengen mit gleicher Summe zerlegt werden können. Ein identisches Argument führt zu der Aussage, dass $S - g_2$, $S - g_3$, ..., $S - g_{23}$ allesamt ebenfalls gerade Zahlen sind. Man darf also behaupten, dass in einer balancierten Menge natürlicher Zahlen alle Zahlen gerade oder alle Zahlen ungerade sind, sie haben dieselbe Parität. Das ist eine weitere wichtige Erkenntnis.

Ist nun g_k das kleinste (bzw. bei mehreren eines der kleinsten) Gewichte, dann subtrahieren wir g_k von allen Gewichten und erhalten eine andere balancierte Folge (s. o.), in der mindestens eines der Elemente gleich 0 ist. Da 0 eine gerade Zahl ist, müssen in dieser neuen Folge alle Zahlen gerade sein. Dann können wir also alle diese Zahlen durch 2 dividieren und erhalten wiederum eine neue balancierte Folge (s. o.). Diesen letzten Schritt kann man beliebig oft wiederholen, denn stets ist mindestens eine der Zahlen 0, also gerade, und somit sind alle Zahlen gerade.

Angenommen nun, die Zahlen seien nach Subtraktion von g_k nicht allesamt gleich 0, dann führt die Tatsache der beliebig häufigen Teilbarkeit durch 2 zu einem Widerspruch, denn jede natürliche Zahl ist höchstens endlich oft durch 2 teilbar. Also müssen nach Subtraktion von g_k alle Zahlen gleich 0 sein, also vor der Subtraktion alle Zahlen gleich g_k und somit identisch sein.

Eine eindrucksvolle und beifallsfähige Anwendung des Prinzips vom unendlichen Abstieg im Zusammenspiel mit dem Paritätsprinzip.

14. Symmetrieprinzip

Wenn man was tun kann, ohne dass sich was tut

Symmetrie schafft eine zugleich wundervolle und
lächerliche Verwandtschaft zwischen Objekten,
Phänomenen und Theorien, die äußerlich
betrachtet nichts miteinander gemein haben:
so der terrestrische Magnetismus, polarisiertes
Licht, natürliche Selektion, Gruppentheorie, die
Struktur des Universums, Vasenformen,
Quantenphysik, Blütenblätter, die Zellteilung
von Seeigeln, Schneeflocken, Musik und die
Relativitätstheorie ...
Symmetrieforscher Hermann Weyl (1885–1955)

Wenn der Feind in Reichweite ist, dann sind Sie es auch.
US-Infanterie-Journal

> Symmetrieprinzip: Liegen im gegebenen System gewisse Symmetrieeigen-
> schaften vor, aus denen Informationen abgeleitet werden können?

Der Begriff Symmetrie leitet sich ab vom altgriechischen Wort *sym-
metria*, welches wiederum aus den Worten

sym   = gleich, gleichartig
metron = Zahlenmaß, rechtes Maß

entstanden ist. Es bedeutet also so viel wie Gleichmaß.

Der griechische Bildhauer Polykleitos benutzte es 500 v. Chr. erstmals für seine neuartige ästhetische Konzeption, bei der eine Statue
aus einzelnen Teilen bestand, die in harmonischer, gleichmäßiger
und ausgewogener Weise aufeinander und auf die Statue als Ganzes
bezogen waren.

Heutzutage kann Symmetrie in einem engen und in einem weiteren Sinn verwendet werden. Im engen Sinn bezieht sie sich auf die vertraute Spiegelsymmetrie, die sich etwa am menschlichen Körper und bei fast allen Tieren zeigt: Die linke Körperhälfte ist äußerlich annähernd ein Spiegelbild der rechten Körperhälfte. Besonders eindrucksvoll ist diese zweiseitige Entsprechung bei den Schmetterlingen, zeigt sich aber in weiten Teilen des Tierreiches: Unsymmetrische Tierarten kommen in der Natur so gut wie nicht vor.

Im allgemeinen Sinn schreibt man einem Objekt (einem Gegenstand, einem Lebewesen, einer chemischen Formel, einer mathematischen Gleichung, einem physikalischen Gesetz) Symmetrie zu, wenn es gegenüber bestimmten Operationen (Spiegelungen, Rotationen, Vertauschungen, Transformationen) unverändert bleibt.

In dieser Bedeutung begegnen uns Symmetrien überall im beobachtbaren Universum. Ja, Symmetrie ist das fundamentale Prinzip im gesamten bekannten Kosmos und so allgegenwärtig, dass viele Denker es als gestalterisches Wirkungsprinzip ansehen, aus dem die Naturgesetze selbst resultieren. Es scheint dies ein geeigneter Augenblick, in geraffter Form Beispiele für Symmetrien in mancherlei Kontexten zu geben.

Die Natur bevorzugt eindeutig die Symmetrie. Neben Lebewesen ist dies augenfällig bei Kristallen und chemischen Verbindungen. Offenbar muss die Symmetrie gegenüber der Unsymmetrie einen Auswahlvorteil haben, sie hätte sonst nicht so häufig die Selektionskonkurrenz gegen diese gewinnen können.

Symmetrisches gilt vielen Menschen als ästhetisch und findet sich deshalb sehr häufig in den Werken von Kunst und Architektur, meist als visuell erfahrbare Symmetrie von Formen, Lagen, Anordnungen und Strukturen. Einschlägig bekannt sind die Gemälde des niederländischen Malers M. C. Escher, insbesondere aus seiner Serie *Symmetry*, die von links, rechts, von oben oder unten betrachtet jeweils gleich erscheinen.

Abbildung 81: *Symmetry Drawing E104* **von M. C. Escher**

Ein besonders eindrucksvolles Exempel für das Symmetrieprinzip in der Architektur ist das Taj Mahal, dessen Abbildung 82 mit der Spiegelung im Wasser sogar zwei verschiedene Symmetrieachsen aufweist, eine vertikale und eine horizontale.

Abbildung 82: Das Taj Mahal

Symmetrisches begegnet uns auch in manchen sprachlichen Konstruktionen, etwa in Worten – den sogenannten Palindromen –, die man von vorne nach hinten und von hinten nach vorne lesen kann, mit derselben Buchstabenabfolge in beiden Fällen. *Otto* ist ein geläufiges Beispiel oder auch *Rentner* und sogar *Lagertonnennotregal*. Auch vollständig palindromische Sätze gibt es, wie etwa diese moderat unnonsensikalen Exemplare:

Nur du, Gudrun.
Reit amal a Lamatier.
Erika feuert nur untreue Fakire.
Ein Eheleben stets, Nebelehe nie.

Oder der Klassiker, der dem Philosophen Schopenhauer zugeschrieben wird:

Ein Neger mit Gazelle zagt im Regen nie.

Selbst in der Sprache der Erbsubstanz, der DNA, mit ihrer Abfolge der 4 Nukleotiden Adenin (A), Cytosin (C), Guanin (G), Thymin (T), aus denen der genetische Code besteht, spielen Palindrome der Nukleotidsequenz eine gewisse Rolle, so etwa bei

ATTGCICGTTA

Molekularbiologen haben herausgefunden, dass das Symmetriezentrum dieser und anderer palindromischen Sequenzen bestimmten Enzymen als Erkennungsstelle dient.

Bei Sprachkunstwerken, etwa in der Lyrik, wird Symmetrie bisweilen als Stilmittel eingesetzt, z. B. in der Abfolge betonter und unbetonter Silben oder in der Anordnung der Worte:

Eugen Grominger
1953

das schwarze geheimnis
ist   hier
hier   ist
das schwarze geheimnis

Auch in der Musik spielt die Symmetrie als Gestaltungsprinzip eine wichtige Rolle. Der Begriff *Krebs* steht für das anschließende Rückwärtsspielen einer ganzen Notensequenz. Das ist eine Spiegelung an der Vertikalen. Musikalische Krebse waren besonders im Zeitalter des Barock beliebt. Eine schöne Illustration des Symmetriekonzepts ist auch Johann Sebastian Bachs *Contrapunctus* mit einer anderen Art von Symmetrie: Die Noten scheinen an einer Horizontalen gespiegelt, so dass die zweite Stimme als Spiegelbild der ersten Stimme in Erscheinung tritt.

In vielen Alltagserscheinungen treten ebenfalls Symmetrien als Ordnungsprinzipien auf. Besonders ausgefeilt im öffentlichen Personennahverkehr, bei den sogenannten integralen Taktfahrplänen. Bei ihnen wird darauf geachtet, dass an Knotenpunkten günstige Anschlussmöglichkeiten bestehen. Die Zeitpunkte der Kreuzungen verschiedener Linien heißen Symmetriezeiten. Um günstige Anschlüsse in alle Fahrtrichtungen zu gewährleisten, müssen die Symmetriezeiten aller beteiligten Linien aufeinander abgestimmt werden. Das geschieht meist so, dass zu jeder Fahrt in einer Fahrtrichtung eine korrespondierende Fahrt in die entgegengesetzte Fahrtrichtung eingeführt wird, indem zum Beispiel dem Halt an einer Stelle der Strecke um :17 in einer Richtung ein Halt an derselben Stelle bei Fahrt in Gegenrichtung um :43 zugeordnet werden kann. Diese Symmetrie bezüglich der Minute :00 bezeichnet man als Nullsymmetrie. In einem integralen Taktfahrplan gelten derartige Wechselbeziehungen global für alle Linien.

Eine andere, konzeptionell-abstrakte Art von Symmetrie begegnet uns in den mathematischen Darstellungen der Naturgesetze. Dabei handelt es sich um Formeln, die Beziehungen zwischen klar definierten physikalischen Größen ausdrücken. Sie beschreiben Zustände physikalischer Systeme und deren Änderungen. Allein schon die Möglichkeit, die ungeheure Fülle des im Universum zu Beobachtenden durch eine nur geringe Anzahl derartiger Spielregeln zu beschreiben, ist ein intellektuelles Faszinosum der besonderen Art. Dazu zählen die Maxwell'schen Gleichungen sowie die Beziehungen von Einsteins Relativitätstheorie.

Die Frage nach der Symmetrie dieser Naturgesetze lässt sich beispielsweise wie folgt stellen: Welche Arten von Veränderungen kann ich an der Welt vornehmen, ohne dass sich die Gesetze ändern, die alle beobachteten Phänomene in dieser Welt beschreiben? Gegenüber welchen Transformationen bleiben die Naturgesetze invariant? Dazu gehören zuallererst und am einfachsten Verschiebungen des Ortes. In Berlin gelten dieselben Naturgesetze wie in der Sahara oder auf dem Mond. Weiterhin gibt es im Universum keine herausgehobene Richtung. Man kann sagen: Die Naturgesetze sind symmetrisch bezüglich beliebiger Rotationen des gewählten Koordinatensystems. Auch die Relativitätstheorie ist letztlich eine großartige Konzeption der Symmetrisierung, die eine umfassende Symmetrie im Raum-Zeit-Kontinuum herstellt, und zwar für alle Beobachter, ob sie nun eine beschleunigte Bewegung ausführen oder nicht.

Einstein gelang das mit einer neuen Sicht der Gravitation, der wechselseitigen Anziehung zwischen Massen. Um den Kern des Konzepts verständlich zu machen, denke man sich einmal eine Person, die sich in einem Aufzug auf eine Waage stellt. Fährt der Aufzug nach oben, drückt der Körper stärker auf die Waage, und diese zeigt ein größeres Gewicht an. Dieselbe Wirkung hätte es, wenn die Gravitation stärker geworden wäre. Fährt der Aufzug nach unten, drückt der Körper schwächer auf die Waage, und das angezeigte Gewicht ist geringer. Entsprechend ist hier die Wirkung dieselbe wie bei abgeschwächter Gravitation. Sollte der Aufzug sich gar im freien Fall befinden, so registriert die Waage gar kein Gewicht mehr.

Dieser Gedanke der symmetrischen Entsprechung zwischen Stärke der Gravitation und Bewegungszustand kam Einstein irgendwann im Verlauf des Jahres 1907. In einem späteren Vortrag hat er den Augenblick dieser Erleuchtung beschrieben: «Ich saß im Berner Patentamt, als mir dieser Gedanke durch den Kopf ging: Wenn ein Mensch sich im freien Fall befindet, dann fühlt er sein eigenes Gewicht nicht mehr. Ich war überrascht. Dieser einfache Gedanke machte einen tiefen Eindruck auf mich. Er stieß mich auf eine neue Theorie der Gravitation. Nach dieser Theorie sind die Kraft aufgrund von Gravitation und die Kraft aufgrund von Beschleunigung ein und dieselbe Sache.» Ein unglaublich mächtiges Symmetrieprinzip entstand aus dieser Idee.

In der Mathematik gibt es Symmetrie in zahlreichen Varianten. Dazu gehören die geometrischen Symmetriebegriffe. Zwei verschiedene geometrische Strukturen sind dann zueinander symmetrisch, wenn es eine Operation gibt, die sie wechselseitig ineinander abbildet. Beispiele sind die schon erwähnte Spiegelsymmetrie, aber auch die Punkt- und Drehsymmetrie sowie die Symmetrie gegenüber einer Verschiebung.

Einen weiteren wichtigen Aspekt des Symmetriebegriffs bilden die symmetrischen Relationen. Eine Relation ist in diesem Zusammenhang zunächst einfach eine Beziehung, die zwischen Dingen besteht, etwa die Relation «größer als» oder die Relation des «sich Duzens» zwischen zwei Menschen. Wenn zwei Dinge a und b in Relation stehen, symbolisch geschrieben als aRb, dann kann man a priori nicht unbedingt davon ausgehen, dass auch b und a in derselben Relation stehen, also die Beziehung bRa vorliegt. Bei der Relation «größer als» ist dies sogar definitiv auszuschließen. Wenn a größer ist als b, dann ist b ganz sicher nicht auch größer als a.

Relationen, bei denen auch die Beziehung bRa immer dann besteht, wenn die Beziehung aRb besteht, nennt man symmetrische Relationen oder Symmetrierelationen. Ob die Relation des Duzens auch dazugehört, hängt offenbar vom Kontext ab. Im Kollegenkreis sicherlich, aber in der Schule allgemein nicht. Während der Lehrer die jüngeren Schüler duzt, gilt für die Schüler in Bezug auf den Lehrer die Anrede «Sie».

Symmetrien sind bedeutend, wo immer sie auftauchen, denn sie reduzieren die große Vielfalt der möglichen Erscheinungen auf jene, die unter gewissen Maßnahmen unverändert bleiben. Abhängig vom Zusammenhang kann das eine starke Komplexitätsreduktion beinhalten. Das Erkennen, Bestimmen und Ausnutzen von bestehenden Symmetrieeigenschaften im gegebenen Problemkontext ist deshalb eine überaus wichtige Problemlösungstechnik. Wir präsentieren dazu zwei Aufgaben, die mit symmetriebasierten Techniken außerordentlich einfach gelöst werden können.

Münzspiel am runden Tisch. Zwei Spieler sitzen an einem kreisförmigen Tisch und erhalten eine unerschöpfliche Münzquelle. Die Spieler legen abwechselnd je eine Münze auf den Tisch. Die Münzen müssen flach auf dem Tisch liegen. Wer die letzte Münze, die noch vollständig auf den Tisch passt, legt, gewinnt. Wer ist der Gewinner, vorausgesetzt, beide Spieler spielen bestmöglich? Wie sieht die Gewinnstrategie aus?

Die Lösung: Ein Solo des Symmetrieprinzips. Es gewinnt der Spieler, der immer wieder eine symmetrische Situation herstellen kann. Der erste Spieler kann Symmetrie herstellen nur dann, wenn er seine erste Münze in die Mitte des Tisches legt. Regieanweisung für ihn in der Folge: stets die Symmetrie aufrechterhalten, indem die nächste Münze punktsymmetrisch zur unmittelbar zuvor vom Gegenspieler platzierten Münze gelegt wird. Mit dieser Vorgehensweise zwingt Spieler 1 seinen Gegner mit jedem seiner Züge, die Symmetrie der platzierten Münzen zu brechen, und vermag dann seinerseits diese durch seinen nächsten Zug stets wiederherzustellen. Das geht so lange, bis Spieler 2 keine mögliche Lage mehr für eine weitere Münze findet. Dann endet das Spiel mit einem Sieg von Spieler 1. Seine Gewinnstrategie beruht essenziell auf der symmetrischen Gestalt des Tisches.

Auch das folgende Beispiel ist zu denken als Muster für die Übung der Symmetrisierung.

Wiegen und wiegen lassen.   Es war kein kleines Problem, das Baby in der Klinik zu wiegen. Es zappelte und ebenso taten es die Zeiger der Waage. Also hielt Anne das Baby, stellte sich auf die Waage und Schwester Clara las als gemeinsames Gewicht der beiden 76 kg ab. Danach hielt die Schwester das Baby auf der Waage und Anne las als Gewicht der beiden 83 kg ab. Danach hielt Anne die Schwester auf der Waage, der Doktor hielt das Baby und las als Gewicht von Anne und Clara 151 kg ab. Wie schwer waren Anne, Baby und Clara?

Aus den Wägeergebnissen produzieren wir 3 Gleichungen, welche die unbekannten Gewichte von Anne (a), Baby (b) und Clara (c) enthalten:

$$\begin{aligned} a + b &= 76 \\ b + c &= 83 \\ a + c &= 151. \end{aligned} \qquad (31)$$

Die Gewichte der 3 beteiligten Personen ließen sich ohne weiteres ermitteln, wenn ihr Gesamtgewicht g bekannt wäre. Das ist dann ein einfaches Subtraktionsproblem, z. B.

$$b = g - (a + c) = g - 151.$$

Es fällt auf, dass alle 3 zur Verfügung stehenden Gleichungen zwar in jeweils 2 der 3 Unbekannten symmetrisch sind (so kann ich in der ersten Gleichung etwa a durch b und b durch a vertauschen und die Gleichung bleibt richtig), doch nicht in allen 3 Unbekannten (die erste Gleichung, also $1 \cdot a + 1 \cdot b + 0 \cdot c = 76$, wird falsch, wenn ich die 3 Unbekannten miteinander vertausche).

Man kann jedoch eine Symmetrisierung herbeiführen, indem man alle 3 Gleichungen addiert, was die Tatsache ausnutzt, dass jede der 3 Unbekannten auf der linken Seite der Gleichungen genau zweimal vorkommt. Also ist die Summe aller 3 Gleichungen symmetrisch in den 3 Unbekannten:

$$(a + b) + (b + c) + (a + c) = 76 + 83 + 151,$$

was dasselbe ist wie

$$2a + 2b + 2c = 310.$$

Damit erhalten wir zuerst $g = a + b + c = 310/2 = 155$ und dann mit (31) die Einzelgewichte

$$a = g - (b + c) = 155 - 83 = 72$$
$$b = g - (a + c) = 155 - 151 = 4$$
$$c = g - (a + b) = 155 - 76 = 79.$$

Auch hier hat uns die Herbeiführung von Symmetrie, konkret die Erzeugung einer in den Unbekannten symmetrischen Gleichung, den entscheidenden Schritt zur Lösung verschafft.

15. Extremalprinzip

Nicht nur ein Denk-, sondern ein Lebensprinzip

Nichts wird in der Welt angetroffen, woraus
nicht irgendeine Maximum- oder Minimum-
eigenschaft hervorleuchtet.

Leonhard Euler

Ich war der Beste, den ich jemals hatte.

Woody Allen

Die Kunst des Rennfahrens besteht darin,
so langsam wie möglich der Schnellste zu sein.

Emerson Fitipaldi, ehemaliger Formel-1-Weltmeister

> Extremalprinzip: Kann ich in der gegebenen Problemsituation aus der Untersuchung extremaler Fälle Informationen über alle Fälle gewinnen?

Eulers Meinung im obigen Epigraphen drückt aus, dass im Kosmos nur solche Eventualitäten Realität werden können, die einem Extremalprinzip gehorchen. Dieser Gedanke ist bereits rund 2000 Jahre alt; er geht zurück auf Heron von Alexandria. Eine rollende Kugel etwa wählt den Weg mit der steilsten Neigung, ein Lichtstrahl legt zwischen zwei Punkten A und B den Weg zurück, der es ihm erlaubt, von A ausgehend den Punkt B in der kürzesten Zeit zu erreichen. Dieses so genannte Fermat'sche Extremalprinzip erklärt, warum das Licht sich zwischen zwei Punkten in einer Anordnung von Linsen und verschiedenen optischen Medien nicht notwendigerweise geradlinig ausbreitet, sondern sich eben zeitökonomisch verhält, was eine andere Streckenführung erfordern kann als eine geradlinige. In einem optisch homogenen Medium ist der Lichtweg zwar eine Gerade, im zweigeteilten Medium ist es aber ein Pfad mit Kante und Knick, und wenn das Medium sich kontinuierlich mit seinen optischen Eigenschaften ändert, kann der Lichtweg durchaus auch eine gekrümmte Bahnkurve haben.

Auch ein Fluss bahnt sich mit seinem Bett den Weg des geringsten Widerstandes, und dünne Filme von Seifenlösung ziehen sich aufgrund der Oberflächenspannung über vorgegebene Ränder mit einem Minimum an Oberfläche. Dieses Extremalprinzip der Natur wurde zum Beispiel Anfang der 1970er Jahre bei der architektonischen Konstruktion des für damalige Verhältnisse sehr futuristischen Daches des Münchener Olympiastadions eingesetzt, das mit Hilfe von Seifenlaugen-Experimenten optimiert wurde.

Auch andere Optimierungsprobleme lassen sich mit Seifenlauge lösen, etwa das so genannte Steiner-Problem: Um kurz eine Version darzustellen, seien die 4 Eckpunkte eines Quadrates betrachtet. Diese vier Punkte sollen so verbunden werden, dass jeder Punkt von jedem anderen aus erreichbar ist und außerdem die Verbindungsstrecken eine kleinstmögliche Gesamtlänge bilden. Im Sinne einer Anwendung und Verallgemeinerung ließe sich beispielsweise an Städte denken, die durch Autobahnen so verbunden werden sollen, dass wechselseitige Erreichbarkeit gewährleistet ist und möglichst wenig Autobahnkilometer verbaut werden müssen.

Das Problem ist selbst in unserem reduzierten Fall mit 4 quadratisch angeordneten Punkten A, B, C, D nicht leicht zu lösen. Eine erste Überlegung könnte darin bestehen, benachbarte Ecken zu verbinden. Dann käme man zu einem Quadrat ABCD. Die Gesamtlänge der Verbindungsstrecken ist das 4-Fache der Seitenlänge des Quadrats, also L = 4 Einheiten.

Das ist ein naiver erster Lösungsversuch. Genau genommen kann nämlich eine Quadratseite, und zwar jede beliebige, entfallen, und die vier Punkte sind immer noch von jedem Punkt aus erreichbar. Hier ist L = 3. Eine alternative Idee, die die Vorgabe erfüllt, besteht aus den beiden sich kreuzenden Diagonalen des Quadrats ABCD. Die Gesamtlänge der Verbindungsstrecken ist in diesem Fall einfach das Doppelte der Diagonallänge und diese ist mit Pythagoras gleich $\sqrt{2}$. Also L = $2\sqrt{2}$ = 2,82.

Doch auch dies ist noch nicht die optimale Lösung. Überraschenderweise lässt sich die Aufgabe mittels zweier Glasplatten, vier Stäben und eines Bottichs mit Seifenlauge experimentell lösen. Derart

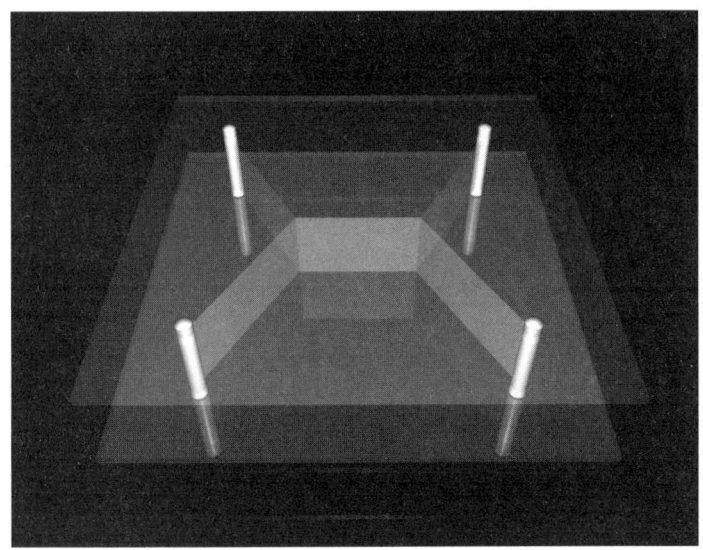

Abbildung 83: Ausbildung eines minimalen Seifenlaugenfilms

accessoirebeladen nehmen wir das Steiner-Problem ganz untheoretisch in Angriff. Die vier Stäbe entsprechen den 4 Punkten A, B, C, D; die beiden Glasplatten sind parallel zueinander nach Art eines Sandwiches angeordnet mit den senkrecht stehenden Stäben zwischen ihnen. Diese Konstruktion taucht man für kurze Zeit vollständig in Seifenlauge ein. Zwischen den Stäben bildet sich im Regelfall ein Seifenfilm aus. Der Seifenfilm ist bestrebt, seine Oberfläche so klein wie möglich zu halten. Deshalb wird die Form des Seifenfilms ein dreidimensionales Analogon zur Lösung des Steiner-Problems bilden. Alle Winkel zwischen den aneinanderstoßenden Lamellen betragen exakt 120°. Hier ist L = 1 + √3 = 2,73.

In der belebten Natur begegnet man auf Schritt und Tritt Extremalprinzipien. Die Natur agiert gerne sparsam. Auch die Bienenwabe mit ihrem Querschnitt als regelmäßiges Sechseck ist ein gutes Beispiel für die Optimalität der in der Natur verwendeten Bauweisen.

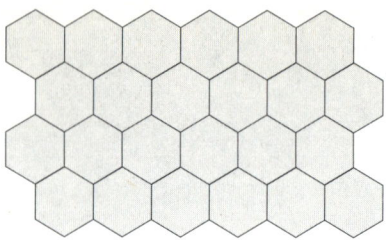

Abbildung 84: Das Hexagonalgitter der Bienenwaben, schematisch dargestellt

Abbildung 85: Das Hexagonalgitter der Bienenwaben, im richtigen Leben

Sollen sehr viele gleich große Bienenlarven mit einer möglichst
geringen Wachsmenge in kleine Kammern eingehüllt werden, dann
kann man nichts Besseres machen als das, was die Bienen machen.
Die optimale Strategie besteht in der Aneinanderreihung von Zellen, deren Querschnitt ein regelmäßiges Sechseck ist. Schon der griechische Mathematiker Pappos von Alexandria hatte dies in der
Antike vermutet, doch erst im Jahr 1999 konnte die Vermutung von
dem amerikanischen Mathematiker Thomas Hales stichhaltig bewiesen werden. Die Bienen verhalten sich mit ihrer Bauweise also
tatsächlich mathematisch optimal, indem sie damit möglichst wenig
Bienenwachs verbrauchen.

Auch Pflanzen ordnen ihre Blätter um die Stängel so an, dass Licht
(in Form von Sonne) und Wasser (in Form von Regen) optimal ausgenutzt werden. Und letztlich liegt auch der Darwin'schen Evolu-

tionstheorie das Extremalprinzip des Überlebens der Tüchtigsten zugrunde.

Die Physiker wissen, dass im Universum die fundamentalen Prozesse so ablaufen, dass ein Extremalprinzip für eine physikalische Größe gilt, die als *Wirkung* bezeichnet wird. Dieses *Prinzip der kleinsten Wirkung* geht auf den französischen Mathematiker und Physiker Maupertuis (1698–1759) zurück, der es aus philosophischen Erwägungen gewann, als er annahm, dass die Natur einem Sparsamkeitsprinzip folge und es daher eine Größe geben müsse, die bei jenen Vorgängen minimiert wird, die im Unterschied zu nur möglichen Vorgängen tatsächlich stattfinden. Der griechische Mathematiker Zenodorus (ca. 200–140 v. Chr.) hatte früher schon spekuliert, dass sich Zustandsänderungen, die in der Natur beobachtet werden, mit geringstmöglichem Aufwand vornehmen lassen.

Auch in den Wirtschaftswissenschaften gibt es zahlreiche Theorien, die als Grundlage menschlichen ökonomischen Verhaltens Extremalprinzipien zugrunde legen. Da ist zum einen das *Minimumprinzip*. Es postuliert, dass sich bei vorgegebenen Zielen (Output) die ökonomischen Akteure so verhalten, dass der für diese Ziele benötigte Einsatz von Mitteln (Input) so gering wie möglich ist. Umgekehrt ist beim *Maximumprinzip* die Menge der zur Verfügung stehenden Mittel vorgegeben. Der mit diesen Mitteln zu erreichende Ertrag soll maximiert werden.

Extremales aus der wunderbaren Welt der Werbung. Der amerikanische Unternehmensberater Matt Haig hat ein amüsantes Buch über *Die 100 größten Marken-Flops* geschrieben. Die Firma Clairol etwa versuchte einst vergeblich, auf dem deutschen Markt einen Lockenstab mit dem Namen «Mist Stick» zu verkaufen (Englisch mist = Nebel, Englisch stick = Stab).

In den 1980er Jahren begann der Pepsi-Konzern, seine Verflüssigungen auch in den chinesischen Markt hineinzuemittieren. Die chinesische Sprache ist reich an Subtilitäten und feinen lautlichen Nuancen. Das führte dazu, dass der Pepsi-Slogan «Come alive with the Pepsi Generation» (etwa: Lass dich von der Pepsi-Generation beleben) missraten ins Chinesische übersetzt wurde als «Pepsi holt deine Vorfahren aus dem Grab». →

Der Autohersteller Ford hatte fast überall auf der Welt einen großen Erfolg mit seinem Modell Pinto, nur auf dem brasilianischen Markt erlebte man damit einen fürchterlichen Flop. Denn bei Markteinführung wurde auch der Modellname unverändert übernommen. Doch in der brasilianischen Landessprache bedeutet Pinto so viel wie «kleiner Penis». Ford bemerkte schließlich den Grund für die Absatzschwierigkeiten und änderte den Namen in «Corcel», was Hengst bedeutet.

Auch in der Mathematik gibt es zahlreiche Objekte, die teils durch subtile, teils durch simple Extremalprinzipien charakterisiert sind: Unter allen Flächen mit vorgegebenem Umfang hat die Kreisfläche den größtmöglichen Flächeninhalt, die Kugel hat die kleinste Oberfläche unter allen dreidimensionalen Gebilden mit dem gleichen Volumen. Blasen und Tropfen in der Natur treten wegen der Oberflächenspannung in Kugelform auf.

Auch in Denk- und Problemlösevorgängen spielen extremale Objekte eine wichtige Rolle. Denn in vielen Problemsituationen treten so viele mögliche Strukturen und Objekte auf, dass es heuristisch sinnvoll sein kann, sich zunächst auf einige wenige Fälle zu beschränken. Dabei bieten sich extremale Objekte wie das längste, größte, kleinste, schnellste an oder sonst in irgendeiner Form am Rande liegende Spezialfälle, da an ihnen die Beziehung zu den Nebenbedingungen entweder besonders klar wird oder besonders gut ausgenutzt werden kann.

In diesem Sinne ist das Extremalprinzip als Problemlösungsheuristik disziplinenübergreifend anwendbar und im Repertoire guter Problemlöser als wichtiges Instrument anzutreffen.

Besonders geeignet ist das Extremalprinzip oftmals, wenn man sich überzeugen will, dass ein Objekt mit vorgegebenen Eigenschaften existiert. Häufig lassen sich dann den Objekten geeignete mathematische Größen zuordnen, die in eine Rangfolge gebracht werden können. Bisweilen kann man die Zuordnung von Größen zu Objekten so gestalten, dass ein irgendwie extremales Objekt (z. B. die kleinste Zahl, die größte Fläche, die geringste Geschwindigkeit usw.)

mit dem Objekt korrespondiert, das die gewünschten Eigenschaften hat. Oder man kann aus einer leichten Modifikation des extremalen Objekts wertvolle Schlüsse ziehen, etwa wenn die zugeordnete mathematische Größe bei Modifikation noch extremere Werte annehmen sollte.

Exemplarisch wollen wir uns an einigen besonders glanzvollen Stücken dieses Genres erfreuen. Ein instruktives Beispiel ist das *Problem der Häuser und Brunnen*. Dabei handelt es sich um folgende Fragestellung: In einem Gebiet befinden sich n Häuser und n Brunnen. Jedes Haus soll durch eine geradlinige Wasserleitung mit einem Brunnen verbunden werden. Ist es möglich, dies so zu gestalten, dass sich keine zwei Leitungen kreuzen?

Es gibt insgesamt n! verschiedene Arten, jedes Haus mit je einem Brunnen zu verbinden. Unter diesen n! Konstellationen wähle man jene aus, bei der die Summe der Längen aller Leitungen minimal ist. Da ist es schon im Einsatz, das Extremalprinzip. Bei dieser längenminimierenden Zuordnung von Häusern und Brunnen gibt es keine Kreuzungen zwischen den Leitungen. Warum nicht? Die Begründung basiert auf einem Beweis durch Widerspruch. Wir setzen also noch ein zweites Denkwerkzeug ein. Angenommen, dass bei dieser extremalen Zuordnung die Leitungen von Brunnen A zu Haus C und Brunnen B zu Haus D sich im Punkt X kreuzen:

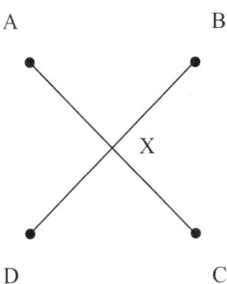

Dann kann man die Leitung AC durch die Leitung AD ersetzen und die Leitung BD durch die Leitung BC. Der direkte, geradlinige Weg zwischen zwei Punkten ist der kürzeste und somit ist die Summe der Strecken AX und XD länger als die Strecke AD, ebenso sind BX und XC gemeinsam länger als BC. Eine neue Konstellation ist also entstanden mit einer kleineren Gesamtsumme der Längen aller Leitungen. Das ist ein Widerspruch zur angenommenen Minimalität der Ausgangszuordnung.

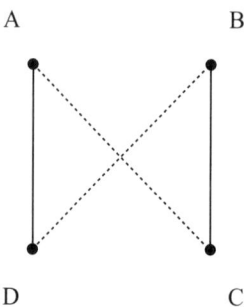

Abbildung 86: Zwei Wasserleitungen geringerer Gesamtlänge

Durch diese Art von Schnittpunktbeseitigung kann man demzufolge von einer gegebenen Konstellation zu einer Konstellation mit kürzerer Gesamtlänge übergehen. Die Konstellation mit der kürzesten Gesamtlänge besitzt überhaupt keinen Schnittpunkt zwischen allen Leitungen.

Unsere zweite Illustration für den Einsatz des Extremalprinzips ist das *Hauptstadtproblem*.

In einem Land gibt es per ordre de mufti nur Einbahnstraßen. Ferner sind je zwei Städte durch genau eine direkte Straße miteinander verbunden. Der Mufti möchte jetzt eine der n Städte seines Reiches als Hauptstadt ausrufen. Sein Ratgeber schlägt vor, dass dies eine Stadt sein solle, die von allen anderen Städten entweder direkt oder über höchstens eine andere Stadt erreichbar ist. Der Mufti fragt ihn, ob es eine solche Stadt überhaupt gibt.

Ein paar kleinere Vorarbeiten müssen zuerst geleistet werden. Wir ermitteln für jede Stadt die Anzahl direkter Straßen, die zu ihr hinführen. Sei m das Maximum (Extremalprinzip!) unter all diesen Anzahlen und M eine Stadt, in die m Straßen hineinführen. Sei ferner D die Menge der Städte mit Direktverbindungen nach M. Schließlich werde noch mit R die Menge aller Städte außer M und außer den Städten in D bezeichnet. Jetzt können wir anfangen zu kombinieren. Wenn die Menge R keine Städte enthält, dann hat die Stadt M die gewünschte Eigenschaft und kann Hauptstadt werden. Gut. Wenn die Menge R z. B. eine Stadt X enthält, dann gibt es eine Stadt E in der Menge D, so dass die direkten Verbindungen X → E und E → M bestehen. Richtig? Ja! Gäbe es nämlich ein derartiges E nicht, dann könnte X direkt von allen Städten in D und auch von M selbst erreicht werden, d. h., m + 1 (also mehr als das Maximum m) Straßen würden direkt nach X führen, was der Annahme über M aber widerspricht. Die extremale Wahl von M zeigt uns, dass so etwas nicht sein kann. Die Stadt M ist also von X über nur eine andere Stadt erreichbar.

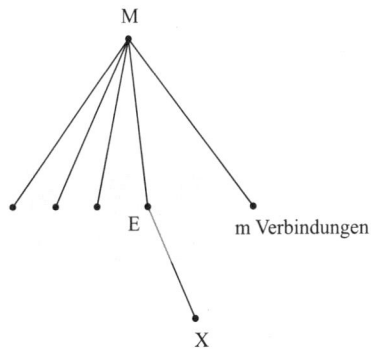

Abbildung 87: M, E und X beim Hauptstadtproblem

Anders ausgedrückt: Jede Stadt, in welche die maximale Anzahl m von Straßen direkt hineinführt, eignet sich zur Hauptstadt, gemäß der Voraussetzung, die der Ratgeber vorgeschlagen hat. Schön vertrackt, aber irgendwie auch einfach schön. Beides.

16. Rekursionsprinzip

Wie die Geschichte vom Herrn K., der ein Buch liest,
in dem er selbst als Buchleser vorkommt

Rekursion kann man nur verstehen, wenn man
jemanden kennt, der Rekursion versteht.
Th. Frühwirth

Ein Vergnügen erwarten ist auch ein Vergnügen.
G. E. Lessing

Das Ziel beim Verhandeln ist nicht zu gewinnen,
sondern den anderen glauben zu machen,
er habe gewonnen, den anderen sogar glauben
zu machen, er hätte mich glauben gemacht,
ich hätte gewonnen.
Rolf Dobelli

Behördenprosa. «Das bedeutet aber nicht,
dass deshalb die Anfechtung einer Anfechtung
der Annahme hinsichtlich der Anfechtungsfrist
wie die Anfechtung einer Ausschlagung und
die Anfechtung einer Anfechtung der Ausschlagung
wie die Anfechtung einer Annahme behandelt
werden müssen.»
Aus einer Entscheidung des Bayerischen Oberlandesgerichts

Recursion: see Recursion
Eintrag in Stan Kelly-Bootles Wörterbuch:
The Computer Contradictionary

> Rekursionsprinzip: Kann man ein Problem lösen, indem man es schritt-
> weise auf je einfachere Versionen von sich selbst zurückführt?

Rekursion leitet sich vom Lateinischen recurrere = zurücklaufen ab und bedeutet so viel wie Selbstbezüglichkeit. Gemeint ist damit im allgemeinen Sinn die (meist wiederholte) Anwendung einer Operation auf ihr eigenes Resultat. Diese Selbstbezüglichkeit kann abstrakt oder auch konkret sein und tritt in vielen Bereichen unseres Alltags auf: Verpackungen etwa, die ein Bild ziert, auf dem die gleiche Verpackung dargestellt ist. Ein Fernsehbild, das einen Tisch mit Fernseher zeigt, auf dem man das Fernsehbild und damit den Tisch mit Fernseher wiedersehen kann usw.

Auch einige Apparate des modernen Lebens können den Menschen in Rekursionsstrukturen verwickeln. Bei Telefonen ist es heutzutage möglich, mehr als nur ein einziges Telefonat entgegenzunehmen. Während man mit einer Person A spricht, kann eine weitere Person B telefonisch anklopfen. Dann kann man per Knopfdruck Person A in eine Warteposition bringen und den Anruf von B entgegennehmen. Ruft nun noch Person C an, kann man wiederum B bitten zu warten und mit C ein Gespräch führen. Ruft noch D an, kann man C bitten zu warten und den Anruf von D entgegennehmen usw.

Ist das Gespräch mit D beendet, kann man zur Unterhaltung mit C zurückkehren und nach deren Beendigung zum Gespräch mit B und schließlich zu A. Rufen beim Gespräch mit D noch weitere Personen an, wird die Tiefe der Rekursion schrittweise zunehmen.

Eine humorige Einkleidung dessen, was Rekursion meint, vermittelt eine Anfangsszene von Charlie Chaplins Film *Der große Diktator*. In dieser Szene soll eine Granate abgefeuert werden, doch statt eines gezielten Schusses fällt sie nur aus dem Kanonenrohr heraus. Irgendetwas stimmt mit dem Zünder nicht. Der höchstrangige Offizier erteilt den Befehl «Zünder untersuchen!» an den nächstrangtieferen. Umgehend gibt dieser Offizier denselben Befehl an den nächsten Untergebenen weiter, der sich seiner Aufgabe dadurch entledigt, dass er sie dem nächsten Untergebenen überträgt. Der erteilte Befehl «Zünder untersuchen!» wird dadurch ausgeführt, dass derselbe Befehl «Zünder untersuchen!» dem Nächstrangtieferen erteilt wird. Schließlich kommt der Befehl beim rangtiefsten Soldaten an, der von Charlie Chaplin gespielt wird. Auch er versucht den Befehl weiterzugeben, allein an wen? Es ist niemand da, um ihn entgegenzunehmen, und so ist er es, der ihn tatsächlich ausführen muss.

Bavelas-Experimente

Alex Bavelas, Professor an der Stanford University, hat in einer Studie jeweils zwei Probanden mit Bildern von menschlichen Gewebezellen konfrontiert. Ohne über medizinische Vorkenntnisse zu verfügen, sollten sie durch Versuch und Irrtum die gesunden von den kranken Zellen zu differenzieren lernen. Sie bekamen als Feedback dann stets mitgeteilt, ob ihre Diagnose richtig oder falsch war. Aufgrund dieses Feedbacks entwickelten sie mit der Zeit ein Modell darüber, wie kranke von gesunden Zellen zu unterscheiden sind.

Die Versuchsdurchführung enthält aber eine Tücke. Nur einer der Probanden (A) erhält nämlich korrektes Feedback. A muss also lediglich die nicht allzu schwierige Unterscheidung beider Zelltypen erlernen; die meisten Versuchsteilnehmer schaffen dies mit einer Erfolgswahrscheinlichkeit von rund 80 %.

Die Situation des anderen Probanden (B) ist hingegen ganz anders, und weder er selbst noch A wissen davon. Sein Feedback beruht nicht auf seinen eigenen Diagnosen, sondern auf denen von Proband A. Er bekommt die Antwort richtig bzw. falsch, wenn A mit seiner Diagnose richtig bzw. nicht richtig lag. Aufgrund einer sehr dürftigen und noch dazu rekursiven Informationslage muss er sich sein Modell über gesunde und kranke Zellen erwerben.

A und B werden anschließend gebeten, sich über Grundsätze für eine unterscheidende Diagnose zu unterhalten. Die Grundsätze von A sind in der Regel einfach und recht konkret, die Grundsätze von B sind in der Regel außerordentlich subtil und ziemlich komplex. Er musste sich sein (falsches) Modell immerhin aufgrund spärlicher, indirekter Information konstruieren. Interessant ist nun, dass A das Modell von B nicht einfach als abstrus ablehnt, sondern im Gegenteil von der Detailtiefe und Brillanz des komplizierten Modells beeindruckt ist («Mir muss da wohl etwas entgangen sein») und annimmt, dass sein eigenes Modell aufgrund seiner Einfachheit und Banalität dem von B unterlegen ist. Alle Versuchspersonen B und die überwiegende Mehrheit der Versuchspersonen A halten das kompliziertere, aber falsche Modell für überlegen. Wenn nun beide Probanden weitere Tests durchführen, ist B auch tatsächlich erfolgreicher, da A nach ihrer Unterhaltung nun einige der abstrusen Ideen von B übernommen hat und daher seine Modellierung unrichtiger und seine Trefferquote geringer wird. Ein Musterbeispiel für die ansteckende Wirkung von Wirklichkeitsverzerrungen.   →

Eine gelungene optische Darstellung des Themas Selbstbezüglichkeit ist Malcolm Fowlers Hammer, der sich selber nagelt oder, in anderer Perspektive, Malcolm Fowlers Holzgriff, der sich selber hämmert.

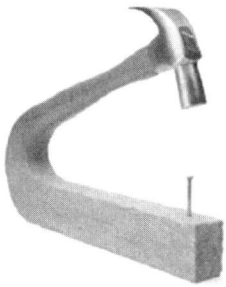

Abbildung 88: Malcolm Fowlers Hammer

Eine Henne ist nur die Art und Weise, wie ein Ei ein weiteres Ei erzeugt.

Samuel Butler (1835–1902)

Rekursion ist auch ein außerordentlich mächtiges Instrument zur Lösung von Problemen und zur Erledigung von Aufgaben. Wir demonstrieren dies mit ausgewählten Beispielen.

Der Morgen nach der großen Party.   Das Geschirr muss erledigt werden. Sie gehen zufällig an der Küche vorbei und jemand fragt Sie: «Könntest du das Geschirr spülen?» Sie übernehmen zwar die Aufgabe, doch Ihnen fehlt die Lust. Also spülen Sie etwas und begeben sich auf die Suche nach jemandem, den Sie bitten: «Könntest du das Geschirr spülen?» Auch dieser Jemand spült nur einen gewissen Teil und bittet dann jemand anderen, der ebenso verfährt. Da jede Person einen Teil spült, gerät dieser Ansatz nicht in eine Endlosschleife. Denn die zu bewältigende Aufgabe wird von Schritt zu Schritt ein wenig geringer, und irgendwann ist das Spülbecken leer und dann muss die Teilaufgabe «Könntest du das Geschirr spülen?» nicht weiter delegiert werden. Jede rekursive Prozedur (ob Aufgabe, Definition oder Handlung) benötigt einen derartigen Punkt, um nicht in unendlichen Regress zu geraten.

Pressekonferenz der Aktion Mensch zur Vorstellung einer neuen Werbekampagne. Die Presseberaterin hatte ein echtes, gesundes Kleinkind von etwa 12 Monaten mitgebracht. Als sie ans Mikrofon schritt, gab sie das Baby weiter an den ersten der Herren auf dem Podium, in der Hoffnung, dieser würde sich darum kümmern. Das tat er auch, wenn auch nach altväterlicher Sitte: Er reichte das Baby an den nächsten Herrn weiter. Der Nächste ebenso und so ging es rekursiv weiter, bis alle 6 Männer durch waren. Der letzte Herr stand auf, nahm das Baby und verließ die Bühne. Nach zwei Minuten kehrte er zurück und setzte sich wieder dazu. Er hatte das Baby an der Garderobe abgegeben.

Alexander Tropf: Niederlagen, die das Leben selber schrieb

Auch in der Mathematik gibt es rekursive Strategien schon seit mehr als 2000 Jahren. Eines der ersten überlieferten Exempel ist das Rad des Theodorus (465–398 v. Chr.). Dieser war Schüler von Protagoras und Lehrer von Platon, zudem Mitglied des Bundes der Pythagoräer. Mit einer rekursiven Vorgehensweise gelang es Theodorus erstmals, die irrationalen Zahlen $\sqrt{2}, \sqrt{3}, \sqrt{5}, \sqrt{7}, \dots$ als Streckenlängen zu konstruieren. Sein Ausgangspunkt dafür war ein rechtwinkliges Dreieck D_1, welch selbiges die Kathetenlängen 1 hat. Die Hypotenuse von D_1 bildet dann eine Kathete im rechtwinkligen Dreieck D_2, die andere Kathete besitzt die Länge 1. Und so geht es rekursiv weiter. Die Hypotenuse von D_{n-1} bildet eine Kathete im rechtwinkligen Dreieck D_n, die andere Kathete besitzt die Länge 1. Nach dem Satz des Pythagoras bedeutet dies:

Die Hypotenuse h_1 von D_1 ist $h_1 = \sqrt{2}$ und die Hypotenuse h_n von D_n ist $h_n = \sqrt{h^2_{n-1} + 1}$ für alle n = 2, 3, 4, … So entsteht rekursiv die Folge der Streckenlängen $\sqrt{n}$.

Ein unerschöpflich kluges, verallgemeinerungsfähiges Konstrukt ist es, das Rekursionsprinzip.

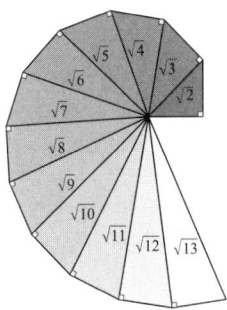

Abbildung 89: Das Rad des Theodorus

Mit dem Rekursionsprinzip lassen sich auch interessante Bilder erzeugen. So kann man damit die bisweilen so bezeichneten Monsterkurven konstruieren, wie etwa die Koch-Kurve. Man beginnt mit einem Geradenstück. Die Konstruktionsregel ist dann denkbar einfach. Sie besteht darin, dass jedes Geradenstück g durch vier neue Geradenstücke ersetzt wird mit je einem Drittel g/3 der Originallänge und auf die folgende Weise:

Jede Strecke wird ersetzt durch

Diese Ersetzung wird rekursiv wiederholt. Beginnt man mit einer einfachen Strecke, so sehen die ersten Schritte der Veränderung derselben so aus:

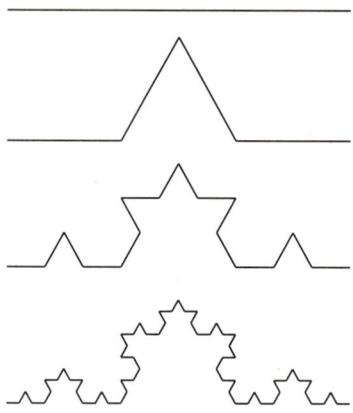

Führt man diesen Vorgang unendlich oft aus, gelangt man zur Koch-Kurve.

Schließlich seien hier auch noch die rekursiven Abkürzungen erwähnt. Das sind sprachliche Gebilde, die im Ausdruck, für den sie stehen, auf sich selbst Bezug nehmen. Ein Paradebeispiel ist die Abkürzung der Kreditkarte VISA, die für

VISA International Service Association

steht.

Als Prinzip einer mathematischen Problemlösungsstrategie bezeichnet Rekursion die Methodik, ein Problem sukzessive auf stets einfachere Versionen von sich selbst zurückzuführen. Auch hierzu geben wir ein Anwendungsbeispiel.

Spielerruin. Die Spieler A und B, ausgestattet mit einem Startkapital von a bzw. b Euros, spielen ein einfaches Münzspiel. Einer von ihnen wirft eine Münze. Zeigt diese *Kopf*, erhält A einen Euro von B, zeigt sie *Zahl*, erhält B einen Euro von A. Es wird so lange gespielt, bis einer der beiden sein Startkapital vollständig verloren hat. Mit welcher Wahrscheinlichkeit geht Spieler B zuerst das Geld aus?

Wir schreiben abkürzend k = a + b für das Gesamtkapital und $p(x)$ für die Wahrscheinlichkeit, dass B zuerst das Geld ausgeht, wenn aktuell A noch genau x Euro besitzt und B noch k – x Euro. Interessiert sind wir speziell an der Wahrscheinlichkeit $p(a)$, doch es ist nützlich und einfacher, die Funktion $p(x)$ für x = 0, 1, 2, ..., k zu definieren und zu bestimmen (Verallgemeinerungsprinzip!). Wenn A nämlich momentan x Euro besitzt, dann hat er nach einem weiteren Spiel entweder x – 1 oder x + 1 Euro, je nachdem, ob er das Spiel verliert oder gewinnt. Beide Fälle sind gleich wahrscheinlich und treten also mit Wahrscheinlichkeit 1/2 ein (Symmetrieprinzip!). Unsere Gedankenkette nimmt von hier ihren Ausgang. Mit dieser Einstiegsüberlegung gelangt man zur Gleichung:

$$p(x) = \tfrac{1}{2}\, p(x - 1) + \tfrac{1}{2}\, p(x + 1),$$
$$\text{für alle } x = 1, ..., k - 1,$$

mit den Randwerten

$$p(0) = 0$$
$$p(k) = 1.$$

Und es trifft sich für unsere Auseinandersetzung mit der Sache ganz wunderbar, dass man dies auch in der Form

$$p(x + 1) - p(x) = p(x) - p(x - 1),$$
$$\text{für alle } x = 1, ..., k - 1 \qquad (32)$$

schreiben kann. Damit sind wir für den Einsatz des Rekursionsprinzips gerüstet. Das Problem lässt sich mit (32) auf Schwundstufen seiner selbst reduzieren. Konkret besteht der Wert dieser Beziehung darin, dass die Differenz $p(x + 1) - p(x)$ aufeinanderfolgender Ausdrücke mit ihr rekursiv bis auf $p(1) - p(0) = p(1)$

zurückgeführt werden kann. Das gelingt mit der Gleichungs-
kette

$$p(x + 1) - p(x) = p(x) - p(x - 1) = p(x - 1) - p(x - 2) = \dots = p(1) - p(0)$$
$$= p(1)$$

und sie ist gültig für alle x = 1, ..., k –1.

Also haben wir als hübschen Bodengewinn die nützliche Beziehung

$$p(x + 1) = p(x) + p(1),$$

die wir explizit ausformulieren und geringfügig weiterverarbeiten.

$$p(2) = p(1) + p(1) = 2 \cdot p(1)$$
$$p(3) = p(2) + p(1) = 2 \cdot p(1) + p(1) = 3 \cdot p(1)$$
$$p(4) = p(3) + p(1) = 3 \cdot p(1) + p(1) = 4 \cdot p(1)$$
.
.
.

$$p(x) = x \cdot p(1), \text{ für } x = 0, \dots, k.$$

Der Rest ist Handwerk. Setzt man für x = k ein, erhält man bei Berücksichtigung der Randwerte

$$p(k) = k \cdot p(1) = 1 \text{ mit dem Ergebnis } p(1) = 1/k.$$

Und die Formel für die Ruinwahrscheinlichkeit von B ist konsoli-
dierter Bestand. Sie ist überraschend einfach:

$$p(x) = x/k, \text{ für } x = 0, 1, 2, \dots, k.$$

Lenken wir noch den Blick auf den Spezialfall x = a, so erhalten wir
unsere eigentliche Antwort p(a) = a/k für die gesuchte Wahrscheinlichkeit. Und Schluss und Weihnachtsfeier.

Weihnachtsfeier und Geschenke. In einer Firma werden Weihnachtsgeschenke unter den n Angestellten nach folgendem Verfahren verteilt: Jeder Angestellte bringt zur Weihnachtsfeier ein Geschenk mit; anschließend werden die Geschenke unter den Angestellten rein zufällig ausgelost. Bei der letztjährigen Feier ergab es sich, dass ein Angestellter das Geschenk erhielt, das er auch mitgebracht hatte. Ist dies ein außergewöhnliches Ereignis?

Antwort: Zunächst gibt es $n \cdot (n-1) \cdot (n-2) \cdot \ldots \cdot 3 \cdot 2 \cdot 1 = n!$ mögliche Arten, die mit den Zahlen 1, 2, 3 bis n durchnummerierten Geschenke auf die Personen 1, 2, 3 bis n zu verteilen, wobei die Nummerierung so vorgenommen sei, dass die i-te Person das i-te Geschenk mitgebracht hat.

Sei nun a_n die Anzahl der *fixpunktfreien Permutationen* unter diesen insgesamt $n!$ möglichen Permutationen von n Objekten. Dabei heißt eine Permutation im konkreten Fall fixpunktfrei, wenn für kein i die i-te Person auch das i-te Geschenk zurückbekommt (wir sagen, «dass Objekt i nicht auf Platz i steht»). Eine kurze Rückbesinnung zeigt, dass wir ein strukturell gleiches Problem schon einmal behandelt haben, und zwar im Rahmen der Fragestellung, die der *Men's-Health*-Artikel auf Seite 110 aufwarf (Analogieprinzip!). Die Lösung besteht in Gleichung (15) und wurde mit dem Einschluss-Ausschluss-Prinzip gewonnen. Hier nun wollen wir Gleiches mit dem Rekursionsprinzip bewerkstelligen.

Wir leiten konkret eine Rekursionsformel für a_n her. Damit die erste Stelle kein Fixpunkt ist, darf Objekt 1 nicht auf Platz 1 stehen, es stehen ihm also nur $n-1$ Plätze zur Verfügung. Nun ermitteln wir die Anzahl fixpunktfreier Permutationen, bei denen Objekt 1 auf Platz 2 steht; das Ergebnis muss dann noch mit $n-1$ multipliziert werden, um a_n zu erhalten; denn aus Symmetriegründen ist die Anzahl fixpunktfreier Permutationen, bei denen Objekt 1 auf Platz 2 steht, gleich der Anzahl fixpunktfreier Permutationen, bei denen Objekt 1 auf einem beliebigen Platz $i = 3, 4, \ldots, n$ steht.

Wie viele fixpunktfreie Permutationen mit Objekt 1 auf Platz 2 gibt es? Es gibt einige, bei denen Objekt 2 auf Platz 1 steht, nämlich genau a_{n-2}, denn dann kann man die übrigen $n-2$ Plätze 3, 4, …, n mit den übrigen $n-2$ Objekten 3, 4, …, n auf a_{n-2} verschiedene Arten fixpunktfrei besetzen. Im anderen Fall, wenn Objekt 2 nicht auf Platz 1 steht, muss ich $n - 1$ Objekte auf $n - 1$ Plätze verteilen, wobei Objekt 2 nicht auf Platz 1 und Objekt 3 nicht auf Platz 3, Objekt 4 nicht auf Platz 4, usw. bis Objekt n nicht auf Platz n stehen soll. Es gibt dafür a_{n-1} verschiedene Möglichkeiten, dies zu realisieren. Damit haben wir als Zwischenergebnis den Zusammenhang

$$a_n = (n-1)(a_{n-1} + a_{n-2}) \qquad (33)$$

ermittelt. Dies ist eine Rekursionsgleichung, die das Ausgangs-problem – die Anzahl fixpunktfreier Permutationen von n Objekten – in Beziehung setzt zu demselben Problem, aber für $n - 1$ Objekte und für $n - 2$ Objekte. Unter praktischen Gesichtspunkten ist wichtig, dass sie für jedes beliebige $n = 3, 4, 5, \ldots$ gültig ist. Die Startwerte der Rekursion sind natürlich $a_1 = 0$ (denn es gibt keine fixpunktfreie Permutation von nur einem Objekt) und $a_2 = 1$ (denn die einzige fixpunktfreie Permutation von Objekt 1 und Objekt 2 ist die Anord-nung (2, 1)). Aus der Formel (33) kann man dann schrittweise die Zahlen a_3, a_4 usw. errechnen, z. B. ist

$$a_3 = 2 \cdot (a_2 + a_1) = 2 \cdot (1 + 0) = 2$$

und

$$a_4 = 3 \cdot (a_3 + a_2) = 3 \cdot (2 + 1) = 9.$$

Doch wie gelangt man zu einer geschlossenen Formel für a_n? Dazu schreiben wir die Beziehung (33) in der Form

$$a_n - na_{n-1} = -(a_{n-1} - (n-1)a_{n-2}) \qquad (34)$$

und nehmen noch die Ersetzung $a_n - na_{n-1} = d_n$ vor, für beliebige $n = 2, 3, \ldots$ Dann ist unter Verwendung der Zahlen d_n die Formel (34) nun einfach darstellbar als

$$d_n = -d_{n-1}.$$

Das ist sehr erfreulich. Diese Beziehung rekursiv fortsetzend gelangt man zu

$$d_n = (-1)\, d_{n-1} = (-1)^2\, d_{n-2} = (-1)^3\, d_{n-3} = \ldots = (-1)^{n-2}\, d_2,$$

was eine Zurückführung von d_n auf d_2 ist. Das vormals imposante Rekursionsproblem ist nur noch ein Schatten seiner selbst, denn d_2 kann aus a_2 und a_1 einfach errechnet werden: Es ist nämlich $d_2 = a_2 - 2 \cdot a_1 = 1 - 2 \cdot 0 = 1 = (-1)^2$ und daher

$$d_n = (-1)^{n-2}\, d_2 = (-1)^{n-2}\, (-1)^2 = (-1)^n.$$

Geht man den Weg von den Zahlen d_n zu den Zahlen a_n zurück, so gelangt man zu

$$d_n = a_n - na_{n-1} = (-1)^n \text{ bzw. } a_n = na_{n-1} + (-1)^n.$$

Dies ist immer noch eine rekursive Beziehung, doch unser Erkenntnisfortschritt ist erheblich. Die Gleichung enthält nur noch a_{n-1} auf der rechten Seite, statt a_{n-1} und a_{n-2}, und ist deshalb wesentlich einfacher in der Handhabung. Langsam, aber unentmutigbar gewinnen wir gegenüber dem Problem die Oberhand. Die Anzahl a_n der fixpunktfreien Permutationen, dividiert durch die Anzahl $n!$ aller Permutationen von n Elementen, ergibt den Anteil aller fixpunktfreien Permutationen und für diesen Anteil münden unsere bisherigen Erkenntnisse in die Formel

$$a_n/n! = a_{n-1}/(n-1)! + (-1)^n/n!,$$

was durch rekursive Anwendung direkt diese Gleichung ergibt:

$$a_n/n! = 1/2! - 1/3! + 1/4! - \ldots (-1)^n/n! \tag{35}$$

Für n = 5 z. B. ist die rechte Seite von (35) gleich 0,36667, für n = 10 ist sie gleich 0,36787946. Für größer werdende n nähert sie sich immer mehr der Zahl $1/e$ = 0,36787944 an. Fixpunktfrei sind also nur 37 % aller Permutationen, und man kann davon ausgehen, dass bei

der Weihnachtsfeier mindestens einer der Angestellten sein mitge-
brachtes Geschenk zurückbekommt.

Runde Zahlen für …

normale Menschen 100, 1000, 50 000

Mathematiker π, e, $\sqrt{2}$

Informatiker 8, 32, 256

Lebensmitteleinzelhändler 99 Cents, 3,59 Euros

Elektriker 9, 12, 220

Karnevalsvereine 11, 111

amerikanische Wahlverlierer 52,9 %

amerikanische Wahlgewinner 47,2 %

Autofahrer 911, 121, 106

Schachspieler 8, 16, 64

Verbalerotiker 0190/344344

17. Prinzip Schrittweise Annäherung

Langsam, aber letzten Endes

So schlicht und einfach
Von rechts und links herandrängt
Am langen Tage

**Computergenerierter Haiku
zum Thema «Schrittweise Annäherung»**

> Prinzip Schrittweise Annäherung: Kann man das Problem lösen, indem man in einem ersten Schritt eine Annäherung an die Lösung erreicht, die man in weiteren Schritten beharrlich verbessert?

Die hier beschriebene Heuristik stellt eine Methode dar, sich der Lösung eines Problems schrittweise, aber zielgerichtet anzunähern. Schrittweise Annäherung oder sukzessive Approximation hat oftmals etwas mit Iteration zu tun. Iteration kommt vom Lateinischen *iterare* und bedeutet so viel wie Wiederholung. Meist iteriert man mit einer Art von Rückkopplung. Die Ergebnisse eines Approximations- oder Iterationsschrittes werden wieder in das System eingefüttert und als Ausgangsstruktur des jeweils nächsten Schrittes gewählt, bis das Ergebnis zufriedenstellend ist.

Sukzessive Approximation ist ein Kennzeichen des Verlaufsprozesses von Wissenschaft allgemein. Mit einem von vielen möglichen Beispielen wollen wir uns vertraut machen. In den ältesten überlieferten Schriftstücken zum Thema wird die Ansicht vertreten, dass die Erde eine Scheibe sei. Im Zweistromland stellte man sich die Erde speziell als eine Scheibe vor, die auf einem Ozean schwimmt. Diese Sichtweise herrschte auch noch bei den frühen griechischen Denkern, wie etwa die Weltkarten des Anaximander (ca. 610– ca. 545 v. Chr.) erkennen lassen. Das ist nicht weiter überraschend, denn unabhängig von der wahren Gestalt der Erde erscheint sie lokal tatsächlich flach zu sein und vor 3000 Jahren verfügten die Menschen noch nicht über Beobachtungen oder Messergebnisse, die dieses Erscheinungsbild hätten erschüttern können. Diese kamen erst später.

Aristoteles (384–322 v. Chr.) glaubte bereits an die Kugelgestalt der Erde. Unter anderem hatte er beobachtet, dass die Grenze des Schattens, den die Erde bei einer Mondfinsternis auf dem Mond wirft, immer kreisförmig war, ganz egal, wie hoch der Mond über dem Horizont stand. Nur eine Kugel würde in jede Richtung einen runden Schatten werfen, so dass es Aristoteles sinnvoller schien, über die Rundungen der Erde nachzudenken. So verwies er die Vorstellung von der Erde als Scheibe ins Archiv der ausgedienten Ideen.

Von der Kugelgestalt ausgehend gelang es Eratosthenes (ca. 276– ca. 194 v. Chr.), den Erdumfang zu ermitteln. Er war Mathematiker, Historiker, Geograph und zusätzlich Dichter und Sprachwissenschaftler. Kurzum, ein Gelehrter der Superlative.

Eratosthenes wusste aus Berichten, dass am Tag der Sommersonnenwende, dem 21. Juni, in der Stadt Syene (dem heutigen Assuan) die Sonnenstrahlen mittags einen tiefen Brunnen ausleuchteten, also geradewegs in diesen Brunnen fielen. An diesem Tag steht in seiner Heimat Alexandria, 4900 Stadien nördlich von Syene gelegen, die Sonne aber nicht im Zenit. Am Morgen des 21. Juni 224 v. Chr. macht er sich zum berühmten Obelisken von Alexandria auf und stellte fest, dass dieser zur Mittagszeit einen Schatten warf. Eratosthenes ermittelte aus der Länge des Schattens, dass die Sonne an diesem Tag an ihrem höchsten Punkt in einem Winkel von $w = 7°$ stand.

Aus diesen Informationen zog er einen einfachen Schluss. Es musste sich der Erdumfang U zum Abstand $a = 4900$ Stadien zwischen Alexandria und Syene so verhalten wie 360° zu 7°:

$$U/a = 360°/7°$$

Also: $U = 360 \cdot 4900/7$ Stadien $= 252\,000$ Stadien, was mit der Umrechnung 1 Stadion $= 0{,}160$ km den Wert 40 320 km für den Erdumfang ergibt. Eine Meisterleistung, die vom heutigen Wert von 40 041 km nur wenig abweicht.

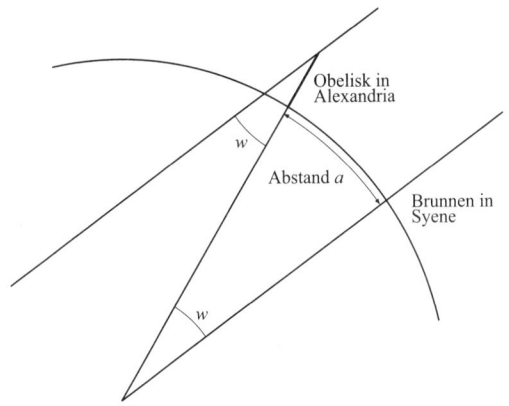

Obelisk in
Alexandria

w

Abstand *a*

Brunnen in
Syene

w

Abbildung 90: Erdumfangbestimmung von Eratosthenes

Die Erdoberfläche ist also nicht flach, sondern gekrümmt, aber die Krümmung ist so schwach, dass erst über rund 40 000 Kilometer der Vollkreis zustande kommt. Definieren wir die Krümmungszahl einer Kugel als den Reziprokwert des Durchmessers, so beträgt die Krümmungszahl der Erdkugel 0,000078 pro km (1 geteilt durch den Durchmesser in km), was natürlich ganz in der Nähe des Wertes von 0 pro km liegt, dem «Krümmungswert» für eine flache Erde. Eine flache Erde würde natürlich nicht abfallen, während eine Kugel mit Umfang 40 041 km auch nur um 12,53 cm pro km abfällt. In diesem Sinne ist die Theorie der flachen Erde für viele praktische Zwecke nur ein bisschen ungenau (Krümmungszahl 0 versus Krümmungszahl 0,000078), doch für Seefahrer und großräumig Handelsreisende macht dies einen erheblichen Unterschied.

Schaut man instrumentenunterstützt noch genauer hin, stellt man fest, dass auch die Annahme der Kugelgestalt für die Erde nur eine Approximation ist. Alle Strecken, die von einem Punkt der Oberfläche durch den Mittelpunkt zum gegenüberliegenden Punkt gehen, müssten bei perfekter Kugelgestalt gleich lang sein. Das ist bei der Erde nicht der Fall. Isaac Newton hat die Abweichung von der Kugelgestalt mit mathematischen Methoden vorhergesagt. Er kam zu dem Ergebnis, dass ein Körper unter dem Einfluss der Massenanziehung zwar die Kugelgestalt annimmt, dass dies aber nicht mehr exakt richtig wäre, wenn der Körper auch rotieren würde. Dann müssen weitere Kräfte in Betracht gezogen werden, die im Falle der Erde zu einer Abflachung an den Polen und zur Verdickung im äquatorialen Bereich führen. Verantwortlich dafür ist hauptsächlich die Fliehkraft aufgrund von Rotation. Diese Kraft ist am Äquator am stärksten ausgeprägt. Sie hebt die Massenanziehungskraft teilweise wieder auf. Die Erde sieht deshalb bei Abstand betrachtet aus wie ein Ball, den man ein wenig zusammengedrückt hat. Begleiterscheinung davon ist, dass nicht alle Durchmesser der Erde gleich groß sind. Der Abstand zwischen Nordpol und Südpol beträgt nur 12 713 km, der äquatoriale Durchmesser dagegen 12 756 km. Kein großer Unterschied also zwischen reiner Kugelgestalt und abgeflachter Kugelgestalt. Die Differenz zwischen größtem und kleinstem Durchmesser liegt bei nur 12 756 – 12 713 = 43 km. Der als Abflachungszahl der Erde definierte Wert beträgt (12 756 – 12 713)/12 756 = 0,00337.

Auch das ist wiederum nicht allzu sehr verschieden von 0, dem Wert, den man einer perfekten Kugel als Abflachungszahl attestieren muss. Aber es ist eindeutig eine weitere Verbesserung in Richtung der tatsächlichen Gegebenheiten und zudem von einer höchst signifikanten Tatsache verursacht: der Erdrotation.

Doch auch dies ist noch nicht der Weisheit letzter Schluss. Als Ende der 1950er Jahre durch Satelliten die Gestalt der Erde mit bis dato nicht gekannter Präzision ausgemessen werden konnte, zeigte sich, dass die äquatoriale Verdickung südlich des Äquators etwas ausgeprägter ist als nördlich des Äquators und dass infolgedessen der Südpol etwas näher am Erdmittelpunkt liegt als der Nordpol. Die Gestalt der Erde geht also eigentlich ein wenig in Richtung Birnenform. Die Wissenschaftler sprechen bei unserem Heimatplaneten von einem Geoid: ein im Weltall torkelnder, birnenartig verformter, abgeflachter Sphäroid. Doch mit dieser weiteren Korrektur treten wir bereits in den Bereich von Änderungen der Krümmung ein, die in der Größenordnung von Bruchteilen von Zentimetern pro Kilometer liegen. Dabei wollen wir es bewenden lassen.

Diese skizzenhaft nachgezogene Entwicklungslinie zeigt sehr schön den Vorgang der Modellierung in der Wissenschaft, den Prozess der Bildung neuer Theorien und ihrer schrittweisen Weiterentwicklung und Verfeinerung bei besserem Verständnis der Zusammenhänge und nach präziserer Beobachtung. Letztlich kann man den gesamten Prozess der Entwicklung der Wissenschaften als einen Prozess der sukzessiven Approximation von Modellen an die tatsächlichen Gegebenheiten deuten.

Golombs Merksätze zur Modellierung

Verwechseln Sie das Modell nicht mit der Realität. (Merksatz: Verspeisen Sie nicht die Speisekarte!)

Extrapolieren Sie nicht über den Bereich hinaus, für den das Modell konzipiert wurde. (Merksatz: Springen Sie nicht ins Nichtschwimmerbecken!)

Verwenden Sie ein Modell nicht, bevor Sie die Annahmen und Vereinfachungen überprüft haben, auf denen es beruht. (Merksatz: Lesen Sie vor Gebrauch die Gebrauchsanweisung!)

Verzerren Sie nicht die Realität, damit sie zu Ihrem Modell passt. (Merksatz: Werden Sie nicht zum Prokrustes!)

Halten Sie nicht an einem überholten Modell fest. (Merksatz: Vermeiden Sie es, einem toten Pferd die Peitsche zu geben!)

Denken Sie nicht, Sie haben den Dämon gebannt, wenn Sie einen Begriff dafür haben. (Merksatz: Rumpelstilzchen!)

Verlieben Sie sich nicht in Ihre Modelle. (Merksatz: Pygmalion!)

Und vergessen Sie nicht: Das beste Modell für eine Katze ist eine Katze. Möglichst dieselbe Katze. (Merksatz: Die Realität schlägt jedes Modell von ihr!)

Sukzessive Approximation ist eine im Prinzip überall einsetzbare Problemlösungsheuristik. In einer ersten Anstrengung wird eine meist noch grobe Annäherung an den Soll-Zustand erreicht. Diese bildet anschließend den Ausgangspunkt für eine erste Verfeinerung, die bemüht ist, dem gewünschten Ziel näher zu kommen. Entspricht auch das dann entstehende Gebilde noch nicht den Erwartungen, kann der Prozess der schrittweisen Verfeinerung so lange fortgesetzt werden, bis die Diskrepanz zwischen Soll-Zustand und erreichtem Ist-Zustand entweder überwunden ist oder als unbedeutend eingeschätzt wird.

Auch jegliche Art von kreativem Schreiben kann als Metapher für einen derartigen Vorgang fungieren. In der Regel beginnt man mit einer rohen ersten Fassung, die anschließend in mehreren Iterationen inhaltlich ausgebaut und stilistisch verbessert wird, bis die Endfassung vorliegt. Genau genommen folgen sogar die meisten menschlichen Aktivitäten, die ein Element der Kreativität erfordern, diesem Strickmuster. Mit Zick und Zack und in der Erwartung, dass der entstehende Zickzackkurs zu einem befriedigenden Endpunkt führt, arbeitet man zuerst an einer Rohfassung, die dann sequenziell veredelt wird. Ein paar exemplarische Aufgaben sollen das Gemeinte verdeutlichen.

Dreiteilung des Quadrats. Versuchen Sie so gut wie möglich, in einem Quadrat mit Seitenlänge 1 eine Fläche der Größe 1/3 herzustellen.

Eine Strategie im Sinne unserer gegenwärtigen Heuristik besteht in der fortgesetzten Approximation durch beständige Seitenhalbierung von schrittweise kleiner werdenden Quadraten. Dieser Strategie liegt der Gedanke zugrunde, dass eine Dreiteilung des Quadrats schwer zu realisieren ist, eine Vierteilung dagegen sehr leicht. Zunächst wird das Ausgangsquadrat auf naheliegende Weise, nämlich durch Seitenhalbierung, in 4 gleich große Quadrate unterteilt. Dann geht man über zum entstehenden oberen, rechten, kleineren Quadrat und unterzieht es derselben Operation. Abermals geht man über zum ent-

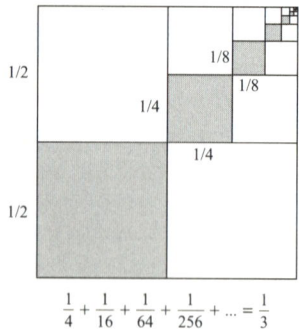

$$\frac{1}{4} + \frac{1}{16} + \frac{1}{64} + \frac{1}{256} + \dots = \frac{1}{3}$$

Abbildung 91: Dreiteilung des Quadrats durch schrittweise Vierteilung

stehenden oberen, rechten, kleineren Quadrat und viertelt es. Das kann man fortsetzen, immer wieder und immer wieder noch einmal.

Die erste Approximation hat den Flächeninhalt $1/2 \cdot 1/2 = 1/4$, bei der zweiten kommt ein Flächenstück der Größe $1/4 \cdot 1/4 = 1/16$ hinzu, die zweite Approximation für die Zahl 1/3 besteht also aus $1/4 + 1/16$, die dritte ist $1/4 + 1/16 + 1/64$. Anders notiert:

1. Approximation: $(1/4)^1$
2. Approximation: $(1/4)^1 + (1/4)^2$
3. Approximation: $(1/4)^1 + (1/4)^2 + (1/4)^3$

Und so kann es weitergehen. Generell ist die k-te Approximation gegeben durch

$$(1/4)^1 + (1/4)^2 + ... + (1/4)^k,$$

was nach einem kurzen Gastspiel der bekannten Formel

$$(x + x^2 + ... + x^k)(1 - x) = x + x^2 + ... + x^k - (x^2 + x^3 + ... + x^{k+1}) = x - x^{k+1}$$

angewendet auf $x = 1/4$ den Ausdruck $[(1/4) - (1/4)^{k+1}] / [1 - (1/4)]$ ergibt.

Wenn k größer wird, reduziert sich der Betrag von $(1/4)^{k+1}$ im Zähler immer mehr und der Bruch nähert sich dem Wert

$$(1/4)/[1-(1/4)] = (1/4)/(3/4) = 1/3$$

an, und zwar beliebig nahe für größer werdendes k.
Aus Diagramm 91 kann man auch die folgende Art der Einschachtelung ableiten:

$$1/4 < 1/3 < 2/4$$
$$2/8 < 1/3 < 3/8$$
$$5/16 < 1/3 < 6/16$$
$$10/32 < 1/3 < 11/32$$
$$21/64 < 1/3 < 22/64$$

Die Halblänge dieser Intervalle und damit der maximale Approximationsfehler bei Wahl des Intervallmittelpunktes als Approximation ist die Folge 1/8, 1/16, 1/32, 1/64, …, also die Folge der 2er-Potenzen 2^{-n} mit n = 3, 4, …

Sind unendlich viele Schritte erlaubt, haben wir auf diese Weise die exakte Dreiteilung eines Quadrats erreicht. Sind nur endlich viele Schritte erlaubt, funktioniert unser Verfahren zur Dreiteilung nur in einem approximativen Sinn, aber mit beliebig klein zu machendem Approximationsfehler.

Was tun, wenn der Dreiteiler kommt?

Eines der drei klassischen Konstruktionsprobleme, mit denen sich schon vor mehr als 2000 Jahren die Griechen beschäftigt haben, ist die Dreiteilung eines Winkels. Die Aufgabe besteht darin, einen Winkel mit den euklidischen Werkzeugen, also mit Zirkel und Lineal, in endlich vielen Schritten in 3 gleich große Winkel zu teilen. Erst im 19. Jahrhundert konnte der Mathematiker Pierre Laurent Wantzel (1814–1884) beweisen, dass dieses Problem von Ausnahmen bei einfachen Winkeln abgesehen unlösbar ist. Seitdem hat jede Suche nach einer Konstruktionsstrategie von sich aus den Charakter eines unmöglichen Auftrags.

Doch es ist tatsächlich so, dass ein mathematischer Unmöglichkeitsbeweis manche Menschen nicht davon abhält zu behaupten, sie hätten das als unmöglich Bewiesene geschafft. Viele Mathematik-Fachbereiche erhalten auch heutzutage noch ungebeten Unterlagen eingeschickt, die angeblich die Winkeldreiteilung, die Kreisquadrierung oder die Würfelverdopplung konstruktiv vornehmen. Ein Mathematiker hielt für diese Zwecke gar ein Formblatt parat mit dem Text: «Haben Sie vielen Dank für die Einsendung Ihres Manuskripts. Der erste Fehler ist auf Seite ___.» Dieses ließ er dann von einem seiner Studenten ausfüllen, für den die Fehlersuche eine nützliche Übung darstellte.

Der amerikanische Mathematiker Underwood Dudley hat einen amüsanten Artikel zu diesem Thema geschrieben. Er zitiert darin auch aus Briefen von Winkeldreiteilern: «Mein Lehrer sagte mir, dass nach Meinung der Mathematiker eine Lösung unmöglich sei. Dieses Problem hat mich mehr als 55 Jahre beschäftigt. In mehr als 12 000 Arbeitsstunden verteilt über 40 Jahre habe ich diese Lösung gefunden. Ich bin kein Mathematiker, sondern →

Pyramidenverhältnisse. Der griechische Geschichtsschreiber Herodot
(ca. 490 – ca. 425 v. Chr.) hat in Manuskripten festgehalten, was er
auf seinen Reisen von ägyptischen Priestern über den Bauplan der
Cheops-Pyramide erfahren hat. Die große Pyramide des Cheops
wurde angeblich so angelegt, dass der Flächeninhalt einer jeden ihrer
4 Seitenflächen gleich dem Quadrat der Höhe der Pyramide ist. Diese
Information nehmen wir zum Anlass für eine Frage: In welchem Verhältnis steht die Höhe der Seitenfläche zur Hälfte der Basiskante?

Abbildung 92: Die Pyramiden von Gizeh

Die Pyramidenhöhe betrage $\sqrt{x}$ Längeneinheiten, und die quadratische Grundfläche der Pyramide habe die Seitenlänge 2 Längeneinheiten. Das Quadrat der Pyramidenhöhe beträgt also x Flächenein-

heiten. Damit ein Seitendreieck selbigen Flächeninhalt hat, muss die Höhe der Seitenfläche gleich x Längeneinheiten sein, denn der Flächeninhalt eines Dreiecks ist die Hälfte des Produkts aus Grundseite und Höhe. Aus all dem erhalten wir bei Berufung auf Pythagoras:

$$x^2 = (\sqrt{x})^2 + 1$$

bzw.
$$x^2 = x + 1$$

d. h.
$$x = 1 + 1/x.$$

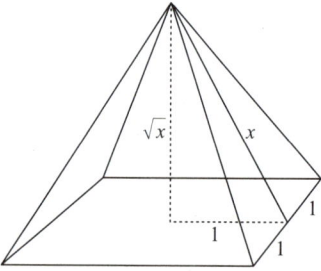

Abbildung 93: Die Pyramide der Höhe √x̄, schematisch betrachtet

Welchen Wert hat das unbekannte x? Man kann die Lösung x durch sukzessive Approximation ermitteln. Motiviert durch die Gleichung

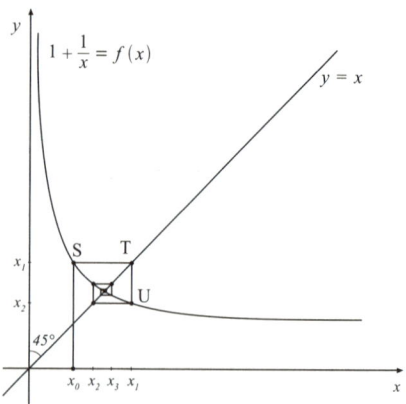

Abbildung 94: Sukzessive Approximation

$x = 1 + 1/x$ sucht man den Schnittpunkt des Graphen der Funktion $f(x) = 1 + 1/x$ mit der Winkelhalbierenden $y = x$.

Folgende Liste von Startwert, Funktionswert, Funktionswert des Funktionswertes usw. erhält man z. B. beginnend mit einem Startwert $x_0 = 1$:

$x_0 = 1$	$x_1 = f(x_0)$	$x_2 = f(x_1) =$ $f(f(x_0))$	$x_3 = f(x_2)$	$x_4 = f(x_3)$	$x_5 = f(x_4)$
$x_0 = 1$	$x_1 = 2$	$x_2 = 1{,}500$	$x_3 = 1{,}667$	$x_4 = 1{,}600$	$x_5 = 1{,}625$

Mit der ersten Approximation x_0 ziehe man eine vertikale Linie durch $x = x_0$ parallel zur y-Achse und ermittle den Schnittpunkt mit dem Graphen von $f(x) = 1 + 1/x$. Die y-Koordinate dieses Schnittpunktes S sei x_1; x_1 kann man leicht auf der x-Achse abtragen, indem man vom Schnittpunkt S horizontal und parallel zur x-Achse bis zur Winkelhalbierenden $y = x$ läuft und von diesem Schnittpunkt T vertikal nach unten und parallel zur y-Achse, bis man die x-Achse schneidet. Abermalige Anwendung der Funktion f (also Iteration) nun auf x_1, ergibt den Punkt $U = (x_1, f(x_1))$, dessen y-Koordinate $f(x_1) = x_2$ man mit derselben Strategie auf der x-Achse konstruieren kann. So ergibt sich ein spinnwebartiges Muster und man kann sich leicht vorstellen, dass bei Fortsetzung dieses Schemas Annäherung stattfindet – gegen den Schnittpunkt x^* der Winkelhalbierenden $y = x$ mit der Funktion $y = 1 + 1/x$. Dieser Schnittpunkt erfüllt also die Beziehung $x^* = 1 + 1/x^*$ und ist die positive Lösung der Gleichung

$$x = 1 + 1/x$$

bzw.
$$x^2 = x + 1$$

oder
$$x^2 - x - 1 = 0.$$

Die positive Lösung dieser Gleichung ist $x^* = (1 + \sqrt{5})/2$. Die Folge der Zahlen $x_0, x_1, x_2, \ldots$ nähert sich dieser Zahl $(1 + \sqrt{5})/2 = 1{,}6180339\ldots$ beliebig nahe an.

Es handelt sich um eine sehr berühmte Zahl. Sie heißt Goldener Schnitt und wird mit dem griechischen Buchstaben φ bezeichnet (gelesen «phi»). Der Goldene Schnitt tritt in Natur, Wissenschaft und Technik an sehr vielen und vielen verschiedenen Stellen auf. Das liegt auch daran, dass der Goldene Schnitt sich als Grenzwert aufeinanderfolgender Glieder der so genannten Fibonacci-Zahlenfolge F_0, F_1, F_2, ... einstellt. Sie beginnt mit den beiden Werten $F_0 = 0$ und $F_1 = 1$ und bildet dann jeweils das nächste Folgenglied durch Addition der beiden vorhergehenden Glieder: $F_{n+1} = F_n + F_{n-1}$. Der Anfangsteil der Folge besteht aus den Zahlen 0, 1, 1, 2, 3, 5, 8, 13, 21, 34, 55, 89, ...

Approximationen: Regeln für die Faust

π Sekunden sind 1 Nanojahrhundert, d. h. 10^{-7} Jahre (genau bis auf 0,5%).

1 Attoparsek pro Mikrovierzehntage ist 1 Zoll pro Sekunde (genauer 1,0043 Zoll pro Sekunde).

$12! = 479\,001\,600$ Meilen ist der mittlere Sonne-Jupiter-Abstand (er variiert zwischen $459\,800\,000$ Meilen und $506\,800\,000$ Meilen mit einem Mittelwert von $4,83 \cdot 10^8$ Meilen).

1 Meile sind $\varphi = (1 + \sqrt{5})/2$ km, genauer 1,609 km. Da φ der Grenzwert aufeinanderfolgender Terme der Fibonacci-Folge F_n ist, ergibt sich eine ganze Folge von Approximationen: F_n Meilen = F_{n+1} km, z. B. 21 Meilen = 34 km, 34 Meilen = 55 km, 55 Meilen = 89 km usw.

18. Färbungsprinzip

Kunterbunte Buntkunde

Die wahren Farben sind nicht alle auf einem Fleck.
schreibart.de, 22. 9. 2007

Farben sind auch zum Denken da.
Unbekannt

Singen ist gefährlicher als Malen. Ein paar falsche
Töne, und man wird von der Kritik zerrissen –
ein paar falsche Farben, und man bekommt
vielleicht einen Preis.
Marco del Monaco, Künstler

Gegen die Reize der Farbe, welche über die ganze
sichtbare Natur ausgebreitet sind, werden nur
wenig Menschen unempfindlich bleiben.
Goethe

> Färbungsprinzip: Kann ich durch den Einsatz von Farben bei den in der
> Problemstellung auftretenden Strukturen Muster bilden, aus denen sich In-
> formationen über die Lösung ableiten lassen?

In der DIN-Norm 5033 lesen wir: «Farbe ist diejenige Gesichtsemp-
findung eines dem Auge strukturlos erscheinenden Teils des Ge-
sichtsfeldes, durch die sich dieser Teil bei einäugiger Beobachtung
mit unbewegtem Auge von einem gleichzeitig gesehenen, ebenfalls
strukturlosen angrenzenden Bezirk allein unterscheiden kann.»

Farbe ist also diejenige Sinnesempfindung, aufgrund derer wir
zwei strukturlose Oberflächen gleicher Helligkeit unterscheiden
können. Diese Empfindung entsteht, wenn elektromagnetische
Strahlung einer bestimmten Wellenlänge oder eines Wellenlängen-
gemisches auf die Netzhaut des Auges fällt und dort spezielle Sinnes-

zellen erregt. Der für den Menschen sichtbare Strahlungsbereich umfasst Wellen mit Wellenlängen von 380 Nanometer (violett) bis 750 Nanometer (rot).

Im Verlauf der Evolution haben viele Lebewesen, besonders jene, die sich schnell fortbewegen, Sinnesorgane für diesen oder einen ähnlichen Strahlungsbereich entwickelt. Für manche Insekten ist auch ein Teil der kurzwelligeren ultravioletten Strahlung sichtbar, die wir Menschen zwar nicht sehen, aber darauf immerhin mit Hautbräunung reagieren.

Im menschlichen Auge gibt es drei Arten von Rezeptoren, die Zapfen, die das eintreffende Licht in Nervenimpulse umwandeln und ans Gehirn weiterleiten. Dort werden die verschiedenen Erregungsmuster anschließend als unterschiedliche Farben interpretiert. Farben werden also im Gehirn gemacht und sind keine Eigenschaften der Dinge an sich. Es sind selbst erzeugte Erlebnisqualitäten auf der Basis elektromagnetischer Strahlung in einer an sich völlig farblosen Welt.

Rein physikalisch betrachtet gehen Farben im Wellenlängenbereich 380–750 Nanometer kontinuierlich von violett bis rot ineinander über, und die Auflösung des menschlichen Auges in Kooperation mit dem Gehirn ist sogar derart hoch, dass es einige Millionen verschiedene Farbnuancen unterscheiden kann.

Wie sehen wir den Regenbogen? Wie viele Farben hat er? Mit den Farbwörtern unserer Sprache zerlegen wir den Farbraum recht grob in nur einige wenige Teilmengen. Das Faszinierende daran ist, dass verschiedene Sprachen das Spektrum der Farben teils sehr verschieden in Teilmengen segmentieren. Farbwörter und die daran geknüpften Vorstellungen sind alles andere als universell. Dazu vergleichen wir Deutsch mit Bassa, einer Bantusprache in Kamerun, und mit Shona, einer in Simbabwe verwendeten Nationalsprache.

Die Einteilung des Farbraums dieser Sprachen ist unterschiedlich grob- bzw. feinkörnig. Außergewöhnlich auch, dass in Shona die Ränder des sichtbaren Wellenlängenbereiches (orange, rot und violett) mit demselben Wort belegt werden (cipswuka).

Sprachen unterscheiden sich also in der Zahl ihrer Grundfarbwörter. Das sind Farbwörter wie rot, blau, braun, grau, die nicht zu-

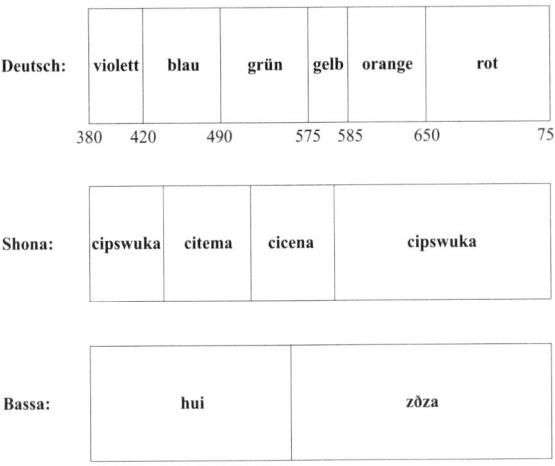

Abbildung 95: Einteilung des Farbraums

sammengesetzt (wie karminrot), nicht von bestimmten Gegenstandsnamen abgeleitet (wie anthrazit) und nicht in der Anwendung eingeschränkt sind (wie blond). Im Deutschen gibt es die elf Grundfarbwörter: schwarz, weiß, rot, grün, gelb, blau, grau, orange, lila, rosa, braun. Umfangreiche ethnolinguistische Untersuchungen haben ergeben, dass so gut wie alle Sprachen der Welt zwischen 2 und 12 Grundfarbwörter haben: auf der einen Seite die farbenscheuen Sprachen, auf der anderern Seite die farblich hochauflösenden Sprachen.

12 Grundfarbwörter: Ungarisch (2 Grundwörter für rot), Russisch (2 Grundwörter für blau)
11 Grundfarbwörter: Arabisch, Bulgarisch, Deutsch, Englisch, Hebräisch, Japanisch, Koreanisch, Spanisch, Zuni

Wenn eine Sprache weniger als 11 Grundfarbwörter besitzt, führt das zu starken Restriktionen, die in der folgenden Abbildung zum Ausdruck kommen.

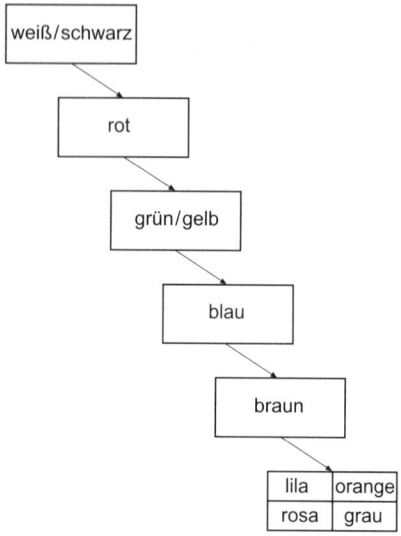

Abbildung 96: Farbliches Differenzierungsschema der Sprachen

Das Diagramm ist wie folgt zu lesen. Sofern eine Sprache ein Grundfarbwort für *rot* hat, besitzt sie auch Wörter für *weiß* und *schwarz* – so wie Tiv, eine Bantu-Sprache Nigerias. In Tiv werden die dunklen Farbtöne, wie bei uns grün, einige Blautöne, Grautöne und schwarz unter dem Begriff *ii* in der Bedeutung *schwarz* zusammengefasst, die hellen Farbtöne wie helle Blautöne, leichte Grautöne und weiß unter dem Terminus *pupu* in der Bedeutung *weiß* und die warmen Farben wie braun, rot und gelb unter *nyian* in der Bedeutung *rot*.

Wenn es in einer Sprache ein Grundfarbwort für gelb oder grün gibt, dann auch für rot, weiß und schwarz. So wie im Mende (Niger-Kongo): *kole* «weiß», *teli* «schwarz», *kpou* «rot» und *peine* «grün».

Wenn es in einer Sprache ein Wort für blau gibt, dann auch eins für grün oder gelb sowie für rot, weiß und schwarz, so wie im Navaho: *lagai* «weiß», *lidzin* «schwarz», *lichi* «rot», *dotl'ish* «blau, grün» (die Navajo trennen nicht zwischen blau und grün und haben für beides dasselbe Wort), *litso* «gelb».

Viele Sprachen mit nur 5 Elementarfarbwörtern unterscheiden nicht zwischen «grün» und «blau», wie neben dem Navajo auch das Sironó, eine Tupi-Sprache Südamerikas, oder nicht zwischen «blau» und «schwarz», wie Martu-Wangka, eine australische Eingeborenensprache.

Doch damit nicht genug, auch innerhalb desselben Kulturkreises unterliegen die Farbwortbedeutungen bisweilen Variationen. So bedeutete im 17. Jahrhundert im Deutschen «braun» eher «dunkelviolett» bis «dunkelblau». In einem Kirchenlied aus jener Zeit heißt es etwa: *Hernieder ist der Sonnen Schein. Die braune Nacht bricht stark herein.*

An diese Tatsache der unterschiedlichen Segmentierung des Farbspektrums schließt sich eine auch in der Gegenwart noch nicht eindeutig entschiedene Frage an, ob diese Unterschiede in den Sprachen auch kognitive Unterschiede bei den Sprechenden dieser Sprachen bedingen.

> **Sprache, Denken, Wirklichkeit.** Ein wunderbares Beispiel für den Zusammenhang zwischen Sprache und Denken fand sich kürzlich in der *New York Times*. In einem Coffee-Shop sagte eine elegant gekleidete Dame zu einer anderen: «Gott sei Dank gibt es das Wort ‹Muffin›. Sonst würde ich jeden Morgen zum Frühstück Kuchen essen.»

Trüb muss es vor der Kreidezeit gewesen sein, bevor die Natur auf die Farbe kam. Doch dann setzte ein Jahrmillionen andauernder Prozess ein, in dem Farbe nicht nur zur Unterscheidung und Klassifikation verschiedener Objekte eingesetzt wurde, sondern als Kommunikationsmedium, Tarninstrumentarium, Abschreckungsmaßnahme, Heilmittel, Bedeutungsträger, Stimulationsquelle, Lockstoff und einiges mehr. Ein langer Prozess der Kolorisierung der Welt, der in Deutschland am 25. August 1967 mit der Einführung des Farbfernsehens einen kleinen Zwischenhöhepunkt erreichte.

Leben und Farbe sind eng miteinander verbunden. Vögel z. B. sind stark visuell orientiert. Die Weibchen nehmen vor der Partnerwahl die potenziellen männlichen Partner, die sich optisch möglichst ansprechend präsentieren, genau in Augenschein. Auch viele Amphibien tragen Knalliges zwecks Abschreckung zur Schau: feuerrot, zitronengelb oder neongrün. Manche signalisieren mit ihrer prominenten Farbe ihre Giftigkeit. Andere Tierarten, die ihre Farbe ändern können, setzen sie zur Kommunikation ein. Chamäleons etwa drücken mit ihrer Farbwahl Gefühle wie Wut und Angst aus. Bei anderen Tieren signalisiert eine bestimmte Farbe Paarungsbereitschaft oder Imponiergehabe. Auch die meisten Pflanzenarten schmücken sich mit Farben, um Insekten als überlebenswichtige Bestäuber anzulocken.

Der Mensch nutzt seit mindestens 30 000 Jahren Farben zu den verschiedensten Zwecken. Schon die Höhlenmenschen verschönerten ihre Behausungen mit bunten Bildern. Könige und Kaiser prunkten einst mit purpurroten Gewändern. Wissenschaftliche Untersuchungen haben die vielfältigen Wirkungen von Farben auf unser Denken, Fühlen und Handeln belegt. In der Werbung werden diese Wirkungen eingesetzt, um Stimmungen zu erzeugen. In der Arbeitswelt setzen manche Arbeitgeber grüne Farbtöne im Arbeitsbereich ein, da Studien darauf hinweisen, dass es hierdurch zu geringeren Zahlen von Abwesenheit durch Krankheit und zu gesteigerter Produktivität kommt. In der Medizin werden Farben zur Förderung des Heilungsprozesses eingesetzt. Schon um 1000 n. Chr. erkannte der arabische Arzt Avicenna, dass etwa blaues Licht die Blutzirkulation verlangsamt und rotes Licht sie anregt. Und es ist bekannt, dass bunte Scheintabletten eine größere Placebo-Wirkung haben als weiße. Im Schulwesen dienen Farben der Erhöhung der Konzentration und Lernbereitschaft, im Verkehrswesen der Unfallverhütung, im Militärwesen der Camouflage.

> **Allzeit bereit, getarnt allerorts.** Während des Ersten Weltkrieges wurden an die deutschen Soldaten Militärkondome in der Tarnfarbe Hechtgrau ausgegeben.

In den 1980er Jahren ließ Hayden Fry, Trainer des Football-Teams Iowa Hawkeyes, die Umkleidekabinen der Gastmannschaft rosa streichen, da Untersuchungen ergeben hatten, dass diese Farbe die Aggressivität verringert. Und mit all dem haben wir das Gebiet der Psychologie der Farben betreten. Auch Goethe war schon ein früher Meister des Feng-Shui. Die Zimmer seines Hauses in Weimar waren in verschiedenen Farbtönen gehalten. Um sie zu einer schnelleren Abreise zu bewegen, steckte er unwillkommene Gäste in ein blaues Zimmer. Goethes Arbeitszimmer war grün gestrichen, da er diese Farbe aus der Mitte des sichtbaren Spektrums als Farbe der Sensibilität und der Harmonie erachtete. Die Mahlzeiten nahm er in einem Esszimmer in warmem Gelb zu sich.

So weit diese mit Notwendigkeit kaum mehr als rhapsodischen Andeutungen zum Thema Farbe. Als Einstieg in mathematische Aspekte der Thematik von Farben und Färbungen betrachten wir nun eine quadratische Fläche der Größe 8 × 8, auf der Platten der Größe 2 × 1 verlegt werden sollen, wieder mit dem Zusatz, dass es keine Überlappungen gebe und die Fläche vollständig überdeckt sei. Zwei verschiedene Möglichkeiten, dies zu gestalten, sind hier dargestellt.

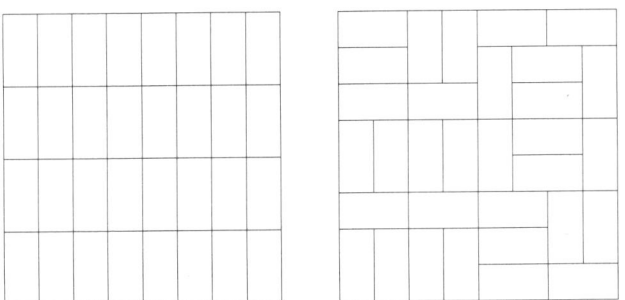

Abbildung 97: Pflasterung einer 8 × 8-Fläche mit 2 × 1-Platten

Der Physiker M. E. Fisher hat ermittelt, dass es $3604^2 = 12\,988\,816$ verschiedene Arten gibt, die 32 Platten auf der 8 × 8-Fläche überlappungsfrei zu verlegen.

Wir zeigen nun zunächst das Paritätsprinzip bei seiner Arbeit in diesem Kontext. Was leistet dieses Prinzip? Was leistet es nicht, woran scheitert es? Wir fragen nach Möglichkeiten und Unmöglichkeiten. Angenommen, man möchte die Parkettierung des quadratischen 8×8-Platzes so gestalten, dass in der unteren rechten Ecke ein Blumenkübel zu Dekorationszwecken stehen kann. Ist es möglich, dass wir die verbleibenden 63 Felder mit nicht überlappenden Platten zumauern?

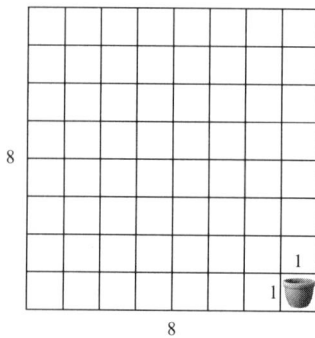

Abbildung 98: Parkettierbarkeit einer 8×8-Fläche ohne Eckfeld mit 2×1-Platten

Die Antwort ist: nein. Und die Begründung besteht in einem elementaren Paritätsargument. Es erklärt unsere Unfähigkeit zu mauern wie folgt: Jede von nicht überlappenden Platten der Größe 2×1 überdeckte Fläche umfasst eine gerade Zahl von kleinen 1×1-Quadraten, und zwar immer. Doch die 8×8-Fläche ohne die 1×1-Fläche für den Blumenkübel enthält 63 kleine 1×1-Quadrate, eine ungerade Zahl also. Das ist alles, also nichts, was dem Paritätsprinzip Höchstleistungen abverlangt hätte.

Wie sieht es nun aus, wenn zusätzlich zur unteren rechten Ecke auch noch die obere linke Ecke des Platzes mit einem Blumenkübel dekoriert werden soll?

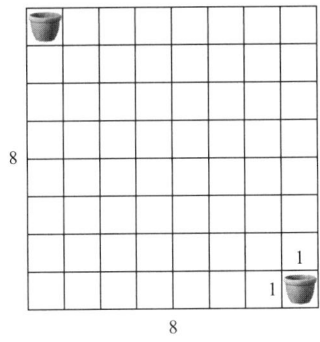

8

8

1

1

Abbildung 99: Parkettierbarkeit einer 8 × 8-Fläche ohne Eckfelder

Dann besteht die zu überdeckende Fläche aus 62 kleinen 1×1-Quadraten. Das Paritätsargument in Wiederaufbereitung ist hier kraftlos und versagt den Dienst. Es erklärt lediglich, dass aus Paritätsgründen nichts gegen die Möglichkeit einer derartigen Parkettierung spreche. Aber das ist kein Beweis der Möglichkeit und die Begrenztheit dieses Agierens liegt auf der Hand. Versucht man nämlich, eine Parkettierung zu realisieren, so gelingt es auch bei bester Anstrengung nicht, und man fragt sich schließlich, ob es vielleicht einen versteckten Grund für die Unmöglichkeit dieser Unternehmung gibt.

Den gibt es tatsächlich. Unser Paritätsangriff ging zwar ins Leere, doch man kann den Unmöglichkeitsbeweis antreten, indem man das Paritätsprinzip mit einem elementaren, wenn auch subtilen Färbungsargument anreichert. Wir werden erleben, wie sich beider Kompetenzen ergänzen. Das ist in der Folge unser Leitmotiv.

Was ist unter einem Färbungsargument zu verstehen? Nun, das 8×8-Quadrat wird in unserer Vorstellung mit Farben eingefärbt. In unserem Fall reicht ein elementares Schwarz-Weiß-Muster, genau so, wie wir es von einem normalen Schachbrett gewohnt sind.

Abbildung 100: Schachbrettmuster

Von zentraler Bedeutung sind nun diese ganz elementaren Tatsachen. Erstens: Die beiden Blumenkübel stehen jeweils auf weiß markierten Feldern. Zweitens: Jede über zwei kleinen Quadraten platzierte 2 × 1-Platte überdeckt immer ein weißes und ein schwarzes Feld, nie zwei weiße und auch nie zwei schwarze Felder. Diese beiden Gedankensplitter wirken etwas dahingeworfen. Doch miteinander verknüpft greifen sie so ineinander, dass die Situation sich umgehend aufklärt. Insgesamt überdeckt jede Anzahl verlegter Platten also genauso viele weiße wie schwarze Felder. Das eröffnet eine Angriffsschleuse, denn die nach Abzug der beiden weißen Eckfelder mit den Blumenkübeln verbleibenden 62 Kleinquadrate enthalten 32 schwarze und nur 30 weiße Felder, also gerade Anzahlen schwarzer bzw. weißer Felder. Doch die für 62 Felder benötigten Platten würden zwingend 31 weiße und 31 schwarze Felder überdecken (ungerade Zahlen). Infolgedessen ist eine Parkettierung einer 8 × 8-Fläche ohne das linke obere und rechte untere Eckfeld mit Platten der Ausmaße 2 × 1 nicht möglich. Das ist die einfache Wahrheit.

Fulminant hat die Färbungstechnik ihre Tauglichkeit demonstriert. Ein geistvoll simples Argument ist es geworden, das eine schnelle Bewältigung des Problems erreicht. Fast wiederum carlfriedrichgaußisch!! Und durch derart Einfaches etwas so Kompliziertes zu bemeistern verschafft ein großartiges Mathematikgefühl. Die zentrale Idee des Schachbrettmusters ist ein Gedanke wie ein Gongschlag in einem großen Gewölbe. Mit erheblichem Nachhall. Und mit erahnbaren Einsatzmöglichkeiten in anderen Problemlagen.

Dies ist der Prototyp eines einfachen, aber gerade in seiner Einfachheit raffinierten Färbungsbeweises. Nahezu die Reinform der Sache als solcher. Es ist ein Unmöglichkeitsbeweis einer ins Auge gefassten Anordnung von Platten, der ohne Einführung des Schachbrettmusters als Einfärbung der zu überdeckenden Fläche nur extrem schwer mit anderen Mitteln zu führen wäre. Prädikat deshalb: besonders wertvoll. Die Färbungstechnik erreicht Starstatus.

Wir haben noch ein etwas komplizierteres Demonstrationsobjekt. Konkret wollen wir uns mit der Frage befassen, ob eine Fläche der Größe 10 × 10 mit Platten der Größe 1 × 4 gefliest werden kann.

Das müssten dann 25 dieser Kacheln sein. Auch hier ist eine Einfärbung der Fläche Motor einer Entwicklung zum Verständnis. Eine abermalige schwarz-weiße Schraffierung nach Art eines Schachbretts nebst Paritätsprinzip gibt uns allerdings keine Aufschlüsse hinsichtlich der Existenz oder Nichtexistenz einer Parkettierung. Das Prinzip zielt ins Leere, wie ein blitzloser Blitz. Eine mögliche Überreaktion an dieser Stelle besteht nun darin, die Färbungstechnik vollends ins Korn zu werfen. Das wäre verfrüht. Vielmehr ist es an der Zeit, eine subtilere Anwendung unserer Färbungstechnik gegen das Problem aufzufahren. Was ist, wenn wir statt 2 nun 4 Farben verwenden? So wie hier in Graustufen angegeben:

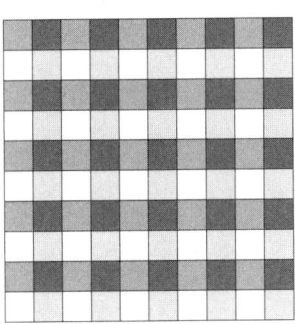

Abbildung 101: Einfärbung einer 10 × 10-Fläche mit 4 Farben in Graustufen

Um von hier zu irgendeiner Tat zu schreiten, registrieren wir, dass jede 1 × 4-Kachel, die wir auf diese Fläche legen, eine gerade Anzahl (möglicherweise 0) von Feldern jeder Farbe überdeckt.

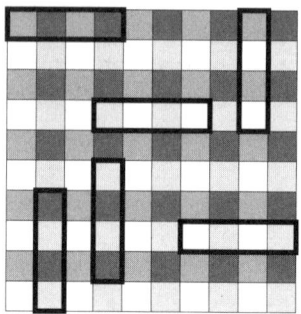

Abbildung 102: Beliebig platzierte 4 × 1-Platten

Einfach einzusehen und unscheinbar, aber das ist die durchschlagende Idee. Nun meldet sich abermals das Paritätsprinzip. Aus obiger Grundüberlegung ergibt sich sofort, dass bei einer regulären Parkettierung des 10 × 10-Quadrates die Gesamtzahl der Felder einer jeden Farbe eine gerade Zahl wäre. Doch es gibt genau 25 Felder jeder Farbe im kolorierten 10 × 10-Quadrat, also eine ungerade Felderzahl. Eine reguläre Parkettierung ist deshalb unmöglich. Schnell hat wiederum die Färbungstechnik mit entscheidendem Assist vom Paritätsprinzip das Problem erledigt mit einem ansehnlichen Nichtexistenzbeweis.

Nichtexistenzbeweis im Alltag. Meine Schulfreundin, Konrektorin an einer bayerischen Grundschule und ihr ganzes Leben ohne Führerschein, soll jetzt dem Finanzamt Fürstenfeldbruck nachweisen (!), dass sie KEINEN Führerschein hat. Die Gute ist ziemlich ratlos, wie man so etwas macht. Anlass: Der Ehemann hat einen Geschäftswagen und soll jetzt nachweisen, dass dieser Wagen nicht von seiner Ehefrau benutzt wurde.

B. Späth

Das Terrain von Unmöglichkeitsbeweisen ist ein lebendiger Tummelplatz von Problemlösetechniken, die auf der Einführung von Farben und geschickten Einfärbungen beruhen. Darunter befinden sich Beweise der Nichtrealisierbarkeit von Parkettierungen bestimmter Flächen mit bestimmten Plattenformen, von Packungen bestimmter Volumina mit bestimmten Ziegelformen, von Pfaden mit bestimmten Eigenschaften in bestimmten Gebieten, ganz allgemein gesprochen von bestimmten Anordnungen. Die Strategie besteht dabei im Wesentlichen stets darin, durch die Einfärbung mit Farben ein Muster einzuführen, das sich durch Eigenschaften auszeichnet, die mit den Eigenschaften der ins Auge gefassten Anordnung nicht kompatibel sind. Wir zeigen ein weiteres instruktives Beispiel.

Straßenzüge. Das folgende Diagramm zeigt eine Straßenkarte mit 14 Städten und den zwischen ihnen bestehenden Straßen.

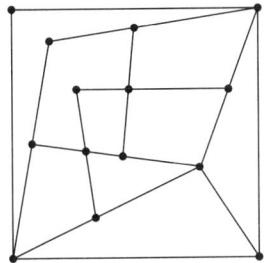

Abbildung 103: Städte und Straßen

Gibt es einen zusammenhängenden Straßenzug, der jede der 14 Städte genau einmal passiert?

Auch hier wird die Unmöglichkeit eines Straßenzuges mit der angesprochenen Eigenschaft durch ein Färbungsargument bewiesen. Auch hier kommt es darauf an, die gegebene Struktur in geschickter Weise einzufärben. Im vorliegenden Fall färben wir die Städte jeweils schwarz (s) oder weiß (w), und zwar so, dass benachbarte, durch eine Straße direkt verbundene Städte mit verschiedenen Farben versehen werden. Dass dies möglich ist, drückt schon das nächste Diagramm aus.

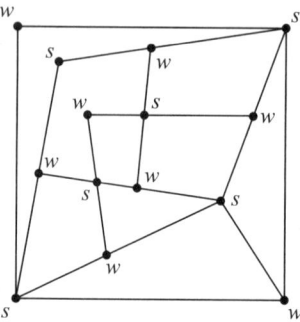

Abbildung 104: Straßenkarte mit eingefärbten Städten

Jeder Pfad, der den Anforderungen genügt, der also jede der 14 Städte exakt einmal besucht, müsste das Farbmuster wswswswswswsws oder das Farbmuster swswswswswswsw zeigen, müsste also durch 7 weiß markierte und 7 schwarz markierte Städte gehen. Doch die obige Karte enthält 6 schwarz markierte und 8 weiß markierte Städte. Damit können wir schon jetzt unmittelbar und abschließend feststellen, dass es keinen Pfad geben kann, der jede Stadt exakt einmal besucht. Auch dies ist ein Argument mit Glamourfaktor.

Ein weiterer wichtiger Einsatzbereich von Färbungstechniken besteht in der Bestimmung der Anzahlen gewisser Anordnungen bzw. der Herleitung von Eigenschaften dieser Anordnungen. Auch zu diesem Anwendungsfeld geben wir eine Illustration zur Verdeutlichung.

Expeditionen ins Tierreich: Käferkunde. Auf jedem Feld einer 9×9-Fläche sitzt ein Käfer. Auf ein Signal krabbeln alle Käfer, jeder diagonal auf ein benachbartes Feld seiner Wahl. Dann kann es passieren, dass mehrere Käfer auf einem Feld sitzen und andere Felder leer sind. Gesucht ist die kleinstmögliche Anzahl leerer Felder.

Eine zielführende Färbung besteht darin, die Spalten des 9×9-Quadrats abwechselnd ganz grau oder ganz weiß zu färben, beginnend mit einer grauen ersten Spalte:

Abbildung 105: Spaltenweise Einfärbung der 9×9-Fläche

Dann gibt es 45 graue und 36 weiße Felder. Indem er auf ein diagonal benachbartes Feld kriecht, wechselt ein Käfer die Felderfarbe seines Standfeldes: Die 45 ursprünglich auf grauen Feldern platzierten Käfer sind dann auf weißen Feldern, und die 36 weißfeldrig platzierten Käfer kriechen auf graue Felder. Deshalb bleiben nach der Käferwanderung mindestens 45 – 36 = 9 graue Felder leer. Das ist zunächst nur eine Abschätzung nach unten: mindestens 9 Felder bleiben leer. Durch eine konkrete Krabbelanweisung muss man noch zeigen, dass diese Zahl leerer Felder tatsächlich erreichbar ist. Das demonstriert die Abbildung 106, wobei einseitige Pfeile die Kriechrichtung angeben und die Käfer auf den durch zweiseitige Pfeile verbundenen Feldern jeweils die Plätze tauschen. Käfer auf Feldern, von denen keine Pfeile ausgehen, kriechen auf ein beliebiges diagonales Feld. Nur die dunkel dargestellten Felder bleiben leer. Es sind 9.

Unser letztes Anwendungsbeispiel ist ein phänomenal schöner Färbungsbeweis von *Fermats Kleinem Theorem*. Dieses Theorem macht eine solide Teilbarkeitsaussage: Für jede natürliche Zahl n und jede Primzahl p ist $n^p - n$ durch p teilbar. Also zum Beispiel für n = 2 und

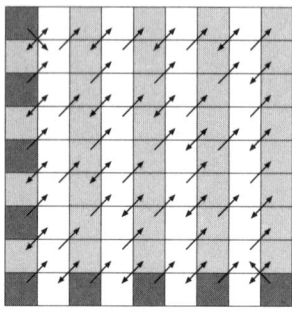

Abbildung 106: Krabbelanweisung, bei der die dunkel markierten Felder leer bleiben.

p = 3 sagt es, dass $2^3 - 2$ durch 3 teilbar ist. Stimmt! Für n = 3, p = 5 sollte $3^5 - 3$ durch 5 teilbar sein. Stimmt auch, denn 3^5 ist 243. Kein kleines Problem ist es, dies traditionell zu beweisen, für uns eher schon ein XL-Problem. Aber wir werden es mit Farben meistern.

Die Begründung ist ein intellektuelles Erlebnis und hier ist der Erlebnisbericht. Wir haben Perlen in n verschiedenen Farben zur Verfügung und wollen daraus Ketten aus jeweils p Perlen herstellen. Das ist der Handlungshintergrund. Wir beginnen, indem wir p Perlen auf einer geraden Schnur aufreihen. Da für jede der p Perlen n Möglichkeiten der Farbwahl bestehen, gibt es nach der Produktregel insgesamt n^p verschiedene Perlenanordnungen entlang der geraden Schnur.

Nun sei es so, dass wir aus ästhetischen Gründen einfarbige Ketten nicht schätzen und deshalb die n Aufreihungen von Perlen gleicher Farbe verwerfen. Dann verbleiben $n^p - n$ verschiedene Anordnungen entlang der geraden Schnur. Von diesen Anordnungen führen einige zu derselben Perlenkette, wenn wir die Schnur an den beiden Enden zusammenknüpfen. Zum Beispiel, wenn wir eine Anordnung längs der Schnur betrachten und die Perle ganz rechts nach ganz links überführen, ergibt sich dieselbe runde *Kette*, wenn wir die beiden Enden verbinden. Wie oft muss man dies durchführen, bis man zu einer identischen Anordnung längs der geraden *Schnur* kommt? Eine identische Anordnung stellt sich offensichtlich dann ein, wenn wir p-mal eine Perle von ganz rechts nach ganz links überführen, weil dann alle p Perlen wieder in derselben Position sind. Wir müssen noch prüfen, ob es auch mit weniger Überführungen gehen kann. Angenommen, k ist die geringste positive Zahl von einzelnen Überführungen von Perlen von rechts nach links, mit denen eine identische Anordnung längs der Schnur erreicht wird. Wir können dann schreiben

$$p = rk + s$$

mit s = 0, 1, 2, …, k – 1. Die schrittweise Überführung von p einzelnen Perlen etabliert wiederum die Ausgangsanordnung, ebenso die schrittweise Überführung von r mal k einzelnen Perlen. Deshalb muss auch die schrittweise Überführung von s einzelnen Perlen dasselbe leisten. Doch k war verabredeterweise die kleinste natürliche Zahl mit dieser Eigenschaft; also muss s = 0 sein. Daraus kann man schließen, dass k ein Teiler von p sein muss. Bei diesem Stand der Dinge hilft die Erinnerung daran, dass p aber eine Primzahl ist. Deshalb bleibt für k nur der Wert k = p und also r = 1. Das Ergebnis all dieser Überlegungen mit anderen Worten ausgedrückt: Von den $n^p - n$ nicht einfarbigen Anordnungen von Perlen entlang der Schnur führen je p zu derselben Perlenkette. Es gibt also $(n^p - n)/p$ verschiedene bunte Perlenketten. Somit ist $(n^p - n)/p$ eine natürliche Zahl und $n^p - n$ deshalb durch p teilbar. Und das wollten wir klären.

Wieder zeigen sich Mathematiker als Kenner schöner Dinge. Ein klassisch schönes Teilbarkeitsargument als Nebenprodukt engagierter Kettenknüpfkunst. Wunderbar gedacht und gemacht. Abermals fühlen wir uns an Gauß in Bestform erinnert und dann lange an gar nichts. Dieses Theorem und sein Beweis verabschieden hoffentlich endgültig das gängige Vorurteil, nach dem eine abstrakte mathematische Tatsache nur mathematisch abstrakt bewiesen werden kann.

19. Randomisierungsprinzip

Die Kunst, die Gunst des Zufalls zu nutzen

Ich glaube nicht an Zufall. Die Menschen,
die in der Welt vorwärtskommen, sind die Menschen,
die aufstehen und nach dem von ihnen benötigten
Zufall Ausschau halten.

G. B. Shaw (1856–1950)

Zur Wahrscheinlichkeit gehört auch, dass das
Unwahrscheinliche eintreten kann.

Aristoteles (384–322 v. Chr.)

> Randomisierungsprinzip: Kann ich durch die Einführung eines Zufallsmechanismus in den Problemkontext das Problem vereinfachen?

Der Zufall durchzieht unsere ganze Existenz, und zwar von Anbeginn bis zum Ende: Welche Samenzelle befruchtet das Ei, aus dem wir entstehen? Welcher Umstand ist schließlich für unseren Tod verantwortlich? Auch zwischen diesen beiden Ereignissen müssen wir in einer Welt, die reichhaltig gespickt mit Zufallsphänomenen ist, teils gewichtige, teils weniger gewichtige Entscheidungen treffen, um uns nach besten Kräften zu behaupten.

Soll ich mich einer Operation unterziehen, obwohl ein 5%iges Risiko für gravierende Begleiterscheinungen und bleibende Schäden besteht? Soll ich morgens mit Schirm aus dem Haus gehen, wenn die Wahrscheinlichkeit für Niederschlag bei 50 % liegt? Soll ich diese oder jene oder keine Aktien kaufen? Soll ich diesen oder jenen Beruf ergreifen, hier oder dort eine Ausbildung anstreben? Soll ich heute Abend ins Theater oder lieber ins Kino gehen?

Doch wir sind Zufälligkeiten nicht nur ausgeliefert, wir können den Zufall auch für unsere Zwecke nutzen. Wie das gehen kann, dafür wollen wir einige Beispiele nennen.

Von Fisch bis Unspezifisch. Angenommen, wir möchten feststellen, wie viele Fische sich in einem Teich befinden. Ein deterministischer Ansatz würde darin bestehen, alle Fische des Teiches zu fangen, sie zu zählen und anschließend in den Teich zurückzugeben. Das ist ausgesprochen aufwendig in Relation zum erzielten Ergebnis und sicher auch stark fehlerbehaftet, jedenfalls kann man kaum sicher sein, alle Fische des Teiches erwischt zu haben.

Zur Schätzung der Anzahl von Individuen in bestimmten nicht komplett oder nur schwer abzählbaren Populationen kann ein stochastisches Verfahren eingesetzt werden, das sich den Zufall in geschickter Weise zunutze macht. Es ist die Methode *Sehen und Wiedersehen*, und sie funktioniert so: Nehmen wir an, die zu ermittelnde unbekannte Anzahl der Fische im Teich sei N. Von diesen werden M Fische gefangen und in irgendeiner Weise markiert, etwa durch einen roten Punkt. Die M Fische werden nach Markierung anschließend alle wieder in den Teich entlassen. Nach einer Zeitspanne, die lang genug ist, um von der zufälligen Durchmischung aller Fische auszugehen, werden dann wiederum Fische gefangen und zwar n Stück. Davon seien m farblich markiert. Wie soll man mit dieser spärlichen Information N schätzen?

Man kann den plausiblen Ansatz machen, dass die beim zweiten Mal gefangene Stichprobe hinsichtlich der Markierung oder Nichtmarkierung von Fischen repräsentativ für die Gesamtpopulation der teils markierten, teils nichtmarkierten Fische im Teich ist. Mit anderen Worten: Man kann die folgende Gleichsetzung vornehmen:

Anteil markierter Fische in zweiter Stichprobe = Anteil markierter Fische in Gesamtpopulation

Das bedeutet in Symbolen: $m/n = M/N$

Durch banale Umformung ergibt sich die Schätzung

$$N = n \cdot M/m$$

für die Anzahl der Fische im Teich.

Es gibt zahlreiche Anwendungen dieser Technik des Schätzens von Anteilen aus anderen Anteilen bzw. des stochastischen Zählens, auch für menschliche Populationen. Neil McKeganey (1993) etwa beschreibt die Schätzung der Anzahl der Prostituierten in Glasgow im Rahmen einer Studie zur Ausbreitung von Aids. Dabei wird im Wesentlichen diese Methode eingesetzt.

Eine andere Situation, in der geschickte Randomisierung zu besseren, da unverfälschten Ergebnissen führt, ergibt sich bei Antworten auf heikle Fragen in der Umfrageforschung. Ein gravierendes Problem bei Umfragen und Erhebungen, die sich mit sensiblen Themen beschäftigen, sind die Verzerrungen aufgrund falscher Beantwortung oder Antwortverweigerung.

> Die Leute lügen. Unsere Zahlen sind ein einziges Chaos. Unsere Statistiken sind weniger zuverlässig als die Horoskope in der Boulevardpresse.
>
> **Zitat aus dem Abschiedsbrief des Direktors der staatlichen italienischen Statistikbehörde, geschrieben kurz bevor er in seinem Amtszimmer Selbstmord beging.**

Zur Ausschaltung dieser Verzerrungen wurde von Warner (1965) ein stochastifiziertes Verfahren eingeführt, das den Persönlichkeitsschutz bei heiklen Themen durch eine Randomisierung auf Fragenebene sicherstellt. Grob gesprochen führt eine geschickte Zufallsverschlüsselung der Antworten dazu, dass der Fragesteller nicht mehr weiß, auf welche Frage sich die Antwort des Befragten bezieht, ob auf die heikle Frage oder auf eine alternative, nicht sensitive Allerweltsfrage. Das Kunststück besteht dann bei der Analyse der Antworten darin, auf jenen Anteil der Befragten, welche die heikle Frage beantwortet haben, irgendwie zurückzuschließen. Das klingt nach einer opulenten Leistung, geht aber recht einfach.

Die Beschreibung einer konkreten Situation mag nützlich sein. Sei p der unbekannte Anteil einer Population, der schon einmal unter Alkoholeinfluss Auto gefahren ist. Jeder aus der Population rein zufällig zur Befragung ausgewählten Person reicht der Befrager einen Beutel mit drei Karten, die dem Befragten zunächst gezeigt werden. Diese Karten sehen so aus:

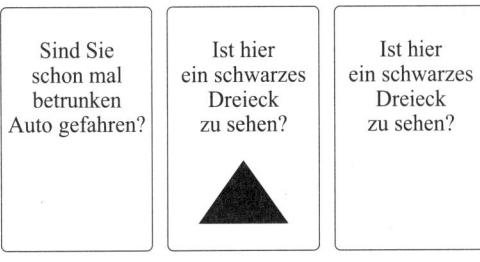

Abbildung 107: Fragen für ein stochastifiziertes Umfrageverfahren

Anschließend werden die Karten in den Beutel gegeben und durchmischt. Der zu Befragende greift dann in den Beutel und zieht rein zufällig eine Karte aus dem Beutel, ohne dass der Fragesteller sehen könnte, um welche Karte es sich handelt. Dann beantwortet er die Frage auf seiner gezogenen Karte mit *Ja* oder *Nein*. Der Interviewer weiß nicht, welche Frage der Befragte beantwortet; ob die Frage nach seinem Alkoholverhalten am Steuer oder eine der harmlosen Fragen nach dem schwarzen Dreieck. Und der Interviewte weiß, dass der Interviewer dies nicht weiß. Also besteht für den Befragten kein Grund, unwahr zu antworten. Überraschend und bei erstem Nachdenken vielleicht sogar sensationell ist, dass dem Interviewer aufgrund dieses Designs der Anonymisierung der gestellten Fragen bei der Analyse der erhaltenen Antworten dennoch keine hermeneutischen Probleme erwachsen.

Der wirklich geistreiche Teil besteht neben der Grundidee nämlich in der geschickten Analyse der Antworten und dem Sichhinausdenken aus der Schwierigkeit, einen Zusammenhang zwischen den erhaltenen Antworten und dem unbekannten Anteil p herzustellen. Nehmen wir an, um einmal ein explizites Zahlenbeispiel im Kopf durchzuspielen, dass der Interviewer mit dieser Methode 3000 Personen befragt hat und dass davon 1200 Personen mit *Ja* geantwortet haben, und zwar auf die Frage auf der von ihnen jeweils gezogenen Karte, welche der drei Fragen das auch immer im Einzelfall war. Von den 3000 Befragten haben im Mittel ein Drittel, also 1000, die Karte mit dem schwarzen Dreieck gezogen und darauf, so nimmt man an, wahrheitsgemäß mit Ja geantwortet. Weitere 1000 Befragte zogen die Karte ohne Dreieck und 1000 die Karte mit der Alkoholfrage. Das bedeutet, dass von den 1200 Ja-Antworten eine erwartete Anzahl von 1000 sich auf die Karte mit dem Dreieck beziehen, also nur bei 200 es sich um Alkoholantworten handelt. Der beste Schätzwert des gesuchten Anteils p ist deshalb, dass 200 von 3000 Befragten, also rund 7 Prozent der Bevölkerung, schon einmal unter Alkoholeinfluss am Steuer saßen.

Diese Methode der Informationsgewinnung hat nicht nur rein theoretischen Charakter. Sie wurde während des Vietnam-Krieges angewendet, als die US-Armeeführung der Frage nachgehen wollte, welcher Anteil der Truppen Drogen konsumierte. Es gab die verbreitete Ansicht, dass dieser Anteil hoch war und dies sollte empirisch überprüft werden. Doch konnte man bei Umfragen mit direkter Befragung nicht erwarten, dass die Soldaten Drogenkonsum, immerhin ein Strafdelikt, freimütig zugeben würden.

Eine Schätz-Heuristik. Die nun präsentierte stochastische Heuristik basiert auf dem kopernikanisch-anthropischen Prinzip (kurz: Kopernikus-Prinzip), nach dem der Mensch als solcher keine in irgendeiner Weise ausgezeichnete oder hervorgehobene Stellung im Universum einnimmt.

Diese Denkweise modifizierend, betrachte man sich selbst in Bezug auf ein beliebiges Thema als rein zufällig ausgewählte Person aus der Menge aller Individuen in der eigenen Referenzklasse. Oder, auch diese Sicht noch erweiternd: Geht man zu beliebigen Objekten oder Ereignissen über, so lässt sich konstatieren: Wenn keine Informationen vorliegen, die ein Objekt oder ein Ereignis auszeichnen, so nehme man an, das betrachtete Objekt oder Ereignis sei typisch relativ zu allen Objekten oder Ereignissen in seiner Referenzklasse, d. h., es sei – je nach Kontext – von mittlerer Größe, Geschwindigkeit, Lebensdauer, Wahrscheinlichkeit usw.

Dieser Vorschlag wurde von dem amerikanischen Wissenschaftler Richard J. Gott als Postulat an den Anfang seiner Theorie des Schätzens gestellt. Das Prinzip sieht nach nicht sehr viel Greifbarem aus, doch man kann so einiges damit anfangen.

Angenommen, Sie wissen, dass für einen 40-jährigen Mann die durchschnittliche weitere Lebenserwartung in der Bundesrepublik 37,6 Jahre beträgt und für eine 40-jährige Frau sogar 42,7 Jahre. Außerdem könnte Ihnen aus Statistiken bekannt sein, dass Männer in den neuen Bundesländern eine um 1,8 Jahre niedrigere Lebenserwartung haben und verheiratete Männer im Osten wie im Westen im Vergleich zum Mittel der männlichen Gesamtbevölkerung durchschnittlich 1,4 Jahre länger leben. In einem medizinischen Artikel haben Sie ferner gelesen, dass eine im Alter von 40 Jahren einsetzende Diabeteskrankheit die Lebenserwartung im Mittel um 8 Jahre senkt.

Wie würden Sie vorgehen, um die Restlebenserwartung eines Menschen abzuschätzen, von dem Sie nichts weiter wissen, als dass es sich um eine Person aus Deutschland im Alter von 40 Jahren handelt? Da Ihnen das Geschlecht nicht bekannt ist, betrachten Sie die Population aller 40-jährigen Einwohner Deutschlands als Referenzklasse und schätzen nach dem verallgemeinerten Kopernikus-Prinzip die weitere Lebenserwartung mit $(37,6 + 42,7)/2 = 40,2$ Jahre ab.

Teilt man Ihnen mit, dass es sich um einen männlichen Bewohner aus den neuen Bundesländern handelt, so würden Sie jetzt von dem Mittel 37,6 Jahre für Männer ausgehen und dieses Mittel um 1,8 Jahre nach unten auf 35,8 Jahre korrigieren. Erfahren Sie ferner noch, dass dieser Mann verheiratet ist, so würden Sie ihn nun als typischen Vertreter der Referenzklasse aller verheirateten 40-jährigen Bewohner der neuen Bundesländer betrachten und den bisherigen Schätzwert von 35,8 Jahren um 1,4 nach oben auf 37,2 Jahre modifizieren. Wissen Sie auch noch, dass bei dem Herrn kürzlich Diabetes diagnostiziert worden ist, so würden Sie mit dieser Information ausgestattet die Lebenserwartung um 8 Jahre nach unten korrigieren und die verbleibende Zeit bei 29,2 Jahren ansiedeln. Das ergibt eine Gesamtlebenserwartung von rund 69 Jahren.

In unserem zweiten Beispiel wenden wir das kopernikanische Prinzip auf die Abschätzung der weiteren Überlebenszeit der menschlichen

Gattung insgesamt an, einer Größe, über die im Gegensatz zum vorhergehenden Beispiel keine empirischen Daten vorliegen. Wie soll man plausibel vorgehen?

Wir beginnen mit der Abschätzung der Anzahl N aller bereits gelebt habenden, jetzt lebenden und noch leben werdenden Menschen. Unseren eigenen Geburtsrang in dieser Reihe, die – jedenfalls laut Bibel – mit 1 und 2 bei Adam und Eva beginnt und bei einem derzeit noch nicht lebenden, dem N-ten Menschen, endet, bezeichnen wir mit n. Geht man von absoluten Rängen zu relativen Anteilen über, so ist a = n/N unsere anteilige chronologische Position unter allen verstorbenen, lebenden und noch geboren werdenden Menschen. A priori, bevor wir etwas über unsere absolute Position n wissen, liegt die Größe a nach dem Kopernikus-Prinzip irgendwo rein zufällig im Intervall (0, 1).

Nehmen wir jetzt an, dass, selbst wenn wir unseren Geburtsrang n in Erfahrung bringen, der anteilige Rang a immer noch rein zufällig über (0, 1) verteilt ist. Diese Annahme ist gleichbedeutend mit der Annahme, dass wir kein A-priori-Wissen über N haben, außer eben dem, dass N natürlich größer als n ist.

Was können wir nun aus diesen Festlegungen ableiten? Unter den getroffenen Voraussetzungen können wir mit 95%iger Sicherheit davon ausgehen, dass unser anteiliger Rang im Intervall (0,05, 1) liegt, d. h. ganz lapidar, mit 95%iger Sicherheit sind wir irgendwo unter den letzten 95 % aller Menschen. Kennt man n, können wir daraus eine Schranke für N ermitteln, in die wir 95%iges Vertrauen haben können. Das geht so: Wenn a = n/N > 0,05 mit 95%iger Sicherheit ist, dann ist mit 95%iger Sicherheit N < 20n. Ganz unspektakulär, nicht wahr?

Der Philosoph John Leslie und andere haben geschätzt, dass bislang etwa 60 Milliarden Menschen geboren wurden. Geht man von dieser Schätzung aus und setzt n gleich 60 Milliarden, so können wir aufgrund unserer Überlegungen mit 95%iger Sicherheit sagen, dass es insgesamt weniger als 20 · 60 Milliarden = 1200 Milliarden = 1,2 Billionen Menschen geben wird.

Um diese Anzahl-Schätzung in eine Zeit-Schätzung umzuwandeln, nehmen wir an, dass sich die Weltbevölkerung in Kürze bei 10 Milliarden stabilisieren wird und dass die mittlere Lebenserwartung bei 80 Jahren liegt. Dann kann man abschätzen, wie lange es dauern wird, bis auch die mit 95%iger Sicherheit höchstens noch zu erwartenden 1140 Milliarden (1200–60 Milliarden) Menschen gestorben sein werden: $(1140/10) \cdot 80 = 9120$ Jahre.

Unter den getroffenen, realistisch oder zumindest realitätsnah erscheinenden Annahmen kann man mit einer recht hohen Sicherheit von 95% davon ausgehen, dass in rund neuntausend Jahren die Menschheit ausgestorben sein wird.

Der gedankliche Urheber dieser Methode, Richard J. Gott, war 1969 in Berlin und besuchte auch die Berliner Mauer, die zu diesem Zeitpunkt gerade 8 Jahre alt war. Er fragte sich, wie lange die Mauer wohl noch stehen werde. Statt den weiteren Verlauf komplizierter geopolitischer Ereignisse zu prognostizieren und hieraus eine Antwort auf die Frage abzuleiten – warum nicht das kopernikanische Prinzip anwenden, das, wie gesehen, erlaubt, die weitere zukünftige Dauer eines beliebigen Phänomens allein (!) unter Verwendung seiner bisherigen Existenzdauer mit gewünschter Vertrauenswahrscheinlichkeit zu prognostizieren. Angewendet auf die weitere Existenz der Mauer konnte Richard Gott damals, also 1969, 75 % sicher sein, dass die Mauer 24 Jahre später, also 1993, nicht mehr stehen würde. Als die Berliner Mauer im Jahr 1989 tatsächlich fiel, wurde er von einem Freund an seine frühere Prognose erinnert, woraufhin er sich entschloss, diese Prognosetechnik zu publizieren. Ein Fall, der nicht schlecht war für das Image der Methode. Aber auch andernfalls hätte sie nicht aufgehört, uns durch Anwendungsbreite und Plausibilität zu betören. Denn immerhin, – ich weiß nicht mehr, ob es Augustinus oder Uwe Seeler war, der uns dies mitteilte: «Falsche Vorhersagen sind keine Sünde.» Sie ist jedenfalls meine heimliche Favoritin unter den Prognosetechniken.

Noch ein kurzes Wort dazu, wie Gott (d. h. Richard Gott) seine Prognose erstellt hat. Da er sich gegenüber der Gesamtexistenzdauer der Mauer als rein zufälligen Beobachter betrachtete, konnte er mit 75 % Vertrauenswahrscheinlichkeit sagen, dass der zufällige Zeitpunkt t_{jetzt} seines Mauerbesuchs nach dem ersten Viertel der Existenz der Mauer passierte und somit im zeitlichen Bereich der letzten drei Viertel von deren Existenz liegt. Liegt t_{jetzt} am linken Rand des 75%-Bereiches, ist die Zukunft der Mauer am längsten.

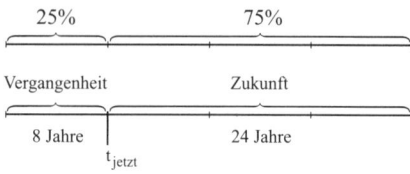

Abbildung 108: Richard Gotts Schätzprinzip

Anders gewendet: Mit 75%iger Sicherheit ist also die weitere Existenzdauer der Mauer längstens dreimal so lang wie ihre bisherige Vergangenheit von 8 Jahren, also höchstens noch 24 Jahre.

Eine einfache und hinsichtlich der benötigten Information außerordentlich sparsame Methodik, ein Ansatz, der momenthaft die Sphären schöner Gedankenkunst berührt. Mit ihm lässt sich auch auf die Frage eingehen, wie lange die Musik von Beethoven oder von Jennifer Lopez wohl noch populär sein wird. Wessen Musik wird man im nächsten Jahrtausend wahrscheinlich noch hören?

Beethoven hat 1782 sein erstes musikalisches Werk veröffentlicht. Das war (Stand: August 2008) vor 226 Jahren. Jennifer Lopez brachte ihr Debüt-Album im Juni 1999 heraus. Mit 90%iger Wahrscheinlichkeit kann man davon ausgehen, dass Beethoven noch 226 · 9 weitere Jahre, also rund zweitausend weitere Jahre gehört werden wird, bei Jennifer Lopez sind es mit dieser Wahrscheinlichkeit rund 80 Jahre. Kurz gesagt: Es ist zu erwarten, dass die Musik von Jennifer Lopez wohl mit ihren derzeitigen Fans untergehen wird, während Beethoven keine schlechte Chance hat, auch im 4. Jahrtausend noch gehört zu werden.

Es ist schon faszinierend, dass man auf diese Weise Wahrscheinlichkeitsaussagen über die weitere Existenz beliebiger Phänomene treffen kann, ohne auch nur das Geringste über sie zu wissen außer ihrer bisherigen Existenzdauer. Dabei ist die einzig nötige Voraussetzung für die Anwendung der Kopernikus-Methode die Zufälligkeit der zeitlichen Position des Beobachters. Mit ihr steht und fällt die Gültigkeit der Ergebnisse. Ist die Voraussetzung nicht erfüllt, kann die Methode nicht gültig angewendet werden. Wenn Sie etwa einen Monat nach der Fertigstellung eines Gebäudes an der Einweihungsfeier teilnehmen, wäre es keine im Sinne der Philosophie der Kopernikus-Methode gültige Prognose, bei dieser Feier zu erklären, das Gebäude werde mit 75 %iger Wahrscheinlichkeit das nächste Vierteljahr nicht überdauern. Sie sind ja zu einem besonderen Ereignis, der Einweihung des Gebäudes, eingeladen worden und man kann nach allem, was man über das Bauwesen und Einweihungsfeiern weiß, davon ausgehen, dass solche Feiern eher am Beginn der Existenzphase von Bauwerken stattfinden, als dass sie über ihre Gesamtlebensdauer rein zufällig verteilt sind.

Anwenden lässt sich die Kopernikus-Methode hingegen in den folgenden Situationen: Ein Bekannter liest Ihnen seinen Lieblingssatz aus der Literatur vor und erwähnt, dass er auf Seite 27 eines Buches steht. Wie kann man die Gesamtseitenzahl des Buches schätzen? Oder: Sie besuchen Australien und werden von einem australischen Freund zu einem Sportereignis eingeladen. Sie wissen nichts über das Ereignis und fragen sich, wie viele Zuschauer wohl kommen werden. Sie schauen auf Ihrem Ticket nach und sehen, dass es sich um die Ticketnummer 37 handelt. Wie lässt sich eine Aussage über die Anzahl der Zuschauer treffen? Mit Wahrscheinlichkeit von 50 % gehört Ihre Ticketnummer zur zweiten Hälfte der insgesamt verkauften Tickets. Also mit einer Wahrscheinlichkeit von 50 % werden höchstens 73 Menschen zu der Veranstaltung kommen. Denn wenn 74 oder noch mehr Tickets verkauft worden wären, dann läge die Ticketnummer 37 in der ersten Hälfte verkaufter Tickets.

Will man mehr Sicherheit, so kann man die Vertrauenswahrscheinlichkeit auf 80 %, 90 %, 95 % oder noch weiter erhöhen. Ist man etwa mit 90 % zufrieden, so kann man zunächst überlegen, dass mit Wahrscheinlichkeit 10 % Ihre Ticketnummer zum ersten Zehntel der Menge aller verkauften Tickets gehört, d. h., mit Wahrscheinlichkeit 10 % liegen 37 oder mehr Tickets im ersten Zehntel aller Tickets. Mit 10 %iger Wahrscheinlichkeit wurden also mindestens $10 \cdot 37$ = 370 Tickets verkauft und mit der zugehörigen Gegenwahrscheinlichkeit von 90 % weniger als 370 Tickets.

Mit Blick auf das Kopernikus-Prinzip ist es übrigens ratsam, alle Jungfernfahrten bei Schiffs-, Flug- und anderen Reisen zu vermeiden. Greifen Sie lieber auf ein Gefährt zurück, das schon mindestens 40 Reisen unfallfrei absolviert hat, dann wird es mit großer Wahrscheinlichkeit auch noch die nächste Reise gut überstehen. Diese Regel hätte Sie vor der Titanic (die bei ihrer Jungfernfahrt sank), dem Luftschiff Hindenburg (das bei der 19. Atlantiküberquerung ausbrannte) und der Raumfähre Challenger (die bei ihrer 10. Mission explodierte) bewahrt.

Unser nächstes Beispiel für nützliche Randomisierung ist eher spielerischer Natur. Es behandelt ein stochastisches Verfahren der Schuldentilgung:

A schuldet B den Betrag x aus [0, 1] in Euro. Doch er besitzt nur eine 1-Euro-Münze, und B kann nicht wechseln. Die beiden entscheiden sich für folgendes Verfahren des Finanzausgleichs:

Schritt 1:
Zunächst wird sichergestellt, dass der geschuldete Betrag x im Intervall [0, 1/2] liegt. Sollte dies nicht der Fall sein, dann wechselt die Münze einfach den Besitzer, und dieser schuldet nun den Betrag 1 – x.

Schritt 2:
Wer die Münze hat, wirft sie. Bei *Kopf* gehört sie ihm, und die Schulden gelten als beglichen. Bei *Zahl* werden seine Schulden verdoppelt, und das Verfahren beginnt von Neuem bei Schritt 1.

Wir wollen uns überzeugen, dass diese Vorgehensweise *fair* ist. Dieser Begriff kann nur bedeuten, dass B von A im Mittel den Betrag x erhält. Und so ist es auch.

Unser Beweisgang ist gedanklich um den Geistesblitz gebaut, x als Zahl im Zweiersystem darzustellen. Das sieht dann so aus: $x = x_1 2^{-1} + x_2 2^{-2} + x_3 2^{-3} + ...$, wobei alle x_i entweder 0 oder 1 sind. Die Entscheidung fällt im n-ten Wurf genau dann, wenn in den ersten n – 1 Würfen stets *Zahl* gefallen ist und im n-ten Wurf *Kopf* fällt. Die Wahrscheinlichkeit dieses einfachen Ereignisses beträgt $(1/2)^n$.

Untersuchen wir noch die Bedingung, die sicherstellt, dass B die Münze unmittelbar vor dem n-ten Wurf besitzt. Auch dafür ist die Binärdarstellung informativ. Die Binärdarstellung gestattet eine anschauliche Interpretation von Schuldenverdoppelung und Münzwechsel. Das Verdoppeln von x entspricht dem Verschieben der Binärentwicklung $0.x_1x_2x_3...$ um eine Stelle nach links zu $0.x_2x_3x_4...$ Das ist so wegen

$$2x = 2(x_1 \cdot 2^{-1} + x_2 \cdot 2^{-2} + x_3 \cdot 2^{-3} + ...) = x_1 + x_2 \cdot 2^{-1} + x_3 \cdot 2^{-2} + ...$$
$$\text{und } x_1 = 0.$$

Ein Wechsel des Besitzers der Münze bzw. die Änderung des Schuldenbetrages von x aus $(1/2, 1]$ zu $1 - x$ aus $[0, 1/2]$ wird bewerkstelligt, indem man jede Ziffer x_i durch die komplementäre Ziffer $1 - x_i$ ersetzt. Der Grund hierfür liegt in der Rechnung:

$$1 - x = 1 \cdot 2^{-1} + 1 \cdot 2^{-2} + 1 \cdot 2^{-3} + ... - x_1 \cdot 2^{-1} - x_2 \cdot 2^{-2} - x_3 \cdot 2^{-3} - ...$$
$$= (1 - x_1) \cdot 2^{-1} + (1 - x_2) \cdot 2^{-2} + (1 - x_3) \cdot 2^{-3} + ...$$

Fand vor dem (n–1)-ten Wurf eine gerade Anzahl von Münzwechseln statt, so hat unmittelbar nach dem (n–1)-ten Wurf Spieler A die Münze, und B erhält die Münze noch vor dem n-ten Wurf genau dann, wenn $x_n = 1$ ist.

Ist die Anzahl der Münzwechsel vor dem (n–1)-ten Wurf dagegen ungerade, so besitzt direkt nach dem (n–1)-ten Wurf Spieler B die Münze, und diese bleibt bis nach dem n-ten Wurf in seinem Besitz genau dann, wenn die führende Binärziffer der Schulden, also nun $1 - x_n$, gleich 0 ist, also wenn $x_n = 1$ gilt. Beide Fälle fügen sich daher der zusammenfassenden Aussage, dass B unmittelbar vor dem n-ten Wurf die Münze genau dann besitzt, wenn bisher nur Zahl geworfen wurde und $x_n = 1$ ist.

Diese Erkenntnis ist wertvoll: Die Wahrscheinlichkeit, dass die Entscheidung im n-ten Wurf zugunsten von B fällt, kann folglich als $(1/2)^n$ multipliziert mit x_n angegeben werden. Die Wahrscheinlichkeit, dass die Entscheidung *irgendwann* zugunsten von B fällt, ergibt sich dann als die Summe $(1/2)^1 x_1 + (1/2)^2 x_2 + (1/2)^3 x_3 + ...$, und das ist die Binärdarstellung von x und also gleich x. Mit der Wahrscheinlichkeit $(1 - x)$ geht B leer aus. Im Mittel erhält B also den Betrag x. Damit ist das Gewünschte bewiesen. Das Binärsystem und sein geschickter Einsatz haben den Tag entschieden.

Manchmal ist es möglich, auf Probleme, die nichts mit Zufälligkeit oder mit Wahrscheinlichkeiten zu tun haben, entweder direkt oder nach einer geeigneten Modifikation Wahrscheinlichkeitsbetrachtungen anzuwenden und dabei bekannte Eigenschaften von Wahrscheinlichkeiten zu verwenden, etwa dass sie nie negativ sind oder dass sie in der Summe stets 1 ergeben. Ein Paradebeispiel ist die für alle natürlichen Zahlen n gültige Beziehung zwischen Binomialkoeffizienten und Zweierpotenzen

$$B(n, 0) + B(n, 1) + ... + B(n, n) = 2^n.$$

Das ist eine völlig deterministische Gleichung. Sie hat mit Wahrscheinlichkeiten zunächst nichts zu tun. Um diese Gleichung zu verifizieren, bringen wir die Zweierpotenz auf die andere Seite und schreiben

$$B(n, 0) \cdot (1/2)^n + B(n, 1) \cdot (1/2)^n + ... + B(n, n) \cdot (1/2)^n = 1. \quad (37)$$

Der Vorteil dieser kleinen Umstellung: Die Summanden auf der linken Seite kann man jetzt geschickt als Wahrscheinlichkeiten deuten. Unsere weiteren Überlegungen knüpfen speziell an die Tatsache an, dass der Summand $B(n, k) \cdot (1/2)^n$ oder auch intuitiver geschrieben als $B(n, k) \cdot (1/2)^k \cdot (1/2)^{n-k}$ exakt der Wahrscheinlichkeit entspricht, dass beim Werfen von n Münzen genau k Münzen *Kopf* (K) und die restlichen n – k Münzen *Zahl* (Z) zeigen. Warum?

Zunächst ist die Wahrscheinlichkeit, dass eine Münze *Zahl* zeigt, gleich 1/2, was auch gleich der Wahrscheinlichkeit ist, dass sie nicht *Zahl*, also *Kopf*, zeigt. Jede konkrete Abfolge der Münzwurfausfälle der n Münzen, z. B. wenn die ersten k Münzen allesamt *Kopf* zeigen und von Wurf k + 1 bis Wurf n jedes Mal *Zahl* erscheint, also die Sequenz

$$K, K, K, K, Z, Z, Z, Z, Z, Z$$

hat nach der Produktregel die Wahrscheinlichkeit

$$(1/2)\cdot(1/2)\cdot(1/2)\cdot(1/2)\cdot(1/2)\cdot(1/2)\cdot(1/2)\cdot(1/2)\cdot(1/2)\cdot(1/2)$$

$$\text{k-mal } (1/2), \qquad\qquad \text{(n–k)-mal } (1/2),$$

also $(1/2)^n$.

Dann kommt es nur noch darauf an, wie viele verschiedene Folgen der Länge n, bestehend aus k Symbolen K und n – k Symbolen Z gebildet werden können. Alle diese Folgen haben, wie gesehen, dieselbe Wahrscheinlichkeit $(1/2)^n$. Und ihre Anzahl ist gleich der Anzahl verschiedener Möglichkeiten, aus n möglichen Positionen die k Positionen für das Symbol K auszuwählen. Das geht auf B(n, k) verschiedene Arten, denn so hatten wir die Binomialkoeffizienten definitorisch eingeführt. Also ist die Wahrscheinlichkeit, dass beim Werfen von n Münzen genau k-mal *Kopf* erscheint und (n–k)-mal *Zahl* erscheint, genau $B(n, k)\cdot(1/2)^n$.

Lottologie. Wer das Lotto 6 aus 49 spielt, hat mit jeder Tippreihe eine Chance von 1 : B(49, 6), also von 1 : 13 983 816, dabei 6 Richtige zu erzielen. Um den Studenten meiner Wahrscheinlichkeitstheorievorlesung diese verschwindend geringe Wahrscheinlichkeit näherzubringen, wähle ich bisweilen diese Analogie: Wenn Sie knapp eine Viertelstunde zur Lottoannahmestelle zu Fuß unterwegs sind, um Ihren Tippzettel einzureichen, dann entspricht die Wahrscheinlichkeit, während dieser kurzen Zeit durch einen Unfall ums Leben zu kommen, der Wahrscheinlichkeit, mit der gespielten Tippreihe 6 Richtige zu erzielen. Oder auch so (Lottospielers Dilemma): Wenn Sie Ihren Schein am Tag vor der Ziehung abgeben, ist es wahrscheinlicher, dass Sie zum Zeitpunkt der Ziehung verstorben sind, als dass sie 6 Richtige haben.

Damit ist die Hauptarbeit geleistet. Bleibt noch die adäquate Deutung des Gesagten. Die Summe auf der linken Seite von (37) ist einfach eine Summe von Münzwurf-Wahrscheinlichkeiten und nach der uns vertrauten Summenregel gleich der Wahrscheinlichkeit, dass beim Werfen von n Münzen entweder 0-mal oder 1-mal oder 2-mal bis hin zu n-mal *Kopf* erscheint. Doch dies erschöpft alle Möglichkeiten, und die Ereignisse überschneiden sich nicht. Also ist die Summe all dieser Wahrscheinlichkeiten gleich 1, womit Gleichung

(37) und damit die Ausgangsbehauptung bewiesen wäre. Applaus, wenn möglich.

Unser nächster Programmpunkt ist eine stochastische Verfahrensweise, die man sich angewöhnt hat als probabilistische Methode zu bezeichnen. Auch diese Methode eignet sich oft für Existenzbeweise, gerade auch in Kontexten, die an sich gar nichts mit Zufallseinflüssen zu tun haben.

Auch hierbei handelt es sich um einen Ansatz mit einer außerordentlich großen Bandbreite potenzieller Anwendungen. Bisweilen steht man vor dem Problem, gewisse Funktionen, Strukturen oder allgemeine Objekte mit vorgegebenen erwünschten Eigenschaften zu konstruieren. Eine explizite Konstruktion kann aber sehr schwierig sein oder sich sogar als vollständig unmöglich erweisen, nicht zuletzt wenn ein derartiges Objekt gar nicht existiert.

Um sich zunächst von der Existenz des Objektes zu überzeugen, kann man gedanklich ein Zufallselement ins Spiel bringen. Ist es nämlich so, dass ein aus einem Universum zufällig gewähltes Element mit irgendeiner positiven Wahrscheinlichkeit die vorgegebenen erwünschten Eigenschaften besitzt, dann muss es in diesem Universum ein Objekt mit diesen Eigenschaften geben. Andernfalls wäre nämlich die Wahrscheinlichkeit, ein derartiges Element zu ziehen, gleich null. Eine ganz simple Einsicht, doch ein Konzept mit hoher Wertung für Originalität.

Auf diese Weise werden Wahrscheinlichkeitsbetrachtungen eingesetzt, um Existenzaussagen für deterministische Objekte zu machen. Auch dies ein ausgeklügelt einfacher Ansatz, der oft zu kurzen und eleganten Existenzbeweisen führt in Situationen, wo alternative Methoden entweder vollständig versagen oder aber außerordentlich involvierte Argumentationsketten produzieren.

Wir zeigen das Raffinement der Methodik in seiner ganzen Schönheit an einem Zuordnungsproblem:

Aufträge zuordnen.   Angenommen, n Aufträge sollen n Mitarbeitern zugeordnet werden, je ein Auftrag für jeden Mitarbeiter. Die Aufträge erfordern potenziell eine unterschiedliche Bearbeitungszeit, und die

Mitarbeiter sind eventuell unterschiedlich schnell. Konkret verhält es sich so, dass Mitarbeiter i insgesamt $a_i \cdot b_j$ Zeiteinheiten benötigt, um den Auftrag j auszuführen, für bekannte Zahlen a_1, ..., a_n, b_1, ..., b_n. Ist es möglich, die Aufträge so den Mitarbeitern zuzuordnen, dass die zugehörige Gesamtbearbeitungszeit aller Aufträge nicht größer ist als $n \cdot a^* \cdot b^*$, wobei

$$a^* = (a_1 + a_2 + ... + a_n)/n$$

$$b^* = (b_1 + b_2 + ... + b_n)/n$$

die Durchschnitte der Zahlen a_i bzw. b_i bezeichnen?

Wie gehen wir diese Fragestellung an? Jede Zuordnung der Mitarbeiter zu den Aufträgen kann durch eine Permutation beschrieben werden. Permutationen wiederum lassen sich als Funktionen darstellen, welche die Menge der Zahlen von 1 bis n so auf sich selbst abbilden, dass nie zwei verschiedene Zahlen derselben Zahl zugeordnet werden. So ist etwa das Zahlenschema

1	2	3	4	5
4	1	5	3	2

die mögliche Schreibweise einer Funktion f, die eine Permutation der Zahlen {1, 2, 3, 4, 5} darstellt, welche dem Element 1 das Element 4 zuordnet, dem Element 2 das Element 1 usw. Bekanntlich gibt es ja n! verschiedene Permutationen der Zahlen 1, 2, ..., n und damit in der Sprache unseres Problem n! verschiedene Zuordnungen der Mitarbeiter zu den Aufträgen.

Sei nun f eine rein zufällig aus der Menge aller Permutationen ausgewählte Permutation, also mit derselben Wahrscheinlichkeit 1/n! irgendeine der n! Permutationen. Die zu f gehörige Gesamtbearbeitungszeit G(f) aller Aufträge beträgt

$$G(f) = a_{f(1)} \cdot b_1 + a_{f(2)} \cdot b_2 + ...,$$

denn der Auftrag j wird unter der Permutation f dem Mitarbeiter f(j) zugeordnet und dieser benötigt für dessen Ausführung $a_{f(j)} \cdot b_j$ Zeiteinheiten.

Was ist nun die mittlere Gesamtbearbeitungszeit G? Um diese zu bestimmen, müssen wir die verschiedenen möglichen Gesamtbearbeitungszeiten G(f) für die n! verschiedenen Permutationen f mit ihren Wahrscheinlichkeiten gewichten, d. h. in diesem Fall jeweils mit 1/n!. Schreiben wir $f_1, f_2, ..., f_{n!}$ für die möglichen Permutationen, so bekommen wir

$$G = 1/n! \, \Sigma_i \, G(f_i)$$
$$= 1/n! \, \Sigma_i \Sigma_k \, a_{f_i(k)} \cdot b_k = 1/n! \, \Sigma_k \Sigma_i \, a_{f_i(k)} \cdot b_k$$
$$= 1/n! \, \Sigma_k \, b_k \, \Sigma_i \, a_{f_i(k)} = 1/n! \, \Sigma_k \, b_k \, \Sigma_m \, a_m \, (n-1)!$$
$$= 1/n \, \Sigma_k \, b_k \, \Sigma_m \, a_m$$
$$= n \cdot a^* \cdot b^*. \tag{38}$$

Der zweite Schritt in der dritten Zeile kommt dabei wie folgt zustande. Für jedes beliebige k = 1, 2, ..., n gibt es genau (n – 1)! verschiedene Permutationen f*, die das Element k dem Element m zuordnen. Und für alle diese Permutationen ist $a_{f^*(k)}$ einfach a_m.

Mit der Herleitung der Beziehung (38) ist die Hauptarbeit geleistet. Nur ein kleiner Schritt trennt uns noch vom Ziel. Im Sinne der Philosophie der probabilistischen Methode wollen wir ja zeigen, dass bei rein zufälliger Zuordnung der Mitarbeiter auf die Aufträge mit positiver Wahrscheinlichkeit eine Kombination mit Gesamtbearbeitungszeit von nicht mehr als $n \cdot a^* \cdot b^*$ erhalten wird. Unter Verwendung des Denkwerkzeugs der reductio ad absurdum nehmen wir jetzt im Gegenteil an, die Wahrscheinlichkeit für das Ereignis {G(f) $\leq n \cdot a^* \cdot b^*$} sei Null, wobei f eine rein zufällig ausgewählte Permutation ist. Dann tritt für eine rein zufällig ausgewählte Permutation f das Ereignis {G(f) $> n \cdot a^* \cdot b^*$} mit Wahrscheinlichkeit 1 ein, also mit Sicherheit, also für jede Permutation f. Wäre dies aber so, dann müsste auch die mittlere Gesamtbearbeitungszeit G größer als $n \cdot a^* \cdot b^*$ sein, was ein Widerspruch zur Beziehung (38) ist. Demnach hat das Ereignis {G(f) $\leq n \cdot a^* \cdot b^*$} eine positive Wahrscheinlichkeit und die Existenz einer Permutation f* ist gesichert, für die

$$a_{f^*(1)} \cdot b_1 + a_{f^*(2)} \cdot b_2 + ... + a_{f^*(n)} \cdot b_n \leq n \cdot a^* \cdot b^*.$$

Unser nächstes und letztes Vorzeigestück befasst sich mit einer paradoxen Eigenschaft von Turnierresultaten, die sich ebenfalls mit zufallsartigen Überlegungen untersuchen lässt.

In einem Turnier (etwa einem Tennisturnier) mit n Teilnehmern $T_1, ..., T_n$ trete jeder gegen jeden einmal im Zweikampf an. Unentschieden sind im Tennis ausgeschlossen. Wir sagen, dass der Ausgang des Turniers *k-paradox* ist, wenn es für jede beliebige Gruppe von k Spielern einen Spieler gibt, der alle diese k Spieler besiegt hat. Zum Beispiel ist der Ausgang eines Turniers 1-paradox, wenn jeder Spieler von einem anderen besiegt wurde. Für n ≥ 3 Spieler ist zum Beispiel $T_1 \rightarrow T_2 \rightarrow T_3 \rightarrow ... \rightarrow T_n \rightarrow T_1$ offensichtlich ein 1-paradoxer Turnierausgang, wobei die Schreibweise $T_i \rightarrow T_j$ bedeutet, dass T_j von T_i besiegt wurde. Das ist noch leicht gewesen, doch schon 2-paradoxe Turnierausgänge sind nicht mehr ganz so leicht zu konstruieren. Wir zeigen ein Beispiel für einen 2-paradoxen Ausgang eines 7-Spieler-Turniers.

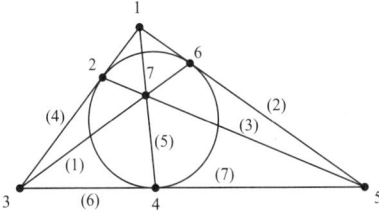

Abbildung 109: Ein 2-paradoxer Ausgang eines 7-Spieler-Turniers

Zur Erläuterung: Die Punkte symbolisieren die durchnummerierten Spieler 1, 2, ..., 7. Die Kanten tragen die Nummerierung (1), (2), ..., (7), wobei das Symbol (k) an einer Kante bedeutet, dass Spieler k die drei Spieler besiegt, zwischen denen die entsprechende Kante eine Verbindung herstellt, z. B. besiegt Spieler 4 die Spieler 3, 2, 1 und Spieler 7 die Spieler 4, 6, 2.

Eine Frage ist, ob es für beliebiges k stets k-paradoxe Turnierausgänge gibt. Die Antwort hängt sicherlich von n ab. Man kann beweisen, dass es für alle natürlichen Zahlen n mit der Eigenschaft

$$n^k \cdot (1 - 1/2^k)^{n-k}/k! < 1 \qquad (39)$$

stets k-paradoxe Turnierausgänge gibt.

Wir stellen uns der Herausforderung, diese Aussage zu beweisen. Zum Zwecke einer überschaubaren Darstellung repräsentieren wir die Spieler grafisch als Knoten und verbinden den Knoten i mit dem Knoten j durch eine Kante (d. h. einen Pfeil von i in Richtung j), wenn Spieler T_i den Teilnehmer T_j besiegt hat. Nun bringen wir den Zufall ins Spiel. Wir wählen die Richtung der Pfeile zwischen allen Knoten rein zufällig, etwa durch Wurf einer Münze. Dann haben wir einen zufälligen Ausgang des Turniers zwischen den Spielern der Menge $T := \{T_1, ..., T_n\}$. Für jede feste Teilmenge K von T mit Mächtigkeit $|K| = k$ sei S das Ereignis, dass kein Knoten existiert, der alle Knoten in der Menge K schlägt. Wir betrachten ein festes T_l, das zwar in der Menge T liegt, aber nicht in K. Dann schlägt T_l alle k Spieler in der Menge K mit Wahrscheinlichkeit $(1/2)^k$ und mit der Gegenwahrscheinlichkeit $1 - (1/2)^k$ schlägt T_l mindestens einen Spieler in der Menge K nicht. Da es n − k Teilnehmer außerhalb der Menge K gibt und für jeden diese Überlegung gilt, erhalten wir mit der Produktregel die Wahrscheinlichkeit des Ereignisses S als

$$P(S) = (1 - 1/2^k)^{n-k}.$$

Nun müssen wir noch berücksichtigen, dass es insgesamt $N = B(n, k)$ Teilmengen der Mächtigkeit k in der n-elementigen Menge T gibt. Wir schreiben $S_1, ..., S_N$ für die dem obigen S entsprechenden Ereignisse. Und alle haben dieselbe Wahrscheinlichkeit. Dann ist

P(der Turnierausgang ist nicht k-paradox)
$$\begin{aligned}
&= P(S_1 \cup S_2 \cup ... \cup S_N) \\
&\leq P(S_1) + P(S_2) + ... + P(S_N) \\
&= B(n, k) \cdot (1 - 1/2^k)^{n-k} \\
&= n \cdot (n - 1) \cdot ... \cdot (n - k + 1) \cdot (1 - 1/2^k)^{n-k}/k! \\
&< n^k \cdot (1 - 1/2^k)^{n-k}/k! \\
&< 1.
\end{aligned}$$

Also ist die Wahrscheinlichkeit des Gegenereignisses, dass der Turnierausgang eben doch k-paradox ist, positiv. Damit lichten sich die Dinge für uns. Positivität der Wahrscheinlichkeit bedeutet nämlich: k-paradoxe Turnierausgänge sind unter der Voraussetzung (39) möglich und existieren. Für gegebenes k muss n nur hinreichend groß sein. Für $k \geq 3$ reicht $n > 4\,k^2\,2^k$ aus.

Das fällt mir zum Thema Randomisieren unter anderem ein.

20. Prinzip Perspektivenwechsel

Einblick durch Rückblick

Herberts zweieinhalber Hauptsatz der
Thermodynamik: Wenn es passiert ist, muss
es möglich gewesen sein.

Theorem des Küchenchefs: Man kann aus
einem Aquarium eine Bouillabaisse machen,
aber nicht aus einer Bouillabaisse ein Aquarium.

Was mach ich bloß, wenn am Ende des
Geldes noch so viel Monat übrig ist.
Graffiti

Wann hält Ulm an diesem Zug?
A. Einstein

> Prinzip Perspektivenwechsel: Kann das Problem dadurch gelöst werden,
> indem man sich rückwärts vom Ziel zum Ausgangspunkt arbeitet und
> dann die Richtung der Gedankenlinie umkehrt?

Besteht ein Problem, stellt sich meist recht bald eine Sichtweise auf
dieses Problem ein. Diese zu Anfang eingenommene Perspektive
kann Einsichten verschaffen und die Einsichten können Lösungsansätze nahelegen. Lösungsansätze können zu tatsächlichen Lösungen führen oder eben das bleiben, was sie sind, Ansätze. Hat man alle
Lösungsansätze erschöpft, die sich aus einer gewissen Perspektive ergeben, ist es sinnvoll, die Perspektive zu ändern, um neue Einsichten
und neue Lösungschancen zu gewinnen. Das gilt nicht nur für mathematische oder quantitative Probleme, sondern für Probleme aller
Art.

Ein reizvoller Perspektivenwechsel ist zum Beispiel das zentrale Element in dem vom kanadischen Logiker und Spieltheoretiker Anatol

Rapoport (1911–2007) vorgeschlagenen Verfahren zur Konflikt-entschärfung. Statt im Falle einer Auseinandersetzung beide Konfliktparteien nach der Darstellung ihrer Position zu fragen, vertauscht Rapoport die Akzente und regt an, dass zunächst Konfliktpartei P im Beisein von Konfliktpartei Q den Standpunkt und die Perspektive von Q darlegen solle, und zwar so genau, so detailliert und so überzeugend, dass Q selbst die Darstellung als zutreffend erklärt. Anschließend geht es umgekehrt und Partei Q hat nun die Aufgabe, den Standpunkt von P detailgetreu und zur Zufriedenheit von P zu formulieren. Diese so genannten Rapoport-Gespräche können oft schon zu einer wesentlichen Entschärfung des zwischen zwei Parteien schwelenden Problems führen.

Eine andere Art des Perspektivenwechsels ist es, von der Lösung zurück in Richtung Ausgangszustand zu arbeiten statt vom Ausgangszustand in Richtung Lösung. Dieses Prinzip des Rückwärtsarbeitens, gelegentlich auch Pappos-Prinzip genannt, beginnt mit einer bekannten oder hypothetisch angenommenen Lösung des Problems und unternimmt eine Analyse dieser Lösung und der sich daraus ergebenden Bedingungen. Im Unterschied zu vielen Heuristiken, die vorwärts von der Problemstellung, dem Ist-Zustand, zur Lösung, dem Soll-Zustand, arbeiten, wird beim Pappos-Prinzip die Arbeitsrichtung umgekehrt. Immerhin und frei nach Konfuzius: Ist der Weg das Ziel, dann kann es auch der Rückweg sein. Oder, um es im Geiste Hegels mit Karl Valentin zu sagen: «Das Ende ist der Anfang von der anderen Seite.» Man beginnt mit zielbasierten Überlegungen und versucht, die Brücke zwischen Ist- und Soll-Zustand von hinten nach vorne zu schlagen.

Das ist an sich nichts revolutionär Neues. Im täglichen Leben treten oft Situationen auf, in denen man rückwärts vorgeht. Wenn wir etwa einem guten Bekannten begegnen und dieser sich uns gegenüber ausgesprochen kühl verhält, wir aber nicht wissen, was der Grund dafür sein könnte, dann ist es naheliegend, zeitlich zurückschreitend die früheren Begegnungen und Gespräche Revue passieren zu lassen, um festzustellen, wann man etwas gesagt oder getan haben könnte, das die aktuelle Reaktion des Bekannten erklären würde.

Oder wenn es darum geht, einen vermissten Schlüssel wiederzufinden, kann man vergangene Situationen durchgehen, um zu erinnern, wo man den Schlüssel verlegt oder verloren haben könnte.

Auch bei der Untersuchung eines Unfallhergangs oder der Aufklärung eines Verbrechens macht die Polizei von diesem Ansatz Gebrauch.

Für den, der sich mit Labyrinthen auskennt, ist es eine Erfahrungstatsache, dass bei Labyrinthen und deren Auflösung es in der Regel leichter ist, am Ausgang zu beginnen und sich rückwärts zum Eingang vorzuarbeiten, als direkt und vorwärtsorientiert am Eingang zu starten und den Weg zum Ausgang zu finden.

Generell kann die Methode des Rückwärtsarbeitens immer dann nützlich sein, wenn Lösung, End- oder Zielzustand des Problems bekannt oder leicht ermittelbar sind und das Vorwärtsarbeiten in eine Sackgasse führt oder wenn das Problem eine Reihe verschiedener Schritte beinhaltet, die alle umkehrbar sind.

Rückwärtsarbeiten macht häufig von der logischen Schlussweise des Modus ponens Gebrauch: De facto gestaltet sich Rückwärtsarbeiten oft so, dass man vom Ziel ausgehend eine oder mehrere Aussagen zu erraten sucht, aus denen die Zielaussage folgen würde. Anders ausgedrückt, versuchen wir, hinten beginnend, nach vorne schreitend, Zwischenstufen zum Ausgangszustand zu ermitteln, dergestalt, dass eine weiter vorne angesiedelte Stufe logisch die weiter hinten angesiedelten Zwischenstufen impliziert. Auf diese Weise hoffen wir, den gesamten Bereich zwischen Anfangspunkt und Ziel des Problems logisch lückenlos auszufüllen. Um dies zu verdeutlichen, sehen wir uns nun einige instruktive Aufgaben an, bei denen eine Blickwendung weiterhilft.

An der Mathe-Theke oder Wein und Zeit.   Herr K. spielt eine Gläser-Patience. In n Gläsern ausreichender Größe ist anfangs dieselbe Menge Wein enthalten. Bei einem Schritt kann man von einem Glas genau so viel Wein in ein beliebiges anderes gießen, wie in diesem anderen bereits vorhanden ist. Für welche Anzahl n von Gläsern kann man durch eine Folge dieser Schritte schließlich den gesamten Wein in ein einziges Glas überführen?

Um an dieser Frage zu arbeiten, nehmen wir n als beliebige natürliche Zahl an und ferner auch noch, dass es tatsächlich möglich ist, auf die beschriebene Weise den gesamten Wein in nur ein Glas zu bekommen. Wir können die Gesamtmenge Wein zudem als eine Einheit ansetzen und die Anzahl benötigter Schritte bis zum Endzustand als natürliche Zahl m. Von diesem nach dem m-ten Schritt erreichten Endzustand gehen wir nun einen Schritt zurück und stellen uns gedanklich die Situation nach dem (m–1)-ten Schritt vor. Nach dem (m–1)-ten Schritt gibt es zwei Gläser mit einer Füllmenge von jeweils 1/2 Einheit. So muss es sein. So viel ist klar. Wir halten dies in der Form (1/2, 1/2) fest. Nach dem (m–k)-ten Schritt haben wir in dieser Bezeichnungsweise entsprechend die Weinaufteilung

$$(x/2^a, y/2^b, ..., z/2^c).$$

Um die Aufteilung nach dem vorhergehenden Schritt, also dem (m–k–1)-ten Schritt, zu ermitteln, nummerieren wir die Gläser zunächst in irgendeiner Weise von 1 bis n durch. Angenommen, wir gießen beim (m–k)-ten Schritt vom Glas 2 in das Glas 1, dann können zwei Fälle eintreten:

- Im Glas 2 bleibt ein Rest Wein zurück. Dann hatten wir nach dem (m–k–1)-ten Schritt die Verteilung

$$(x/2^{a+1}, y/2^b + x/2^{a+1}, ..., z/2^c).$$

- Das Glas 2 wird geleert. Dann hatten wir nach dem (m–k–1)-ten Schritt die Verteilung

$$(x/2^{a+1}, x/2^{a+1}, ..., z/2^c).$$

In beiden Fällen haben also die Nenner die Form 2^r. Diese Arten von Nenner waren speziell auch schon vor dem ersten Schritt, also zu Anfang, als der Wein noch auf alle Gläser gleich verteilt war, vorhanden.

Also muss n = 2^r für ein r = 1, 2, 3, ... sein. Das ist die Lösung: Bei der Anzahl der Gläser muss es sich somit um eine Zweierpotenz handeln, um das Geforderte zu erreichen.

Unser zweites Beispiel ist ein berühmtes und nicht ganz einfaches Problem.

3 Männer, 1 Affe, aber wie viele Kokosnüsse? Martin Gardner hat scherzhaft bemerkt, dass das nun folgende Kokosnuss-Problem eines der am meisten bedachten und am häufigsten falsch gelösten Rätsel überhaupt sei. Es hat damit eine besondere Bewandtnis. Die Ausgabe vom 9. Oktober 1926 der amerikanischen Zeitung *Saturday Evening Post* enthielt eine Kurzgeschichte des Schriftstellers Ben Ames Williams. Die Geschichte mit dem Titel *Kokosnüsse* handelt von einem Bauunternehmer, der unbedingt verhindern will, dass einer seiner Konkurrenten einen wichtigen Vertrag unterschreibt. Er erhält dabei Hilfe von einem findigen Mitarbeiter, der die Leidenschaft des Konkurrenten für mathematische Rätsel kennt. Der Mitarbeiter stellt ihm ein Problem, in das sich der konkurrierende Bauunternehmer derart vertieft, dass er dabei seinen Vertragsabschluss völlig aus den Augen verliert. Im Folgenden ist das Problem im Wesentlichen so dargestellt, wie der Angestellte es erzählt: «Drei Männer und ein Affe wurden durch einen Schiffbruch auf eine entlegene Insel verschlagen und verbrachten den ersten Tag damit, Kokosnüsse als Nahrung zu sammeln. Dann legten sie sich schlafen. Als alle schliefen, wachte einer der Männer auf und dachte, dass am nächsten Morgen die Kokosnüsse ohnehin verteilt werden würden, und so beschloss er, sich seinen Anteil sofort zu sichern. Er teilte die Kokosnüsse in drei gleiche Haufen. Eine Kokosnuss blieb dabei übrig, und er gab sie dem Affen. Dann versteckte er seinen Anteil und legte die übrigen Kokosnüsse wieder zu einem Haufen zusammen. Nach und nach wachte jeder der beiden anderen Männer ebenfalls auf und verfuhr genauso. Immer blieb beim Aufteilen in 3 gleiche Teile eine Kokosnuss übrig, die der Affe erhielt.

Am nächsten Morgen wurden die noch verbliebenen Kokosnüsse unter den 3 Männern geteilt, und es ergaben sich abermals drei gleiche Teile sowie eine Kokosnuss für den Affen. Natürlich war jedem bekannt, dass Kokosnüsse fehlten, aber alle waren gleichermaßen schuldig, so dass niemand ein Wort sagte. Wie viele Kokosnüsse waren zu Beginn vorhanden?»

Der Autor Ben Williams verriet die Lösung in seiner Geschichte nicht, und so kam es, dass die Redaktion der *Saturday Evening Post* allein in der ersten Woche nach Erscheinen mit Leserbriefen regelrecht bombardiert wurde, die allesamt nach der Lösung des Problems fragten. George Lorimer, damals Chefredakteur der Zeitung, schickte ein denkwürdiges Telegramm an Williams: «Um Gottes willen, wie viele Kokosnüsse? Hier ist die Hölle los!» («For the love of Mike, how many coconuts? Hell popping around here!»)

Noch zwanzig Jahre später erhielt Williams Zuschriften, die sich mit dem Problem auseinandersetzten.

Nun zur Lösung des Problems: Sei n die Zahl der anfangs vorhandenen Kokosnüsse und seien n_1, n_2, n_3 die Anzahlen der Kokosnüsse, die der 1. bzw. 2. bzw. 3. Schiffbrüchige sich bei der nächtlichen Aufteilung der Kokosnüsse zur Seite legt. Der i-te Mann hinterlässt also $2n_i$ Kokosnüsse. Ferner sei n_4 die Anzahl der Kokosnüsse, die ein jeder der 3 Männer am Morgen bei Aufteilung der verbleibenden Kokosnüsse noch erhält. In durchgehaltener rückwärtsgewandter Perspektive können wir ein Gleichungssystem mit vier Gleichungen aufstellen:

$$3n_4 + 1 = 2n_3$$
$$3n_3 + 1 = 2n_2$$
$$3n_2 + 1 = 2n_1$$
$$3n_1 + 1 = n.$$

Gleichungssystem für Ray Charles:

God is love.
Love is blind.
Ray Charles is blind.
Ray Charles is God.

Graffiti auf einer Parkbank in Castrop-Rauxel

Aus diesen Gleichungen lässt sich eine Beziehung herleiten zwischen den am Ende noch für jeden der Männer verbleibenden Kokosnüsse, also n_4, und der Gesamtzahl n der Kokosnüsse. Dazu notieren wir die Gleichungen in der leicht modifizierten Form

$$3(n_4 + 1) = 2(n_3 + 1)$$

$$3(n_3 + 1) = 2(n_2 + 1)$$

$$3(n_2 + 1) = 2(n_1 + 1)$$

$$3(n_1 + 1) = n + 2$$

bzw. als

$$(3/2) \cdot (n_4 + 1) = n_3 + 1$$

$$(3/2) \cdot (n_3 + 1) = n_2 + 1$$

$$(3/2) \cdot (n_2 + 1) = n_1 + 1$$

$$3 \cdot (n_1 + 1) = n + 2.$$

Daraus leiten wir sofort ab:

$$n + 2 = 3(n_1 + 1) = 3 \cdot (3/2) \cdot (n_2 + 1) = 3 \cdot (3/2) \cdot (3/2) \cdot (n_3 + 1)$$
$$= 3 \cdot (3/2) \cdot (3/2) \cdot (3/2) \cdot (n_4 + 1) = 3^4/2^3 \cdot (n_4 + 1). \tag{40}$$

Eine Art von Tatsache, mit der sich etwas anfangen lässt. Nun liefert eine kurze Teilbarkeitsüberlegung den Rest. Es ist zu bedenken, dass n und n_4 als Anzahlen natürlich ganzzahlig sind und weiterhin dass der Faktor 2^3 im Nenner den Faktor $(n_4 + 1)$ teilen muss, da die linke Seite der Gleichung (40) auch ganzzahlig ist und da 3^4 und 2^3 keine gemeinsamen Teiler haben. Nur dann wird der Ganzzahligkeit Genüge getan. Mit dieser Überlegung wird alles klar und das Problem leistet keinen Widerstand mehr. Das kleinste n_4 und damit die kleinste Anzahl n von Kokosnüssen ergibt sich, wenn $2^3 = (n_4 + 1)$ ist, was zu $n_4 = 7$ und $n = 3^4 - 2 = 79$ führt. Die nächstgrößere Lösung erhalten wir mit $2 \cdot 2^3 = (n_4 + 1)$, und dann ist $n_4 = 15$ und $n = 2 \cdot 3^4 - 2 = 160$. Allgemein ergibt sich die ganze Familie der Lösungen, wenn $k \cdot 2^3 = (n_4 + 1)$ ist, woraufhin $n_4 = k \cdot 2^3 - 1$ wird und $n = k \cdot 3^4 - 2$ die Gesamtzahl der Kokosnüsse sein muss.

Das Kokosnuss-Problem und seine Varianten ist über lange Zeiten in vielen Kulturen überliefert worden. Es taucht bereits in alten chinesischen und indischen Dokumenten in einer ganz ähnlichen Version auf. In der chinesischen Literatur wurde es schon 100 v. Chr. erwähnt. Auch Sun-Tsu, bekannt wegen seines Buches über *Die Kunst des Krieges,* fragte sich bereits um 500 v. Chr., ob es eine Zahl geben könne, die bei Division durch 3, 5, 7 die Reste 2, 3, 2 lassen würde. Dieser kurze historische Hinweis statt einer sorgfältigen Sondierung des Terrains mag hier genügen.

Unser letztes Beispiel zeigt, wie ein Perspektivenwechsel ein kompliziertes Problem nahezu trivialisiert.

Mathematik für Gruppenfotografen. Insgesamt n Personen verschiedener Größe stellen sich in einer Reihe für ein Gruppenfoto auf. Der Fotograf schlägt vor, die Aufstellung von links nach rechts aus ästhetischen Gründen so vorzunehmen, dass jede Person entweder größer ist als alle Personen links von ihr oder kleiner ist als alle Personen links von ihr. Wie viele verschiedene Aufstellungen der n Personen in einer Reihe gibt es?

Um uns mit der Problemstellung vertraut zu machen, spielen wir den Fall dreier Personen durch, die wir der Einfachheit halber Groß (G), Mittel (M), Klein (K) nennen. Dann gibt es 4 mögliche Aufstellungen, die den Vorstellungen des Fotografen entsprechen: GMK, KMG, MGK, MKG.

Wie verhält es sich allgemein? Geht man das Problem formal und direkt an, so sieht es nach einem sehr komplizierten Zählproblem aus. Doch arbeitet man sich von hinten nach vorn, gestaltet sich die Zählung überraschend einfach. Die äußerst rechts stehende Person muss in einer zulässigen Aufstellung die kleinste oder die größte unter allen n Personen sein. Und jede sich zur linken anschließende Person muss entweder die größte oder die kleinste unter den noch verbleibenden sein. Für jede Position, außer der Position ganz links, gibt es also genau zwei Möglichkeiten der Besetzung. Insgesamt gibt es somit genau 2^{n-1} verschiedene Anordnungen entsprechend dem Vorschlag des Fotografen.

21. Modularisierungsprinzip

Teile, teile, herrsche oder Divide et impera et cetera

Besteht der Personalrat aus einer Person,
so entfällt die Trennung nach Geschlechtern.
Personalvertretungsgesetz Hessen

Der Mann, der den Berg abtrug, war derselbe,
der anfing, kleine Steine abzutragen.
Chinesisches Sprichwort

> Modularisierungsprinzip: Kann man das Problem in Teilprobleme zerlegen,
> diese lösen und die Teillösungen zur Gesamtlösung zusammenführen?

Das Modularisierungsprinzip basiert auf dem Motiv des «Divide et impera»: Teile und herrsche. Dieser Ausspruch geht auf Julius Cäsar zurück und die damit bezeichnete Strategie hat sich bereits bei der Eroberung von Weltreichen bewährt. Cäsar nutzte die Teilung Galliens in zahlreiche Stämme aus, unter denen noch dazu so erhebliche Meinungsverschiedenheiten herrschten, dass sie nicht als Einheit den römischen Truppen gegenübertreten konnten. Die Truppen Roms hatten es also nicht mit dem großen Problem eines Feldzuges gegen die Gallier zu tun, sondern mit mehreren kleineren und viel leichteren Teilproblemen: den Feldzügen gegen isolierte Stämme Galliens.

«Teile und herrsche» ist eine universelle Verfahrensphilosophie für Probleme mit Hyperkomplexität. Bei allen Problemen, die so komplex sind, dass sie als Ganzes einer Lösung nicht zugänglich sind, kann man in die Richtung denken, die Aufgabenstellung in kleinere, einfachere und möglichst unabhängige Teilprobleme zu zerlegen, diese Teilprobleme einzeln in Angriff zu nehmen, sie kleinzuarbeiten und aus den Einzellösungen die Gesamtlösung zusammenzusetzen. Also möglichst das Problem bis in die Atome zertrümmern und anschließend die Teillösungen der einzelnen Bestandteile zur Gesamtlösung instand setzen. Sind auch die Teilprobleme noch zu groß, kann man diese Verfahrensweise abermals anwenden (Rekursionsprinzip!), bis man auf lösbare Teilprobleme trifft, deren Lösungen dann als Puzzleteile zur Lösung des Ausgangsproblems kombiniert werden.

Diese Problemdekomposition zum Zwecke modularen Arbeitens, verbunden mit der abschließenden Rekombination aller Teillösungen, ist eine der wichtigsten heuristischen Techniken der Informatik.

Die Teilprobleme werden in der Regel schrittweise leichter, doch bei komplizierten Teilungsstrategien ist ein sorgfältiges Management einer ganzen Hierarchie von Unterproblemen und deren Lösungen nötig.

Eine Analogie besteht im Aufbau des Inhaltsverzeichnisses eines umfangreichen Buches mit Kapiteln, Unterkapiteln, Abschnitten, Unterabschnitten usw.

Das prototypische Beispiel eines modularisierenden Algorithmus ist die binäre Suche. Angenommen, A wählt eine beliebige ganze Zahl von 1 bis 16 und B versucht diese durch Fragen, die A wahrheitsgemäß beantworten muss, zu erraten. Eine naive Strategie bestünde in der so genannten linearen Suche, beginnend mit den Fragen

Ist es die 1? Nein!
Ist es die 2? Nein!
Ist es die 3? Nein!
usw.

Bei dieser Vorgehensweise braucht man im Mittel etwa 8 Fragen, doch man kann auch Pech haben und es dauert länger oder Glück haben und man ist schneller am Ziel.

Eine raffiniertere Strategie basiert auf fortgesetzter Halbierung der noch infrage kommenden Zahlenmenge. Die erste Frage könnte etwa lauten:

Ist die Zahl größer als 8?

Falls ja, könnte die nächste Frage lauten:

Ist die Zahl größer als 12?

Bei der Antwort Nein auf die erste Frage würde man etwa mit

Ist die Zahl größer als 4?

fortsetzen usw. Der folgende selbsterklärende Suchbaum zeigt, dass nach maximal 4 Fragen die richtige Zahl verkündet werden kann.

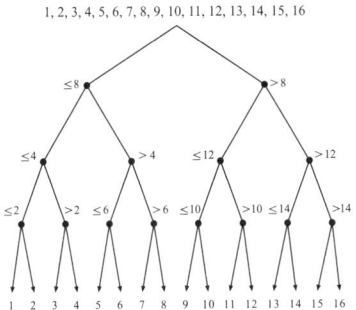

Abbildung 110: Suchbaum bei binärer Suche

Wir runden dieses Kapitel nun mit zwei Aufgaben ab, bei denen das Modularisierungsprinzip auf fruchtbaren Boden fällt.

Springer beim Schach. Was ist die größte Anzahl von Springern, die man auf ein Schachbrett stellen kann, so dass keine zwei sich gegenseitig angreifen?

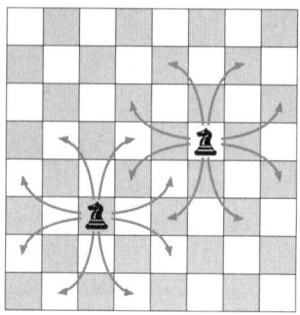

Abbildung 111: Zwei sich nicht bedrohende Springer

Stellt man auf jedes schwarze Feld des Schachbretts einen Springer, so greifen je zwei davon sich nicht an, da alle Felder, die ein Springer bedroht, von anderer Farbe als sein aktuelles Standfeld sind, also weiß in diesem Fall. Damit haben wir 32 sich nicht gegenseitig angreifende Springer auf dem Schachbrett platziert und können sagen, dass die gesuchte Anzahl mindestens 32 ist.

Nun demonstrieren wir in einem zweiten Schritt, dass die Zahl 32 nicht mehr überboten werden kann. Das funktioniert mit einer einfachen Modularisierungsstrategie. Dabei zerlegen wir das Schachbrett in 8 Rechtecke der Größe 2 × 4:

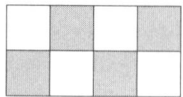

Ein Springer, der beliebig in eines dieser 2 × 4-Rechtecke platziert wird, greift genau 1 Feld in diesem Rechteck an und besetzt ein weiteres.

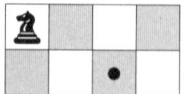

Höchstens 4 sich nicht angreifende Springer können deshalb in ein derartiges Rechteck gestellt werden.

Da es 8 derartige Rechtecke gibt, ist 4 · 8 = 32 die Höchstzahl der Springer, die bei Beachtung der Bedingung des Nichtangreifens aufgestellt werden können.

Münzen und Sequenzen. Wie oft muss man im Mittel eine Münze werfen, bevor man eine Sequenz, bestehend aus exakt einer ungeraden Anzahl von *Kopf* (K), gefolgt von einmal *Zahl* (Z), geworfen hat (z. B. KZ oder KKKZ)?

Hier wird die Modularisierung auf der Ebene der Münzwurffolgen vorgenommen. Wir teilen die Menge aller Münzwurffolgen in 3 sich nicht überlappende Teilmengen ein. Konkret setzen wir dann das Modularisierungsprinzip so um, dass wir separat betrachten:

a. solche Folgen, die mit *Zahl* beginnen
b. solche Folgen, die mit 2-mal *Kopf* beginnen
c. solche Folgen, die mit *Kopf* gefolgt von *Zahl* beginnen.

Für jede Münzwurffolge länger als 1 ist entweder a. oder b. oder c. der Fall. Sei m die gesuchte Antwort, also die mittlere Anzahl von Würfen bis zu einer der Sequenzen KZ, KKKZ, KKKKKZ, ... Sofern wir zuerst *Zahl* werfen (Fall a), haben wir im Hinblick auf die zu werfende Sequenz keinen Fortschritt gemacht und benötigen im Mittel immer noch m weitere Würfe bis zum Ziel; ebenso, falls wir zuerst 2-mal *Kopf* werfen (Fall b). Im Fall c haben wir unser Ziel bereits erreicht. Dieses Wissen ist Macht. Eine simple Zusatzüberlegung über Wahrscheinlichkeiten führt uns ohne Umschweife zur Gleichung

$$m = 1/2 \cdot (1 + m) + 1/4 \cdot (2 + m) + 1/4 \cdot 2,$$

wobei die Gewichtsfaktoren 1/2, 1/4, 1/4 die Wahrscheinlichkeiten der Ereignisse «zuerst Zahl werfen», «zuerst zweimal Kopf werfen», «zuerst Kopf und dann Zahl werfen» sind.

Die eindeutige Lösung dieser Gleichung ist $m = 6$.

Ein schnelles Finish durch Mobilmachung des Modularisierungsprinzips. Hübsch anzusehen, wie dem Problem mit nur zwei Handgriffen beizukommen ist.

22. Brute-Force-Prinzip

Die Ochsentour oder Das Prinzip Hoffnung

Das Hinunterwerfen von Personen von einem Damm
ist kein adäquates Mittel zur Auflösung einer Versammlung.
Aus der Österreichischen Juristen-Zeitung

Durch Klugheit und List ist jeder zu besiegen,
der nur rohe Gewalt zur Verfügung hat.
Dschingis Khan, mongolischer Heerführer (ca. 1155–1227)

> Brute-Force-Prinzip: Kann ich das Problem lösen durch Ausprobieren aller infrage kommenden Lösungsmöglichkeiten?

Schon im Kamasutra wird die Kunst des verschlüsselten Schreibens erwähnt. Es ist dort eine der 64 Künste, die Frauen beherrschen und praktizieren sollten. In Zeiten der Liebe und des Krieges sei diese Kunst essenziell. Was den Krieg betrifft: Im Zweiten Weltkrieg setzten die deutschen Militärs zur geheimen Kommunikation die berühmte und für absolut sicher gehaltene Chiffriermaschine *Enigma* ein. Sie diente gleichermaßen dem Ver- und Entschlüsseln von Nachrichten. Eine Enigma ähnelte äußerlich einer Schreibmaschine.

Im Inneren befanden sich drei rotierende Walzen und eine Matrix von Steckkontakten, das Steckerbrett. Jede militärische Einheit war mit einer solchen Enigma-Maschine ausgestattet, um die kodierten Mitteilungen des Oberkommandos entschlüsseln zu können. Für den Einsatz der Enigma benötigt man einen *Schlüssel*. Damit ist eine Buchstabenkombination gemeint, die festlegt, in welcher Weise die Kodierwalzen und die Steckkontakte der Maschine eingestellt werden müssen, um Nachrichten verschlüsselt zu senden bzw. beim Empfang zu entschlüsseln. Die Schlüssel wurden vom Militär aus Sicherheitsgründen täglich gewechselt.

Abbildung 112: Chiffriermaschine Enigma

Im Prinzip kann man nämlich jedes Kodierverfahren, das mit einem Schlüssel arbeitet, dadurch überwinden, dass man der Reihe nach alle möglichen Schlüssel ausprobiert. Dies ist ein Beispiel für die Brute-Force-Methode, die auf dem erschöpfenden Ausprobieren aller infrage kommenden Lösungen (also vollständiger Exhaustion) beruht.

Der Schlüsselraum, d. h. die Gesamtheit möglicher Schlüssel, ist bei der Enigma extrem groß. Die Anzahl der unterschiedlichen Schlüssel lässt sich aus der Funktionsweise der Enigma ermitteln. Prinzipiell wird bei jedem Schlüssel ein Klartextbuchstabe k_i durch einen Geheimtextbuchstaben g_i kodiert. Mathematisch ausgedrückt ist das eine Permutation der Buchstaben A B C D ... Z des Alphabets.

Dem polnischen Geheimdienst gelang es, eine Enigma-Maschine in seinen Besitz zu bringen. Sie wurde nachgebaut und ihre Funktionsweise aufs Genaueste analysiert. Auf dieser Grundlage war der polnische Mathematiker Marian Rejewski in der Lage, die so genannte Enigma-Gleichung aufzustellen, welche die in der Chiffriermaschine auftretende Buchstabenvertauschung (also die Permutation) beschreibt. Sie bildete später die entscheidende Voraussetzung für einen Einbruch in den Enigma-Code. Verwendet man das Symbol ∘ für die Nacheinanderausführung zweier Permutationen (S ∘ T bedeutet: erst Permutation T ausführen, dann Permutation S), so lautet die Enigma-Gleichung so:

$$g_i = (T^{-1} \circ S^{-1} \circ U \circ S \circ T) (k_i).$$

Diese Gleichung beschreibt den Zusammenhang zwischen einem Klartextbuchstaben k_i und dem dazugehörigen Geheimtextbuchstaben g_i in Abhängigkeit von den die Buchstabenverwürfelung und somit die Verschlüsselung bewirkenden Elementen der Enigma. Dazu gehören: die feste Permutation T, die vom Steckerbrett bewirkt wird, die Permutation S, die vom Set der drei rotierenden Walzen bewirkt wird, sodann die Permutation U, die von der feststehenden Umkehrwalze erzeugt wird. Der die Maschine durchfließende Strom durchläuft nach Passieren der Umkehrwalze den Walzensatz erneut, diesmal in umgekehrter Richtung, und abschließend auch nochmals das Steckerbrett. Dies führt zu den umgekehrten Permutationen S^{-1} und T^{-1} in der Enigma-Gleichung.

Die Enigma nahm die Verschlüsselung so vor, dass sie zu einem Buchstaben, den man auf ihrer Tastatur drückte, eine Lampe des Lampenbretts aufleuchten ließ, die den zugehörigen verschlüsselten Buchstaben darstellte. Welche Zuordnung zwischen beiden bestand, hing von den Einstellungen der Maschine im Einzelnen ab: Genauer gesagt davon, welche Walzen in welcher Anordnung verwendet wurden, in welcher relativen Stellung sich diese Walzen sowie die Ringe außen an den Walzen gerade befanden und welche Verbindungen zwischen Buchstaben auf dem Steckerbrett gesteckt waren. Die Funktionsweise wurde in einer zeitgeschichtlichen Darstellung wie folgt beschrieben: «Jede dieser Walzen, die mit den römischen Ziffern I, II, III, IV, V bezeichnet wurden, hatte eine andere interne Verdrahtung, die für eine eigene Permutation der 26 Buchstaben des Alphabets sorgte. Drei dieser Walzen wurden in einer bestimmten Reihenfolge zusammengesteckt und im oberen Teil der Enigma zwischen der Eingangswalze und der Umkehrwalze montiert. Diese beiden Walzen waren unbeweglich und drehten sich nicht, wie die zwischen ihnen montierten, bei jedem Tastendruck um einen Schritt weiter. Dieses schrittweise Weiterdrehen funktionierte ähnlich dem eines Kilometerzählers. Die rechte Walze drehte sich bei jedem Tastendruck einen Schritt weiter, während die mittlere sich nur einmal während einer vollen Umdrehung der rechten einen Schritt weiterbewegte. Nämlich dann, wenn eine Kerbe, die an jeder Walze an ihrem äußersten Ring angebracht war, die entsprechende Mechanik an einer Stelle auslöste. Zusätzlich war der äußere Ring jeder Walze, auf dessen Oberfläche Buchstaben oder auch Zahlen eingestanzt waren, relativ zur Walze drehbar.»*

Die Enigma bestand also aus einem Walzensatz von fünf rotierbaren Walzen, von denen jeweils drei (eine linke, mittlere und rechte) ausgewählt wurden, sowie zwei feststehenden Umkehrwalzen (A, B), von denen jeweils eine für die Kodierung ausgewählt wurde. Jede der fünf Walzen konnte in die linke, jede der vier verbleibenden in die mittlere und jede der drei dann noch übrigen Walzen in die rechte Position gebracht werden. Das gibt $5 \cdot 4 \cdot 3 = 60$ verschiedene Möglichkeiten, drei der fünf Walzen auszuwählen und anzuordnen. Was die Umkehrwalze betrifft, so war die Zahl der Auswahlmöglichkeiten natürlich auf 2 beschränkt. Insgesamt sind das $60 \cdot 2 = 120$ mögliche Walzenlagen. Doch das war erst der Anfang.

Die rotierbaren Walzen trugen außen am Walzenkörper Ringe, die den Versatz zwischen der internen Verdrahtung der Walze und dem Buchstaben bestimmten, der auf die nächste Walze übertragen wurde. Jeder der Ringe ließ sich in 26 verschiedene Stellungen bringen, also gab es $26 \cdot 26 \cdot 26$ verschiedene Möglichkeiten, die Ringstellungen bei den drei Walzen vorzunehmen. Dabei ist zu bedenken, dass die Ringstellung auf der linken Walze kryptographisch irrelevant ist, ihre Übertragungskerbe kein Fortschalten einer noch weiter links befindlichen Walze bewirkte, da es eine solche nicht gibt. Der wahre Beitrag der Ringstellung zur Komplexität der Maschine bestand also in $26 \cdot 26 = 676$ Positionen. Nachdem sie verdrahtet waren, ließ sich jede der drei Walzen in eine von 26 verschiedenen Grundstellungen bringen. Also gab es $26 \cdot 26 \cdot 26 = 17\,576$ Möglichkeiten der Positionierung der Walzen in der Maschine.

* Seeger, Th. (2002): Wie die Enigma während des Zweiten Weltkrieges geknackt wurde. Vortrag, Universität Paderborn, 5.6.2002.

Das Steckerbrett stellt, mathematisch betrachtet, ebenfalls eine Permutation dar. Sie bleibt während eines kompletten Verschlüsselungsvorgangs gleich. Das Brett arbeitete so, dass zwei Buchstaben mit einem von außen angebrachten Kabel verbunden («gesteckert») und dadurch vertauscht wurden (bzw. nicht vertauscht wurden, falls zwischen ihnen kein Kabel angebracht war: «ungesteckert»). Es gehörte zum Standard der Enigma, jeweils 10 Buchstabenpaare zu steckern. Wie stark vergrößerte das Steckerbrett die Komplexität der Kodierung, wie viel mehr mögliche Alphabete gab es dadurch? Nun, für die erste Steckerverbindung standen 26 Buchstaben zur Verfügung und davon mussten 2 verschiedene ausgewählt werden, die durch den Stecker miteinander verbunden wurden. Als Binomialkoeffizient ausgedrückt, gab es demnach für das erste Steckerkabel B(26, 2) verschiedene Möglichkeiten, es zu stecken. Für das zweite Kabel standen dann noch 24 Buchstaben zur Verfügung, aus denen abermals 2 verschiedene ausgewählt wurden, was entsprechend auf B(24, 2) verschiedene Arten geschehen konnte. Bei 10 Steckern gab es somit

$$B(26, 2) \cdot B(24, 2) \cdot \ldots \cdot B(8, 2)/10! = 26!/(2^{10} \cdot 10! \cdot 6!)$$
$$= 150\,738\,274\,937\,250$$

Steckerverbindungen.

Wurde eine Taste der Tastatur gedrückt – also ein Klartextbuchstabe des zu verschlüsselnden Textes –, so floss elektrischer Strom über das Steckerbrett durch die austauschbaren Walzen. Dieser Strom erreichte die Umkehrwalze und wurde von ihr zurückgeschickt, und zwar abermals durch die austauschbaren Walzen und dann erneut über das Steckerbrett. Am Ende erleuchtete er eine Lampe des Lampenbretts. Die aufleuchtende Lampe zeigte einen Buchstaben g_i und dieser war die Verschlüsselung von k_i.

Diagramm 113 zeigt schematisch die Wirkung von Walzen und Steckerbrett bei Verschlüsselung eines Buchstabens.

Scrambler

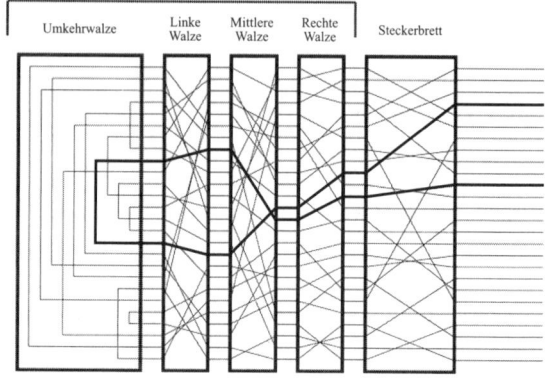

Abbildung 113: Buchstabenverwürfelung bei der Enigma

Die jeweiligen Tagesschlüssel, die sich nach einem bestimmten System änderten, wurden vor dem Chiffriervorgang einer Schlüsseltafel entnommen. Diese enthielt Angaben wie hier aufgeführt:

Tag	UKW	Walzenlage	Ringstellung	Steckerverbindungen
5	A	II III V	7 18 06	AH BL CX DI ER FK GU NP OQ TY

Dies ist ein Beispiel für den 5. Tag des laufenden Monats. An diesem Tag musste die Umkehrwalze A gewählt werden. Von den austauschbaren Walzen war Walze II links als langsamer Rotor, Walze III in der Mitte und Walze V rechts als schneller Rotor zu verwenden. Die Ringe an den drei Walzenkörpern waren von links nach rechts in die Positionen 7, 18 und 6 zu bringen. Ferner waren die Buchstaben A und H sowie B und L usw. bis T und Y jeweils durch einen Stecker zu verbinden. Die verbleibenden 6 Buchstaben blieben ungesteckert.

Die Enigma hatte kryptographische Stärken und Schwächen. Ihre Stärken beruhten im Wesentlichen auf dem rotierenden Walzensatz. Die Drehung der Walzen erreichte, dass jeder Buchstabe des zu kodierenden Textes mit einem neuen Alphabet verschlüsselt wurde. Das nennt man polyalphabetische Verschlüsselung. Auf diese Weise wird das bei klassischen Verfahren so verräterische Häufigkeitsgebirge der kodierten Buchstaben bis zur Unkenntlichkeit abgeschliffen und traditionelle Angriffe zur Entzifferung von Geheimtext wie etwa ausgefeilte statistische Datenanalysen greifen ins Leere.

Die Stärke der Enigma lag auch in der Größe ihres Schlüsselraumes. Sein Umfang ergibt sich aus dem Produkt der oben errechneten 120 Walzenlagen, 676 Ringstellungen, 17 576 Grundstellungen und 150 738 274 937 250 Steckermöglichkeiten zu

$$120 \cdot 676 \cdot 17\,576 \cdot 150\,738\,274\,937\,250 =$$
$$214\,917\,374\,654\,501\,238\,720\,000$$

Das sind rund $2 \cdot 10^{23}$ oder 200 Trilliarden Möglichkeiten – ein kombinatorisches Universum.

Die Arbeit eines kryptographischen Angreifers bestand darin zu ermitteln, welcher Schlüssel unter dieser Zahl verschiedener möglicher Schlüssel als Tagesschlüssel verwendet wurde. Prinzipiell ist es möglich, dass der Angreifer die Schlüssel der Reihe nach durchprobiert, in der Hoffnung, in überschaubarer Zeit auf den richtigen zu stoßen. Doch wäre das die Strategie eines Angreifers, so hätte er gar keine, jedenfalls keine mit Aussicht auf Erfolg. Eine derartige Brute-Force-Methode, bei der es gelänge, etwa pro Sekunde 1 Schlüssel zu überprüfen – immerhin befand man sich damals noch im Kambrium der künstlichen Intelligenz –, würde rund 7 Billiarden Jahre benötigen, um alle 200 Trilliarden Möglichkeiten auszuprobieren. Hoffnungslos. Eine bessere Idee musste her.

Was im Sommer 1940 und drumherum geschah. Die Briten unterhielten während des Krieges eine Dechiffrierabteilung in Bletchley Park, in der Nähe von London, deren Auftrag darin bestand, den deutschen Nachrichtenverkehr zu entziffern. Sie hatte zeitweise mehr als 10 000 Mitarbeiter. Einer davon war der geniale Mathematiker Alan Turing, der nach Kriegsausbruch seine Stelle an der Universität Cambridge verlassen hatte und zum Dechiffrierdienst gewechselt war. Turing war ein Musterexemplar des Mathematikers als Stuntman fürs Komplizierte. Seine Aufgabe bestand allein darin, in einem Projekt mit dem Decknamen *Ultra* eine Angriffslinie gegen die Enigma aufzubauen. Und in der Tat, es gelang ihm schließlich, den Enigma-Code zu brechen, so dass die Briten etwa ab Spätsommer 1940 mit der Turing-Bombe, einer elektromechanischen, von Turing ersonnenen Entschlüsselungsmaschine, während des gesamten weiteren Kriegsverlaufs den Enigma-Code nahezu kontinuierlich entschlüsseln konnten.

Abbildung 114: Die Turing-Bombe

Die Turing-Bombe basiert auf der Verwendung eines wahrscheinlichen Wortes, eines *crib*, wie die Codeknacker es nennen, dessen Vorkommen irgendwo im verschlüsselten Text vermutet wird. Die Grundidee: Wegen der seit der Arbeit polnischer Codeknacker bekannten und in Form der Enigma-Gleichung ausgedrückten inneren Funktionsweise der Maschine, d. h. der Verdrahtung der Walzen und ihrer möglichen Stellungen relativ zueinander, können die beobachteten Zusammenhänge zwischen dem vorliegenden Geheimtext und dem *crib* nur unter ganz bestimmten Bedingungen und nur bei einer im Vergleich zur Größe des gesamten Schlüsselraumes geringen Zahl von Schlüsseln erfüllt sein.

Zwar galt die Enigma lange als Prototyp einer Maschine vortrefflicher Verheimlichung, doch die bei sorgfältiger Analyse zutage tretenden kryptographischen Schwachstellen erlaubten Turing einen ersten Einbruch in die Enigma schon in der ersten Hälfte des Jahres 1940. Die auf diesen Einsichten aufbauende Turing-Bombe kam in Form eines ersten Modells am 14. Mai 1940 in Bletchley Park an. Doch war sie wesentlich langsamer als erhofft. Fieberhaft wurden deshalb einige technische Verbesserungen vorgenommen. Am 8. August 1940 stand dann eine neue und verbesserte Version zur Verfügung. Diese konnte in etwa einer Stunde den Tagesschlüssel der deutschen Streitkräfte erarbeiten.

Der Einsatz der Turing-Bombe lieferte Informationen, die auf militärisch-taktischem Gebiet extrem wichtig waren. Auch erlaubte die Entschlüsselung eine fast umfassende Durchdringung des deutschen Nachrichtenverkehrs auf allen Ebenen von den Diplomatischen Diensten über die Geheimdienste bis hin zu Polizei und SS. Insbesondere lieferte sie wertvolle Einblicke in alle Planungen des deutschen Führungsstabes. Die deutsche militärische Führung schätzte die Enigma als vollkommen sicher ein. Die Alliierten bewerteten denn auch die Authentizität der durch Enigma-Entschlüsselungen erhaltenen Informationen noch höher als solche, die durch Aufklärung, Spionage oder Verrat erhalten wurden.

Um nur ein Beispiel von vielen zu nennen: Im Kriegsjahr 1940 setzte die britische Royal Air Force die ihr verbliebenen letzten Reserven ein, um schließlich die Luftschlacht um England gerade noch so zu gewinnen. Hierbei waren entzifferte Funksprüche der Deutschen, speziell die detaillierten Angriffspläne und Aufstellungen der deutschen Luftwaffe, von unschätzbarer und entscheidender Bedeutung. Ohne dieses Wissen wäre die Luftschlacht für die Briten wohl verloren gegangen und das Unternehmen *Seelöwe*, also die Invasion Englands durch Hitlerdeutschland, hätte so gut wie sicher stattgefunden und möglicherweise den Krieg mit einem Sieg Hitlers bereits beendet. Denn zu diesem Zeitpunkt befanden sich weder die USA noch die Sowjetunion im Krieg.

Um einen Eindruck vom Volumen der Entschlüsselungsoperation zu geben und ihre Bedeutung zu ermessen: Allein im Jahr 1943 wurden durchschnittlich mehr als 2500 deutsche Funksprüche pro Tag entschlüsselt, insgesamt mehr als 80 000 pro Monat.

Die Kompromittierung der Enigma und der dadurch erreichte außerordentliche strategische Vorteil der Alliierten wurde von Dwight D. Eisenhower, dem Oberkommandierenden der alliierten Streitkräfte, als «entscheidend» für den Sieg bezeichnet. Auch der britische Premierminister Winston Churchill äußerte sich ähnlich: «Es war *Ultra* zu verdanken, dass wir den Krieg gewonnen haben.»

Wie gelang es Turing, den Enigma-Code zu brechen?

Eine wegweisende Einsicht war, dass sich die Beiträge des Steckerbretts und die der Walzenkonfiguration zur Verwürfelung des Alphabets voneinander trennen ließen und sich das gesamte Dechiffrierproblem auf diese Weise in zwei Teilprobleme zerlegen ließ (Teile und herrsche!). Die vergleichsweise geringe Zahl der Walzenkonfigurationen ($120 \cdot 17\,576 = 2\,109\,120$) konnte separat von den Konfigurationen des Steckerbrettes (insgesamt $150\,738\,274\,937\,250$) bearbeitet werden, was die Komplexität des Suchverfahrens drastisch verringerte. Der Schlüsselraum von $2\,109\,120$ war hinreichend klein, um ein Ausprobieren der restlichen Möglichkeiten durch Brute-Force mit maschineller Hilfe möglich zu machen.

Welches sind die kryptographischen Schwächen der Enigma? Zum einen sieht man sofort, dass die Enigma selbstreziprok arbeitet, d. h., wenn sie in einer Stellung X zu U verschlüsselt, so verschlüsselt sie in derselben Stellung auch U zu X. Dasselbe gilt auch für das Steckerbrett, wenn man es separat betrachtet. Außerdem erkennt man nach kurzer Überlegung, dass aufgrund der Umkehrwalze kein Buchstabe auf sich selbst verschlüsselt werden konnte. Turings Entzifferungsverfahren basierte unter Verwendung dieser Schwachstellen auf einer geschickten Anwendung der Methode des wahrscheinlichen Wortes, des *crib*. So hatte Turing festgestellt, dass die Deutschen kurz nach 6 Uhr morgens regelmäßig einen Wetterbericht schickten. Funksprüche, die zu dieser Zeit aufgefangen wurden, enthielten also mit hoher Wahrscheinlichkeit das Wort Wetter, in der Regel in der Form WETTERNULLSECHS.

Turing hatte zudem erkannt, dass ein *crib* eindeutige Rückschlüsse auf den Schlüssel der Enigma-Maschine zuließ, mit der jener *crib* verschlüsselt worden war. Hat der Angreifer also den verschlüsselten Text vor sich, so kann er – die Besonderheiten der Enigma ausnützend – leicht ermitteln, an welcher Textstelle sich das wahrscheinliche Wort *nicht* befinden kann (Prinzip Perspektivenwechsel!). Das war der Ansatz zum Durchbruch.

Dazu muss man nur für jede mögliche Platzierung des *crib* prüfen, ob ein Buchstabe durch sich selbst verschlüsselt ist, was ja für die Enigma in jeder Einstellung unmöglich war. Man schreibt das *crib* in verschiedene Lagen unter den verschlüsselten Text und prüft, ob in mindestens einer Position eine Übereinstimmung der Buchstaben eintritt. Als Beispiel sei die Sequenz OBERKOMMANDODER-WEHRMACHT betrachtet.

```
   BHNCXSEQKOBIIODWFBTZGCYEHQQJEWOYNBDXHQBALHTSSDPWGW
 1 OBERKOMMANDODERWEHRMACHT
 2 OBERKOMMANDODERWEHRMACHT
 3 OBERKOMMANDODERWEHRMACHT
 4 OBERKOMMANDODERWEHRMACHT
 5 OBERKOMMANDODERWEHRMACHT
 6 OBERKOMMANDODERWEHRMACHT
 7 OBERKOMMANDODERWEHRMACHT
 8 OBERKOMMANDODERWEHRMACHT
 9 OBERKOMMANDODERWEHRMACHT
10 OBERKOMMANDODERWEHRMACHT
11 OBERKOMMANDODERWEHRMACHT
12 OBERKOMMANDODERWEHRMACHT
13 OBERKOMMANDODERWEHRMACHT
14 OBERKOMMANDODERWEHRMACHT
15 OBERKOMMANDODERWEHRMACHT
16 OBERKOMMANDODERWEHRMACHT
17 OBERKOMMANDODERWEHRMACHT
18 OBERKOMMANDODERWEHRMACHT
19 OBERKOMMANDODERWEHRMACHT
20 OBERKOMMANDODERWEHRMACHT
21 OBERKOMMANDODERWEHRMACHT
22 OBERKOMMANDODERWEHRMACHT
23 OBERKOMMANDODERWEHRMACHT
24 OBERKOMMANDODERWEHRMACHT
25 OBERKOMMANDODERWEHRMACHT
26 OBERKOMMANDODERWEHRMACHT
27 OBERKOMMANDODERWEHRMACHT
   BHNCXSEQKOBIIODWFBTZGCYEHQQJEWOYNBDXHQBALHTSSDPWGW
```

Abbildung 115: Anwendung der Methode des wahrscheinlichen Wortes

Jede Kollision von Buchstaben, also jeder Fixpunkt der Permutation, erlaubt einen kleinen Beweis durch Widerspruch, der die zugehörigen Einstellungen als Schlüssel ausschließt.

Um zu zeigen, wie die entschlüsselten *cribs* anschließend explizit verwendet werden, diskutieren wir ein Beispiel, das auch in Gordon Welchmans Buch *The Hut Six Story: Breaking the Enigma Codes* enthalten ist. Der verwendete *crib* ist TOTHEPRESIDENTOFTHEUNI-TEDSTATES.

Der zugehörige verschlüsselte Text lautet: CQNZPVLILPEUIK-TEDCGLOVWVGTUFLNZ.

Als ersten Schritt schreiben wir dies buchstabenweise untereinander

1	2	3	4	5	6	7	8	9	10	11	12	13	14	15	16
T	O	T	H	E	P	R	E	S	I	D	E	N	T	O	F
C	Q	N	Z	P	V	L	I	L	P	E	U	I	K	T	E

17	18	19	20	21	22	23	24	25	26	27	28	29	30	31
T	H	E	U	N	I	T	E	D	S	T	A	T	E	S
D	C	G	L	O	V	W	V	G	T	U	F	L	N	Z

In dieser Folge versuchen wir nun Schleifen – die Verschlüsselung eines Buchstabens durch sich selbst über mehrere Verschlüsselungsschritte – aufzuspüren. Die obige Liste weist etwa aus: An der Stelle 10 wird «I» zu «P» verschlüsselt, dann an Stelle 6 wird «P» zu «V» verschlüsselt und schließlich an Stelle 22 «V» wieder zu «I» verschlüsselt. Dabei haben wir die Selbstreziprozität der Enigma ausgenutzt, die für diese Stelle ergibt, dass «I» zu «V» wird, aber dann auch «V» zu «I» werden muss. Das ist die Schleife I → P → V → I. Durch eine Hintereinanderschaltung dreier Enigma-Maschinen mit diesen Stellungen wird also ein «I» auf sich selbst verschlüsselt. Weitere Schleifen sind T → N → O → T an den Stellen 3, 21, 15 sowie E → P → I → E an den Stellen 5, 10, 8. Diese Art von Schleifen und eine möglichst große Anzahl derselben waren für die Funktionsweise der Turing-Entschlüsselungsbombe ausgesprochen wichtig.

In einem ersten Anlauf befassen wir uns mit einer Entschlüsselung der Enigma ohne Beachtung des Steckerbretts, das ja bekanntlich 10 Buchstabenpaare miteinander vertauscht, und auch ohne Beachtung der Ringstellung (Modularisierungsprinzip!).

Dazu greifen wir auf unsere erste Schleife I → P → V → I an den Stellen 10, 6, 22 zurück. Wir wollen ermitteln, welche Kombination der fünf Walzen in welchen Startpositionen dies bewerkstelligen kann. Dazu benutzen wir 3 Scrambler (das sind jeweils 3er-Sets von Enigma-Walzen), wobei deren Startpositionen aus den Stellen in den Schleifen abgeleitet werden. Wir wählen für den ersten Scrambler irgendeine beliebige Startposition und verbinden dessen Ausgang mit dem Eingang des nächsten, dessen Startposition um genau vier Schritte vor derjenigen des vorherigen eingestellt wird. Der Ausgang des zweiten Scramblers wird mit dem dritten verbunden, der zwölf Schritte weiter als der erste Scrambler gestellt wird. Das sind 3 hintereinandergeschaltete Enigma-Verschlüsselungen. Das bedeutet nichts anderes als Folgendes: Wenn die richtige Auswahl der Rotoren gefunden wurde und auch deren Startstellung richtig ist, dann sollte eine elektrische Spannung, die am Eingang «I» des ersten Scramblers angelegt wird, den Schaltkreis der 3 hintereinandergeschalteten Scrambler auch wieder als «I» verlassen. Sollten wir bei Eingabe von «I» einen anderen Buchstaben erhalten, so ist dies nicht konsistent mit unserem *crib*. Dann müssen wir die nächste Walzenstellung ausprobieren und die Prozedur wiederholen.

Auf diese Weise kann man alle $26 \cdot 26 \cdot 26$ möglichen Stellungen der Walzen durchprobieren und stets prüfen, auf welche Weise ein «I» beim Durchgang durch die 3 Scrambler verschlüsselt wird. Wird es als I verschlüsselt, so haben wir eine mögliche Stellung der Walzen gefunden. In der Regel gibt es für eine einzige Schleife mehr als nur eine Walzenstellung, die diese Bedingung erfüllt. Deshalb werden in der Praxis mehrere Schleifen aus dem wahrscheinlichen Wort extrahiert und in die Bombe eingespeist.

All diese Überlegungen beruhen zunächst noch auf der Ignorierung des Steckerbretts. Besäße eine Enigma kein Steckerbrett, so hätte man sie mit unserer Vorgehensweise bereits geknackt. Wie verändert nun das Steckerbrett diese Situation? Wir müssen dann zusätzlich in die Analyse einbeziehen, dass unser «I», nachdem wir es eingegeben haben, vor und nach den Walzen noch das Steckerbrett passieren muss. Nehmen wir also einmal hypothetisch an, dass der Buchstabe «I» mit dem Buchstaben «Z» gesteckert war. Was bedeutet das? Unser Satz von 3 Scramblern bildet nur die Verschlüsselung durch die Walzen der Enigma nach. Deshalb müssen wir am ersten Scrambler den Buchstaben «Z» eingeben, denn das Steckerbrett würde «I» und «Z» vertauschen. Der Buchstabe «Z» erreicht also die Walzen. Nach der Verschlüsselung durch die Walzen müssen wir auch wieder ein «Z» erhalten, woraus das Steckerbrett wiederum ein «I» macht.

Man sieht also, dass wir eine richtige Walzenstellung daran erkennen können, dass sie genau den eingegebenen Buchstaben auch wieder herausgibt.

Wie kann mit dieser Erkenntnis auf die gesteckten Verbindungen geschlossen werden? Man erzeugt eine Rückkoppelung und schickt jeden Buchstaben, den man als Ergebnis der Verschlüsselung durch die 3 Scrambler erhält, selbst wieder durch die Scrambler hindurch. Angenommen, wir arbeiten mit 3 Schleifen, die alle mit dem Buchstaben «Z» beginnen. Bei richtiger Walzenstellung und Eingabe des mit «I» gesteckten Buchstaben «Z» erhalten wir stets nur den Buchstaben «Z». Bei falscher Walzenstellung können wir drei verschiedene Buchstaben in der Ausgabe erhalten. Diese 3 Buchstaben schicken wir nun abermals durch die Scrambler und erhalten weitere Buchstaben als Ergebnis. Dieser Vorgang wiederholt sich so lange, bis wir schließlich alle Buchstaben als Ausgabe erhalten. Das ist das, was bei falscher Walzenstellung passiert!

Was passiert bei richtiger Walzenstellung? Dann wird ein eingegebenes «Z» auch wieder als «Z» von den 3 Scramblern ausgegeben. Umgekehrt bedeutet es, dass die 3 Scrambler nur genau bei einem eingegebenen «Z» auch wieder ein «Z» ausgeben, bei einem anderen eingegebenen Buchstaben ist es hingegen ein anderer ausgegebener Buchstabe. Wenn wir etwa ein «A» eingeben und nach obigem Muster stets die Ausgabe wieder eingeben, können wir also möglicherweise jeden Buchstaben erhalten, nur eben ein «Z» nicht. Das ist entscheidend.

Wir müssen also lediglich auf zwei Situationen achten. Entweder erhalten wir bei Anwendung dieser Rückkoppelungsschleife nur einen einzigen Buchstaben oder erhalten alle Buchstaben mit der Ausnahme eines einzigen. In beiden Fällen ist dieser eine Buchstabe dann der zugehörige Steckerpartner zu dem Buchstaben «I».

Singularität Turing.   Im Kern waren das Turings Überlegungen. Mit diesen Überlegungen konnte der Enigma-Code durchbrochen werden. Nur eines von vielen Beispielen der Könnerschaft Turings.

Und diese Überlegungen waren es auch, die den Zweiten Weltkrieg zumindest mitentschieden haben, ein Großereignis, das die Zeit teilt – in ein Davor und ein Danach. Mit nur wenig Übertreibung kann

Abbildung 116: Alan Turing (1912–1954)

man sagen, dass der Mathematiker Alan Mathison Turing den Zweiten Weltkrieg entschieden hat. Gut merken und bei Gelegenheit als kommunikativen Zünder locker einfließen lassen: als Mathematik-Happen fürs Tischgespräch oder Smalltalk-Starter auf der Cocktailparty.

Brute-Force in Reinkultur versucht die Lösung eines Problems durch Ausprobieren aller denkbaren Möglichkeiten zu finden. Als solches ist die Methode eher Notwehr als Entwurf und schon gar keine Denkleistung. Jeden nur mit ihr ausgerüsteten Angreifer hätte die Enigma leicht zurückgewiesen. Erst eine erhebliche Verkleinerung des zu überprüfenden Schlüsselraumes durch Anwendung geschickter Permutationsüberlegungen brachte den Erfolg.

Wir geben nun ein weiteres Beispiel für den Einsatz der Brute-Force-Methode, bei dem mit einigen einleitenden Ideen der abzuzählende Lösungsraum ebenfalls stark vereinfacht wird.

Geld wechseln in seiner Vollständigkeit. Auf wie viele Arten lässt sich eine 1-Euro-Münze in kleinere Münzen wechseln?

Bevor wir das Problem angehen, versuchen Sie doch einmal die gesuchte Anzahl abzuschätzen!

Die reine Brute-Force-Methode beruht hier darauf, die Zahl aller möglichen additiven Zerlegungen von 100 (Cents) aufzulisten und abzuzählen, wobei die Summanden der Zerlegung aus der Menge $\{1, 2, 5, 10, 20, 50\}$ möglicher Centbeträge, der Stückelung der Euro-Münzen, kommen. Also etwa:

$$100 = 50 + 50$$
$$= 50 + 20 + 20 + 10$$
$$= 50 + 20 + 10 + 10 + 10$$

.
.
.

Eine solche Auflistung ist natürlich prinzipiell möglich, aber langwierig und keine beweistechnische Kulturleistung. Versuchen wir eine Idee vorzuschalten, die unser Problem und den dafür benötigten Aufwand reduziert. Um diese Idee bündig formulieren zu können, führen wir einen neuen Begriff ein. Wir sagen: Eine *Partition* einer natürlichen Zahl n mit Summanden aus einer Referenzmenge R = $\{a, b, c, ...\}$ ist eine additive Zerlegung von n in

$$n = a \cdot c_a + b \cdot c_b + ...$$

mit Koeffizienten c_a, c_b, ... aus den natürlichen Zahlen einschließlich der Null. Mit dem Symbol $P_R(n)$ bezeichnen wir die Anzahl derartiger Partitionen einer Zahl n.

Unter Verwendung dieser Sprachregelung ist nun eine vorläufige Antwort auf unsere Frage der Ausdruck $P_R(100)$, wobei R = $\{1, 2, 5, 10, 20, 50\}$ ist. Um diesen Zahlenwert nun explizit zu ermitteln, überlegen wir wie folgt: In jeder Zerlegung der Zahl 100 bilden die Summanden aus der Menge R* = $\{10, 20, 50\}$ in ihrer Gesamtheit jeweils ein Vielfaches von 10. Damit erreichen wir in einem ersten Schritt die Vereinfachung

$P_R(100) = \Sigma \,|\{$Zerlegungen von 100, deren Summanden aus R* sich zu 10k addieren$\}|$,

wobei hier und im Folgenden die Summe von k = 0 bis k = 10 gebildet wird und wie schon zuvor $|A|$ für die Anzahl der Elemente der Menge A steht, also deren Mächtigkeit bezeichnet. Auch entlang dieser Gedankenlinie setzt uns das Problem noch erheblichen Widerstand entgegen und erfordert weiteren Einfallsreichtum, etwa in Form der Darstellung

$$P_R(100) = \Sigma\, P_{\{1,\,2,\,5\}}(100 - 10k) \cdot P_{\{1,\,2,\,5\}}(k). \qquad (41)$$

Die Logik dieser Umformung wird in der Regel nicht schon beim ersten Hinsehen deutlich. Die letzte Gleichung basiert auf der Grundüberlegung, dass es ebenso viele Partitionen der Zahl 10k mit Summanden aus R*= {10, 20, 50} gibt wie Partitionen der Zahl k mit Summanden aus R' = {1, 2, 5}. Ein Gedanke, der gedacht werden musste. Der Faktor $P_{\{1,\,2,\,5\}}(k) = P_{\{10,\,20,\,50\}}(10k)$ bezieht sich dabei auf die Summanden aus R*, der Faktor $P_{\{1,\,2,\,5\}}(100 - 10k)$ auf die Summanden aus der Menge R'.

Ein Anfang ist gemacht. Die Formel (41) spiegelt eine gewollte Vereinfachung wider. Das darin enthaltene Wissen erleichtert unsere Arbeit, denn wir müssen nur noch die Zahlen $a_n = P_{\{1,2,5\}}(n)$ bestimmen. Dazu führen wir auch noch die Zahlen $b_n = P_{\{1,2\}}(n)$ ein und schreiben n = 5m + i mit einer Zahl i aus der Menge {0, 1, 2, 3, 4}. Zwischen den a_n und den b_n besteht der einfache Zusammenhang

$$a_n = b_n + b_{n-5} + b_{n-10} + \ldots + b_{n-5m},$$

weil in einer gegebenen additiven Zerlegung der Zahl n bis zu m Summanden 5 auftreten können. Man beachte auch, dass $b_0 = 1$ zu setzen ist.

Damit steht man nun vor der neuen, aber kleineren Aufgabe, die b_i zu ermitteln. Das geht am schnellsten so: Wir schreiben i = 2j + t mit

Werten t, die entweder 0 oder 1 sind. Das bedeutet: Die Zahl i − t ist ein Vielfaches von 2. Eine Zerlegung von 2j in Summanden aus der Menge {1, 2} kann 0, 1, 2, ... bis hin zu höchstens j-mal den Summanden 2 enthalten. Es liegt dann auf der Hand, dass

$$b_i = j + 1 = (i - t)/2 + 1,$$

und dieser Ausdruck ist gleich i/2 + 1, falls t = 0, und i/2 + 1/2, falls t = 1. Anders ausgedrückt:

$$b_i = \tfrac{1}{4}\,(2i + 3 + (-1)^i), \text{ für jede natürliche Zahl i.}$$

Und damit können wir gut weiterarbeiten:

$$a_n = \Sigma\, b_{n-5k} = \tfrac{1}{4}\,[\Sigma\,(2n - 10k + 3) + \Sigma\,(-1)^{n-5k}],$$

wobei alle Summen hier und in der Folge von k = 0 bis k = m gebildet werden. Der Restbestand des Problems wird nun durch einen forcierten Vorstoß hinweggefegt. Die Vereinfachungen

$$\Sigma\,(2n - 10k + 3) = (2n + 3 - 5m)(m + 1)$$

und

$$\Sigma\,(-1)^{n-5k} = \Sigma\,(-1)^{n+k} = (-1)^n\Sigma\,(-1)^k = (-1)^n[\tfrac{1}{2}(1 + (-1)^m)]$$

führen zu

$$a_n = \tfrac{1}{4}\,[(2n + 3 - 5m)(m + 1) + \tfrac{1}{2}((-1)^n + (-1)^{n+m})].$$

Mit a_0 als 1 gesetzt mündet unsere frühere Formel (41) in die Auflistung

$$P_R(100) = a_{100} \cdot a_0 + a_{90} \cdot a_1 + a_{80} \cdot a_2 + a_{70} \cdot a_3 + a_{60} \cdot a_4 + a_{50} \cdot a_5 + a_{40} \cdot a_6 + a_{30} \cdot a_7 + a_{20} \cdot a_8 + a_{10} \cdot a_9 + a_0 \cdot a_{10}$$

Der Rest der Rechnung wird nun ganz unspektakulär durch fehlerfreies Ausrechnen und Einsetzen erledigt

$$P_R(100) = 541 \cdot 1 + 442 \cdot 1 + 353 \cdot 2 + 274 \cdot 2 + 205 \cdot 3 + 146 \cdot 4 +$$
$$97 \cdot 5 + 58 \cdot 6 + 29 \cdot 7 + 10 \cdot 8 + 1 \cdot 10$$
$$= 4562.$$

Nach diesem langen Marsch über die Zwischenziele können wir festhalten: Eine 1-Euro-Münze kann auf 4562 verschiedene Arten gewechselt werden. Wer hätte das gedacht?

Nun unser abschließender Anwendungsfall:
Würfelwerfen für Fortgeschrittene. Wenn 6 Würfel gleichzeitig geworfen werden, können alle Würfel dieselbe Zahl zeigen oder von 2 bis 6 verschiedene Zahlen erscheinen. Angenommen, ich gewinne, wenn genau 4 verschiedene Zahlen erscheinen und verliere in allen anderen Fällen. Ist meine Siegchance größer als mein Verlustrisiko?

Das Ganze sieht intuitiv nach einem doch recht ungünstigen Spiel für mich aus, das Sie geneigt sein könnten gegen mich spielen zu wollen. Es ist ja so, dass ich immer dann verliere, wenn 1, 2, 3, 5 oder 6 verschiedene Zahlen erscheinen. Doch bevor wir zu einer übereilten Einschätzung kommen, wollen wir das Spiel genau analysieren.

Unsere Analyse beginnt mit einer einfachen Tatsache. Wenn 6 Würfel geworfen werden, gibt es $6^6 = 46\,656$ verschiedene Ausfälle. Der Brute-Force-Zugang besteht darin, alle diese Ausfälle aufzulisten und dann einzuteilen nach Gewinn und Verlust. Da alle 46 656 Ausfälle dieselbe Wahrscheinlichkeit haben (Symmetrieprinzip!), ist das Problem in dieser Vorgehensweise auf ein einfaches Abzählen der Gewinnausfälle reduziert. Das könnte so beginnen:

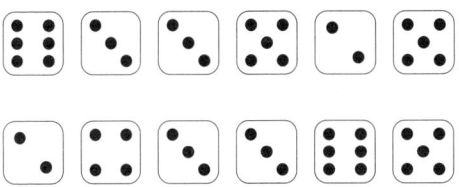

Abbildung 117: Zwei mögliche Ausfälle beim Werfen von 6 Würfeln

Der erste Fall zeigt 4 verschiedene Zahlen, ist also ein Gewinn für mich. Der zweite Fall zeigt 5 verschiedene Zahlen, ist also ein Verlust für mich. Usw., usw. Das ist aufwendig, weitschweifig, unerfreulich und unschön. Versuchen wir deshalb eine Überlegung vorzuschalten, die die Mächtigkeit des Suchraumes verkleinert, um dann auf den reduzierten Suchraum abermals das Brute-Force-Abzählungsverfahren anzuwenden. Zu diesem Zweck nehmen wir die Würfelmuster, die zu einem Gewinn führen, genauer unter die Lupe. Um 4 verschiedene Zahlen beim Werfen von 6 Würfeln zu erhalten, benötigt man entweder das hier bereits geordnete Muster aabbcd oder aber das Muster aaabcd. Verschiedene Buchstaben kennzeichnen verschiedene Augenzahlen. Andere Gewinnmuster gibt es nicht. Von beiden Mustern gibt es eine Reihe verschiedener Versionen. Diese könnte man nun mit Brute-Force auflisten oder ihre Anzahl ausrechnen. Vom Muster aabbcd gibt es mit unseren vertrauten Binomialkoeffizienten ausgedrückt genau $B(6, 2) \cdot B(4, 2) \cdot 1/2 = 45$ Versionen, wenn c immer vor d steht und Vertauschbarkeit von a und b berücksichtigt wird. In die Zählung gehen dann ein: etwa aabbcd oder ababcd oder acdabb, aber nicht bbaacd, nicht babacd und auch nicht aabbdc.

Vom Muster aaabcd gibt es genau $B(6, 3) = 20$ Versionen, wenn b vor c vor d steht. Dazu gehören abaacd oder abcada, nicht aber aaacbd. In der Summe haben wir also $45 + 20 = 65$ Mustertypen, die zum Sieg für mich führen.

Nun müssen wir noch ermitteln, wie viele verschiedene Möglichkeiten es gibt, Buchstaben a, b, c, d Zahlen zuzuordnen. Offensichtlich stehen dafür

$$6 \cdot 5 \cdot 4 \cdot 3 = 360$$

verschiedene Möglichkeiten zur Verfügung, nämlich 6 verschiedene Zahlen für a, und wenn a festgelegt ist, noch 5 verschiedene Zahlen für b, da b ja von a verschieden sein muss, usw.

Also haben wir in der Endbilanz $360 \cdot 65 = 23\,400$ Fälle, die zum Gewinn führen und ergo $46\,656 - 23\,400 = 23\,256$ Fälle, die zum Verlust führen. Überraschenderweise doch ein Bilanzüberschuss von Vorteilen über Nachteile bei diesem gefühlten Verlustspiel, wenn auch nur ein ganz geringfügiger.

Meine Siegchance beträgt also 23 400/46 656 = 0,5015.

Das ist das Ende der im Vergleich zu Brute-Force recht kurzen Argumentation. Keine Spur von verschleppter Weitschweifigkeit und mangelnder Ästhetik. Zusammenfassend: Das Spiel ist mit einer Siegchance von 50,15 % für mich günstig, wenn auch nur gerade so, aber immerhin. Das hätte man anfangs vielleicht nicht erwartet.

III. Letzten Endes

Eine nachgestellte Präambel

Denken ist leichter, als man denkt.

Heinrich Stasse

Man beachte aber als Korollar auch die verbale Karl Valentinade: «Schwer ist leicht was.»

Anhang

Anmerkungen

1 Zitate und Informationen aus Ziegler (2008).
2 Kant, I. (1783): Prolegomena zu einer jeden künftigen Metaphysik, die als Wissenschaft wird auftreten können. Johann Friedrich Hartknoch, Riga, § 13.
3 Kant, Prolegomena, § 13.
4 Wittgenstein, L. (1922): Tractatus logico-philosophicus. Paul, Trench, Trubner & Co., London, Satz 6.36111.
5 Kant, I. (1768): Von dem ersten Grunde des Unterschieds der Gegenden im Raume. Wöchentliche Königsbergische Frag- und Anzeigungsnachrichten, 6tes-8tes Stück, Königsberg.

Verzeichnis verwendeter und weiterführender Literatur

Bachet, C.-G. (1612): Problèmes plaisans et délectables qui se font par les nombres. Pierre Rigaud, Lyon.
Brecht, B. (2004): Geschichten vom Herrn Keuner. Suhrkamp, Frankfurt/M.
Cover, T., und Thomas, J. (1991): Elements of Information Theory. Wiley, New York.
Davis, P. J. und Hersh, R. (1981): The Mathematical Experience. Houghton Mifflin, Boston.
Dörner, D. (1987): Problemlösen als Informationsverarbeitung. Kohlhammer, Stuttgart.
Duncker, K. (1963): Zur Psychologie des produktiven Denkens. Springer, Berlin.
Engel, A. (1998): Problem-Solving Strategies. Springer, New York.
Eves, H. (1990): An Introduction to the History of Mathematics, 6. Auflage. Brooks Cole, Pacific Grove.
Funke, J. (2003): Problemlösendes Denken. Kohlhammer, Stuttgart.
Galton, F. (1907): Vox Populi. Nature, 75, 450–451.
Haas, N. (2000): Das Extremalprinzip als Element mathematischer Denk- und Problemlösungsprozesse. Untersuchungen zur deskriptiven, konstruktiven und systematischen Heuristik. Franzbecker, Hildesheim, Berlin.

Hallpike, C. R. (1979): The Foundations of Primitive Thought. Clarendon, Oxford.

Hesse, C. H. (2003): Angewandte Wahrscheinlichkeitstheorie. Wiesbaden, Vieweg.

Hesse, C. H., und Meister, A. (2005): Übungsbuch zur Angewandten Wahrscheinlichkeitstheorie. Vieweg, Wiesbaden.

Jung, C. G. (1957–1983): Gesammelte Werke, 26 Bände, Rascher, Zürich, und Walter, Olten.

Kaden, F. (1985): Kleine Geschichte der Mathematik. Kinderbuchverlag, Berlin.

Kant, I. (1783): Prolegomena zu einer jeden künftigen Metaphysik, die als Wissenschaft wird auftreten können. Johann Friedrich Hartknoch, Riga.

Kant, I. (1768): Von dem ersten Grunde des Unterschieds der Gegenden im Raume. Wöchentliche Königsbergische Frag- und Anzeigungsnachrichten, 6tes–8tes Stück, Königsberg.

Kohlrausch, A. (1934): Körperliche und psychische Lebenserscheinungen. Kohlhammer, Stuttgart.

Läge, D. (2005): Die Wason'sche Wahlaufgabe. AKZ Forschungsbericht, Psychologisches Institut, Universität Zürich.

Larson, L. C. (1983): Problem-Solving through Problems. Springer, New York.

McKeganey, N. (1993): Stalking HIV in the red light district. New Scientist, June 12, 22–23.

Mead, E., Rosa, A., Huang, C. (1974): The game of Sim: A winning strategy for the second player. Mathematics Magazine, 47, 243–247.

Perkins, D. N.(1981): The Minds Best Work. Harvard University Press, Cambridge.

Pile, S.(1990): Book of Heroic Failures. Penguin, London.

Polya, G. (1962): Mathematik und plausibles Schließen. Band 1: Induktion und Analogie in der Mathematik. Birkhäuser, Basel.

Polya, G. (1967): Die Schule des Denkens. Vom Lösen mathematischer Aufgaben. Einsicht und Entdeckung, Lernen und Lehren. Birkhäuser, Basel und Stuttgart.

Seely, H. (2003): The poetry of D. H. Rumsfeld. Slate Magazin.

Stoppard, T. (1993): Arcadia. Jussenhoven und Fischer, Köln.

Suber, P. (1990): The Paradox of Self-Amendment: A Study of Law, Logic, Omnipotence, and Change. Peter Lang, New York.

Szabó, A. (1994): Die Entfaltung der griechischen Mathematik. Wissenschaftsverlag, Mannheim.

Tropf, A.: Niederlagen, die das Leben selber schrieb. http://www.alexander-tropf.de/ausfinh.htm.

Warner, S. L. (1965): A survey technique for eliminating evasive answer bias. Journal of the American Statistical Association, 60, 63–69.

Wason, P. C. (1966): Reasoning. In: B. M. Foss (ed.). New horizons in psychology (S. 135–151). Penguin, Harmondsworth.

Wason, P. C. (1968): Reasoning about a rule. Quarterly Journal of Experimental Psychology, 20, 273–281.

Watzlawick, P. (1992): Vom Unsinn des Sinns oder vom Sinn des Unsinns. Picus, Wien.

Watzlawick, P. (1976): Wie wirklich ist die Wirklichkeit – Wahn, Täuschung, Verstehen. Piper, München.

Welchman, G. (1982): The Hut Six Story: Breaking the Enigma Codes. McGraw-Hill, New York.

Winkler, P. (2004): Mathematical Puzzles. A Connoisseur's Collection. Peters, Massachusetts.

Wittgenstein, L. (1992): Tractatus logico-philosophicus, Paul, Trench, Trubner & Co., London.

Zeitz, P. (1999): The Art and Craft of Problem Solving. Wiley, New York.

Ziegler, G. M. (2008): Wo Mathematik entsteht. Zehn Orte. In: Behrends, E., Gritzmann, P., Ziegler, G. (Hrsg.), Pi und Co. Kaleidoskop der Mathematik. Springer, Berlin.

Bildnachweis

Der Autor

Prof. Dr. Christian Hesse promovierte an der Harvard University (USA) und lehrte an der University of California, Berkeley (USA). Seit 1991 ist er Professor für Mathematik an der Universität Stuttgart. Zwischenzeitlich war er Gastwissenschaftler unter anderem an der Queens University (Kingston, Kanada), der University of the Philippines (Manila), der University of Concepcion (Chile) und der George Washington University (Washington, USA).

Seine Forschungsschwerpunkte liegen im Bereich der Stochastik, und er ist der Autor des Lehrbuches *Angewandte Wahrscheinlichkeitstheorie*. In seiner Freizeit betreibt er Fitnesssport und Boxen in überschaubaren Maßen und beschäftigt sich mit Literatur und Schach. 2006 hat er darüber den Essayband *Expeditionen in die Schachwelt* veröffentlicht, vom Wiener *Standard* als «eines der geistreichsten und lesenswertesten Bücher, das je über das Schachspiel verfasst wurde» gerühmt. Er wurde zusammen mit den Klitschko-Brüdern, mit Fußballtrainer Felix Magath, dem Filmproduzenten Artur Brauner, der Schauspielerin und Sängerin Vaile sowie dem Ex-Weltmeister Anatoli Karpov zum internationalen Botschafter der Schacholympiade Dresden 2008 ernannt.

Christian Hesse ist verheiratet und hat eine 7-jährige Tochter und einen 4-jährigen Sohn. Zu seinen bevorzugten Helden in allen Lebenslagen gehören jene, die zu Boden gehen und wieder aufstehen, zu Boden gehen und wieder aufstehen ... Sein Lieblingsmaler ist der Herbst, und ihm gefällt Voltaires Antwort, als sich einmal jemand bei ihm beklagte: «Das Leben ist hart.» – «Verglichen womit?»

Personen- und Sachregister